Bibliothek des Eigentums

Im Auftrag der Deutschen Stiftung Eigentum
herausgegeben von Otto Depenheuer

Band 2

Otto Depenheuer
(Herausgeber)

Eigentum

Ordnungsidee, Zustand, Entwicklungen

Springer

Professor Dr. Otto Depenheuer
Universität zu Köln
Rechtswissenschaftliche Fakultät
Seminar für Staatsphilosophie
und Rechtspolitik
Albertus-Magnus-Platz
50931 Köln
depenheuer@uni-koeln.de

Teilweiser Nachdruck der Bitburger Gespräche
mit freundlicher Genehmigung des Verlages C. H. Beck

Bibliografische Information Der Deutschen Bibliothek
Die Deutsche Bibliothek verzeichnet diese Publikation in der Deutschen Nationalbibliografie; detaillierte bibliografische Daten sind im Internet über <http://dnb.ddb.de> abrufbar.

ISBN 3-540-23355-5 Springer Berlin Heidelberg New York

Springer ist ein Unternehmen von Springer Science+Business Media

springer.de

Umschlaggestaltung: Erich Kirchner, Heidelberg

SPIN 11330493 64/3130-5 4 3 2 1 0 – Gedruckt auf säurefreiem Papier

Vorwort

Im Rahmen der traditionsreichen „Bitburger Gespräche“ veranstaltete die Deutsche Stiftung Eigentum zusammen mit der Gesellschaft für Rechtspolitik vom 8. bis 10. Januar 2004 eine Tagung zum Thema „Eigentum – Ordnungsidee, Zustand, Entwicklungen“. Der hier vorgelegte Band dokumentiert die fachlichen Beiträge dieser Veranstaltung.

Die Konzeption der Tagung war von der Ansicht getragen, einen umfassenden Überblick über die geistige Befindlichkeit der Republik in Ansehung des privaten Eigentums zu geben. Zu diesem Zweck wurde der politische Blick auf das Privateigentum dem juristischen, der philosophische dem ökonomischen, der sozialethische dem sozialwissenschaftlichen gegenübergestellt. Als Band 2 der Bibliothek des Eigentums folgt er damit der Grundüberzeugung der Reihe, daß die Ordnungs- und Freiheitsidee des Eigentums im gesellschaftlichen Bewußtsein nur dann dauerhaft verankert werden kann, wenn sie sich der vergleichenden und kontrastierenden, der befruchtenden ebenso wie der korrigierenden Diskussion im politischen wie im wissenschaftlichen Raum stellt und darin besteht. Die Zuversicht, daß dies trotz aller immer wieder aufflackernder Affekte gegen das Privateigentum gelingen kann und um der politischen Freiheit und ökonomischen Prosperität des Gemeinwesens gelingen muß, trägt die Arbeit der Deutschen Stiftung Eigentum im allgemeinen ebenso wie die Durchführung und Dokumentation dieser Tagung im besonderen.

Köln, im August 2004 *Otto Depenheuer*

Inhaltsverzeichnis

Einführung in die Thematik

Otto Depenheuer

I. Privates Eigentum als Provokation

Eigentum war und ist ein Stachel im Fleische der Gleichheitsgesellschaft – und dabei wird es auch in Zukunft bleiben. Das Haben oder Nicht-Haben von Eigentum macht die Ungleichheit einer freien Gesellschaft öffentlich sichtbar: Für jeden sichtbar offenbaren sich Armut und Reichtum. Eigentum entbindet Stolz und Selbstbewusstsein auf der einen, Neid und Missgunst auf der anderen Seite. Das psychologische Spannungsfeld, das sich aus der Institution des privaten Eigentums in elementarer Weise speist, bildet den nie versiegenden Nährstoff sozialer Spannungen, politischer Konflikte und rechtlicher Herausforderungen.

Es kann daher kaum überraschen, dass das Eigentum wegen dieser differenzierenden und polarisierenden Wirkungen denn auch seit je Gegenstand philosophischer Reflexion und politischer Auseinandersetzung war und ist. Gilt das Privateigentum dem einen als Ursache aller politischen Übel in der Welt, weil Besitztrieb und Profitgier dem Gemeinwohl notwendig schade, so dem anderen als unerlässlicher Anreiz und Motor der gesellschaftlichen Entwicklung, als Quelle verantwortlicher Personalität und damit als Stimulanz des Zivilisationsprozesses. Die verschiedenen Positionen zum Privateigentum scheiden indes nicht nur Ethiker und Staatsphilosophen. Der Begriff des Privateigentums ist in einem spezifischen Sinne hochgradig politisch: Er markiert einen elementaren Gegensatz in der Gesellschaft, der die Menschen potentiell nach Freund und Feind effektiv unterscheiden kann und unterschieden hat. Der Konflikt zwischen bürgerlichen und sozialistischen Ideologien, Parteien und Staaten, der mehr als 150 Jahre die politische Grundorientierung vermittelte und im Ost-West-Konflikt über 40 Jahre lang die Welt teilte, bezog seinen primären Nährstoff aus der unterschiedlichen Sicht über die Rolle des Privateigentums. Als 1973 das Eigentum erstmals Gegenstand eines Bitburger Gesprächs war, war diese hintergründige ideologische Brisanz noch mit Händen zu greifen. Heute ist dieser Konflikt politisch vorerst entschieden: nicht Sozialisierung oder Verstaatlichung stehen am Beginn des 21. Jahrhunderts auf der Tagesordnung, sondern Privatisierung: politische Renaissance und ökonomischer Triumph des Privateigentums.

II. Die Frage nach der Idee des Privateigentums

Bedarf es unter diesen Rahmenbedingungen eines erneuten Bitburger Gesprächs zum Thema Eigentum? Die Frage beantwortet sich nur scheinbar von selbst durch die Tatsache, dass dieses Thema wohlüberlegt auf die Tagesordnung gesetzt worden ist. Tatsächlich ist eine Vergewisserung über Idee, Stand und Entwicklung des Eigentumsschutzes auch und gerade in einer Zeit ohne offene Infragestellung des Privateigentums angezeigt. Der politische Erfolg des Privateigentums, ja der derzeit grassierende Privatisierungstaumel der Politik könnte die hinter der rechtlichen Garantie des Privateigentums stehende ordnungsstiftende und gemeinwohldienliche Idee vergessen machen, das Gespür für Gefährdungen schwächen, die notwendigen Fragen nach den Bedingungen und Grenzen seiner sozialen Funktionserfüllung abwehren. Gerade also heute gilt es für eine freie Gesellschaft, die Idee des Privateigentums erneut zu erwerben, um die Sache auch – rechtlich gesichert und sozial anerkannt – besitzen zu können. Zudem sollte der politische Konsens nicht täuschen: Die philosophischen und politischen Gegensätze, die um das Eigentum oszillierten, sind viel zu tiefgründig in der Geistesverfassung der Menschheit verankert, um durch die historische Entwicklung ein für alle mal und grundsätzlich aufgehoben zu sein. Es sei nur daran erinnert, dass just in dem Augenblick, als das Privateigentum auch als Idee der kommunistischen Gefährdungszone entronnen war, eine historisch säkulare Verletzung eben dieses Privateigentums sanktioniert und perpetuiert wurde.

III. Konzeption des Bitburger Gesprächs

Das diesjährige Bitburger Gespräch kann nur einige wenige zentrale Problemfelder der Gesamtthematik durchschreiten. Herr Kirchhof hat die vielleicht anspruchvollste Aufgabe übernommen, nämlich die Ordnungsidee des Eigentums als eine positive und zivilisationshervorbringende Errungenschaft zu entfalten. Die politische Auseinandersetzung konzentriert sich demgegenüber zumeist auf die Beschränkungen des Eigentums. Hier setzt die rechtswissenschaftliche Diskussion gespannt auf philosophische Grundierung, die uns Herr Kersting vortragen wird. Die Rolle des Eigentums in verschiedenen Politikfeldern kann nur exemplarisch an zwei Beispielen exemplifiziert werden: Die große Idee der Sozialversicherung war eine solche, die die soziale Sicherheit im Alter nicht auf privates Eigentum, sondern auf die Generationensolidarität gründete. Das Ergebnis können wir derzeit besichtigen. Die Politik steuert hier um auf zumindest teilweise eigentumsgestützte Systeme. Ob darin mehr als nur ein Anfang liegen kann, ist eine Frage, die uns Herr Eekhoff beantworten wird. Auch in zahlreichen anderen Politikbereichen scheint es ein überkommenes Paradigma zu sein, dass die Politik das Gemeinwohl nur gegen den privaten Eigentümer sichern könne. Der Eigentümer gilt gleichsam als der natürliche Feind der Natur, des Bodens, der Kunst, des Denkmals, weil „Profitgier" sein Handeln bestimme. Wer der historischen Idee des Eigentums nachgeht wird freilich feststellen, dass z.B. das Eigentum im Sinne des politischen Konservativismus stets als pflichtgebundenes verstanden wurde, nicht Titel zur

Selbstentfaltung und Anhäufung von Reichtum war, sondern als zu verantwortendes Amt im Dienst an der Gemeinschaft. Daraus ergibt sich die Frage von selbst, ob nicht gerade umgekehrt die Eigentümer von Grund und Boden, Denkmälern und Kunstobjekten die beste Garantie für eine nachhaltige Bewirtschaftung, langfristige Orientierungen und verantwortlichen Umgang bieten, eine Frage, über deren Beantwortung sich Herr Roellecke Gedanken gemacht hat. Rechtspolitische Beiträge geben Anregungen, stoßen in Neuland vor, aber Informationen über den derzeitigen Stand des Eigentumsschutzes dürfen nicht zu kurz kommen. So unterrichtet uns der Präsident des Bundesverfassungsgerichts – gleichsam aus erster Hand – über den Stand des verfassungsrechtlichen Eigentumsschutzes, Frau König und Herr Kämmerer über den Eigentumsschutz auf internationaler Ebene. Frau Köcher schließlich hat einmal mehr „dem Volke aufs Maul geschaut" und liefert uns mit ihren Beobachtungen Anschauungsmaterial für die vielleicht größte rechtspolitische Herausforderung des Problems: was nutzt uns der rechtliche Schutz eines Rechtsinstituts, wenn es im Volk gering geachtet werden sollte. Wie also steht es mit dem Bild des Eigentums in der öffentlichen Meinung? Wir sind gespannt. Noch spannender aber wird es, wenn Herr Spieker am Samstag von sozialethischer Seite die Grundfrage thematisiert, ob das aristotelische „Jedem das Seine" die Freiheit des Eigentumsverkehrs prinzipiell beschränkt, ob es also eine universelle Bestimmung der Güter gibt, an der sich jede Lehre einer gerechten Eigentumsverteilung orientieren muss.

Meine sehr geehrten Damen und Herren, das sind nur einige wenige Facetten eines großen Themas. Wenige Antworten werden nur gegeben werden können, viele Fragen werden unbeantwortet bleiben. Aber gerade deswegen wird es gut sein, wenigstens einen Anfang gemacht zu haben.

Grußwort des Bundesministeriums der Justiz

Hansjörg Geiger

Für die diesjährigen Bitburger Gespräche haben die Veranstalter ein Thema ausgewählt, das bereits einmal – bei den zweiten Bitburger Gesprächen im Jahr 1973 – auf der Tagesordnung stand. Damals lautete die Frage: „Eigentum, Instrument zur Zerklüftung der Gesellschaft oder Voraussetzung für den Fortschritt?" – eine Frage, die den Geist und die gesellschaftspolitischen Auseinandersetzungen der frühen 70er Jahre widerspiegelt. Diskutiert wurde vor allem über die Mitbestimmung der Arbeitnehmer in den Unternehmen, über eine Reform des Bodenrechts zur Förderung des Wohnungsbaus und über die – damals noch offene – Frage, ob auch sozialversicherungsrechtliche Ansprüche, insbesondere aus der Renten-, Kranken- und Arbeitslosenversicherung, unter dem Schutz der Eigentumsgarantie stehen.

Ein Teil der damals streitigen Fragen ist inzwischen durch die Rechtsprechung des Bundesverfassungsgerichts geklärt: Das Gericht hat die erweiterte Mitbestimmung für mit dem Grundgesetz vereinbar erklärt und zugleich Versuchen, den Grundrechten die Festlegung auf eine bestimmte Wirtschaftsordnung zu entnehmen, eine klare Absage erteilt. Nur wenig später hat es – unter dem Vorsitz von Ernst Benda, der die hierfür maßgeblichen Gedanken bereits bei den Bitburger Gesprächen im Jahr 1973 zur Diskussion gestellt hatte – den eigentumsrechtlichen Schutz auf sozialversicherungsrechtliche Ansprüche erstreckt, wenn diese auf nicht unerheblichen Eigenleistungen der Versicherten beruhen und zudem der Sicherung deren Existenz dienen.

Ruhe ist dadurch auf dem Gebiet der Sozialversicherung jedoch nicht eingekehrt. Das Reizwort vom „Sozialabbau" erhitzt zur Zeit die Gemüter. Viele Arbeitnehmerinnen und Arbeitnehmer waren und sind – auch aufgrund der hohen Beitragslast – nicht in der Lage, anderweitig Eigentum zu bilden und auf diesem Wege eine eigenständige Altervorsorge aufzubauen. Die sozialversicherungsrechtlichen Ansprüche und Anwartschaften ersetzen ihnen die Sicherheit, die privates Eigentum geben kann.

Schon Ernst Benda führte 1973 aus, dass nicht das private Sacheigentum, sondern das Arbeitseinkommen und die daran gekoppelten versicherungsrechtlichen Ansprüche bei Krankheit, Arbeitslosigkeit oder im Alter die Existenz der meisten Menschen und damit die Voraussetzung ihrer Freiheit sichern. Er hat gleichzeitig dargelegt, dass diese Entwicklung die Gefahr der Abhängigkeit der gesamten Bevölkerung von den entsprechenden Versicherungsleistungen birgt. Deshalb sei der eigentumsrechtliche Schutz dieser Ansprüche so wichtig. Und deshalb ist es eine

Frage von höchster politischer Bedeutung, wie weit bestehende sozialversicherungsrechtliche Positionen auch unter sich ändernden gesellschaftlichen Strukturen zu schützen sind. Wie ich der Tagesordnung entnommen habe, wird diese Frage dankenswerterweise Thema eines der kommenden Referate sein.

Ich selbst möchte mich darauf beschränken, einige Anmerkungen aus der Sicht des für die Rechtsprüfung zuständigen Ministeriums zu machen, das die Gesetzgebungsarbeit des federführenden Bundesministeriums für Gesundheit und soziale Sicherung unterstützt. Worum geht es? Als Folge der fortschreitenden Globalisierung und der demografischen Entwicklung wird unsere Gesellschaft in den nächsten Jahrzehnten Veränderungen erfahren, die – wie wir heute zu spüren be ginnen – tiefer greifen als jene Veränderungen, die unter dem Grundgesetz bisher zu bewältigen waren. Unsere bisherigen Erfahrungen und die daraus gewachsene Erwartungshaltung – wachsende Bevölkerung, wachsender Konsum, wachsende Wirtschaft, wachsender Wohlstand – können wir nicht einfach in die Zukunft fortschreiben. Vielmehr stehen wir vor der Herausforderung, uns in einer kleiner und älter werdenden Gesellschaft möglichst viel wirtschaftliche Dynamik und Innovationskraft zu erhalten. Dies ist Voraussetzung für den hohen Standard an sozialer Sicherheit, den die Bundesrepublik Deutschland in den fünf Jahrzehnten ihres Bestehens aufgebaut hat.

Dabei darf das sich verschlechternde Verhältnis von Beitragszahlern und Leistungsempfängern gerade auch in der Rentenversicherung nicht dazu führen, dass die Beitragslast stetig ansteigt und sowohl den Arbeitgebern als auch den Arbeitnehmern den notwendigen finanziellen Spielraum nimmt. Wie wird unter schwieriger werdenden Verhältnissen das ökonomische Sein auf das rechtspolitische, vielleicht gar rechtsdogmatische Bewusstsein einwirken? Oder, um es praktisch zu formulieren: Wird der verfassungsmäßig geschützte Bereich des Eigentums in 20 oder 30 Jahren womöglich enger gezogen werden als heute? Dem möchte ich hier nicht das Wort reden. Zum einen, weil ich die Weichenstellung des Bundesverfassungsgerichts für richtig halte. Es gilt das von Ernst Benda Gesagte. Zum anderen, weil Beständigkeit und Verlässlichkeit verfassungsrechtlicher Topoi einen Wert an sich haben. Und gerade in Zeiten des Wandels findet eine Gesellschaft Halt an einem Kernbestand von Werten und Überzeugungen. Freilich verlangt das heute schon eine Besinnung darauf, welchen Kernbestand an Grundwerten und Überzeugungen wir auch in Zeiten des Wandels werden bewahren können. Wir müssen heute schon mit der Verantwortung für morgen bestimmen, welchen Rahmen uns Artikel 14 des Grundgesetzes bei der Anpassung der Sozialversicherung vorgibt.

Das Bundesverfassungsgericht hat im Sozialrecht sehr vorsichtig bestimmt, wo der Schutz des Eigentums beginnt, wo die Grenzen dieses Schutzes liegen und wo er gleichsam unter dem Vorbehalt der Bezahlbarkeit durch die nächste Generation gesehen werden muss. So steht als Grundsatz fest, dass der eigentumsrechtliche Schutz nur soweit reicht, wie den Ansprüchen oder Anwartschaften eine eigene Leistung der oder des Versicherten zugrunde liegt: Je höher der Anteil eigener Leistung ist, desto stärker kommt der Schutz des Eigentums zur Geltung. Anders als die durch eigene Leistung aufgebauten Rechtspositionen stehen jene, die überwiegend auf staatlicher Gewährung beruhen und Ausdruck besonderer staatlicher Fürsorge sind, nicht unter dem Schutz des Artikels 14 Grundgesetz – so ausdrücklich das Bundesverfassungsgericht bezüglich der Hinterbliebenenversorgung: Zu diesen aus staatlicher Fürsorge erbrachten Leistungen hat das Bundesverfassungsgericht die Anrechnung von beitragslosen Ausfall- und Zurechnungszeiten gezählt, ferner die „abgeleitete" Versorgung der Hinterbliebenen des ursprünglichen Versicherten.

Vor diesem Hintergrund kann es nicht überraschen, wenn der Gesetzgeber die Rentenkassen zuerst an jenen Stellen zu entlasten sucht, die dem verfassungsmäßigen Schutz des Eigentums nicht unterliegen. So hat das Zweite Gesetz zur Änderung des Sechsten Buches Sozialgesetzbuch und anderer Gesetze den staatlichen Zuschuss gestrichen, der den Rentnerinnen und Rentnern für ihren Beitrag zur sozialen Pflegeversicherung gezahlt wurde. Das Gesetz zur Sicherung der nachhaltigen Finanzierungsgrundlagen der gesetzlichen Rentenversicherung wird Anrechnungszeiten streichen, die bisher für schulische oder universitäre Ausbildung berücksichtigt wurden. Die Hinterbliebenenversorgung wurde bereits 2001 durch das Altersvermögensergänzungsgesetz verändert: Seit dem 1. Januar 2002 beträgt die sog. große Witwenrente beziehungsweise Witwerrente nicht mehr 60 %, sondern nur noch 55 % der Rente des verstorbenen Ehegatten.

Kommt man von hier aus zu jenen Bereichen, die den Schutz des Artikels 14 Grundgesetz genießen, ist sogar dort die Zurückhaltung des Bundesverfassungsgerichts spürbar, das Rentenrecht mit zu großen, auf Dauer nicht durchzuhaltenden verfassungsrechtlichen Vorgaben zu belasten. Die konkrete Reichweite des Schutzes durch die Eigentumsgarantie ergibt sich erst aus der Bestimmung von Inhalt und Schranken des Eigentums, die nach dem Grundgesetz Sache des Gesetzgebers ist. Das gibt dem Gesetzgeber die Möglichkeit, erworbene Rechtspositionen auch wieder zu verändern und einzuschränken, wobei er natürlich den Grundsatz der Verhältnismäßigkeit zu beachten hat. Gleichzeitig gilt fort, was das Bundesverfassungsgericht schon seit längerem entschieden und später noch des öfteren wiederholt hat: Dass nämlich auch unter Artikel 14 Grundgesetz Umgestaltungen des Rentenversicherungssystems möglich bleiben müssen, und zwar dann, wenn sie erforderlich sind, die Rentenversicherung an veränderte Bedingungen anzupassen, insbesondere ihre Funktions- und Leistungsfähigkeit zu verbessern und zu erhalten.

Nur aus dieser Perspektive heraus hat das Bundesverfassungsgericht sich überhaupt in der Lage gesehen, Anwartschaften in der Rentenversicherung unter den Eigentumsschutz zu stellen. Die Gefahr, dass die Eigentumsgarantie die Sozialgesetzgebung blockieren könnte, wurde gesehen und zugleich zurückgewiesen. Denn neben Artikel 14 Grundgesetz bleibe, so das Gericht, immer auch das Sozialstaatsprinzip Leitlinie des gesetzgeberischen Handelns in der Rentenversicherung. Das Sozialstaatsprinzip ist letztlich die Auffanglinie und deshalb in Zukunft das entscheidende Prinzip, das den Wert der Eigentumsgarantie – so ungern wir das möglicherweise wahrhaben wollen – mehr und mehr in den Hintergrund drängen wird. Unter Berücksichtigung dieser Überlegungen können selbst Anwartschaften, die in der Rentenversicherung erworben wurden, nicht in jeder Beziehung statisch bleiben. „In gewissen Grenzen" ist der Gesetzgeber berechtigt, auch in bestehende Anwartschaften einzugreifen, weil das Versicherungsverhältnis von Anfang an nicht auf dem reinen Versicherungsprinzip beruht, sondern wesentlich durch den Gedanken der Solidarität und des sozialen Ausgleichs mitgeprägt wird. Der Schutz des Artikels 14 Grundgesetz bewirkt allerdings einen besonderen Rechtfertigungszwang. Der Gesetzgeber muss plausibel darlegen, dass und warum eine Modifikation der bislang gewährten Rechtspositionen, die zu einer Verringerung der künftigen Rente führen kann, erforderlich ist, um im Interesse aller die Funktionsgrenze und Leistungsfähigkeit der gesetzlichen Rentenversicherung zu erhalten, zu verbessern oder veränderten wirtschaftlichen Bedingungen anzupassen.

Das sind Maßstäbe, die eine etwa notwendig werdende Veränderung der gesetzlichen Rentenversicherung nicht verbauen, sondern im Gegenteil geeignet sind, ihr als Gerüst zu dienen. Heute können wir im Detail noch nicht erkennen, wie sich unsere sozialen Sicherungssysteme entwickeln werden. Artikel 14 Grundgesetz ist offen für notwendige, vernünftige Entwicklungen, aber eben auch nur für sie. Als das Bundesverfassungsgericht sozialversicherungsrechtliche Positionen in den Schutz der Eigentumsgarantie einbezog, war damit die Erwartung verbunden, dass dies ein höheres Maß an Schutz gewährleiste als der Rückgriff auf allgemeine Grundsätze der Verfassung wie das Vertrauensschutzprinzip. Diese Erwartung sehen viele angesichts der gegenwärtigen Veränderungen der Sozialsysteme enttäuscht. Grund hierfür sind vielleicht die zu hohen Erwartungen. Das Bundesverfassungsgericht hat von vornherein darauf hingewiesen, dass die Berechtigung des einzelnen „Eigentümers" eingefügt ist in einen Gesamtzusammenhang, der auf dem Gedanken der Solidargemeinschaft und des „Generationenvertrages" beruht.

Es ist eben zu einem wesentlichen Teil die im Berufsleben stehende Generation, welche die Mittel für die Erfüllung der Ansprüche der älteren Generation aufzubringen hat. In Zeiten hoher Arbeitslosigkeit und einer Alterung unserer Gesellschaft zeigt sich, dass wir dieser Generation nicht beliebig viel aufbürden können. Die Relativierung des Schutzes bereits erworbener Ansprüche und Anwartschaften liegt also in unseren Sozialversicherungssystemen selbst begründet. Sie ist nicht nur eine Schwäche, sondern zugleich eine Stärke des Schutzes durch die Eigentumsgarantie. Denn nur die Offenheit für Relativierungen ermöglicht es, unsere Sozialversicherungssysteme den veränderten Bedingungen anzupassen und sie dadurch lebensfähig zu halten. Bei alldem darf man aber eines nicht vergessen: Der Verhältnismäßigkeitsgrundsatz, der bei der Bestimmung von Inhalt und Schranken des Eigentums zu berücksichtigen ist, verlangt auch, dass erforderliche Einschränkungen rentenversicherungsrechtlicher Ansprüche und Anwartschaften den Betroffenen zumutbar sein müssen. Der Gesetzgeber muss berücksichtigen, dass sich die heute ältere Generation nicht mehr durch Eigenvorsorge auf veränderte Bedingungen einstellen kann und dass es für viele dabei nicht um Leistungen geht, die ihnen zusätzlichen Luxus gewähren, sondern um ihre Existenzsicherung. Der heutigen älteren Generation möglicherweise aufzuerlegende Belastungen können deshalb nur moderat ausfallen. Verfassungsrechtlich folgt dies aus der Eigentumsgarantie, die nur verhältnismäßige und damit zumutbare Umgestaltungen zulässt. Politisch folgt es aus der Verantwortung, die wir für die Generation tragen, die das demokratische Deutschland auch unter Entbehrungen aufgebaut hat.

Lassen Sie mich jetzt noch kurz auf ein weiteres, aus meiner Sicht sehr wichtiges Thema eingehen, das ebenfalls bei den diesjährigen Bitburger Gesprächen erörtert werden wird: der Schutz des Eigentums im europäischen Recht. Dass der europäische Einigungsprozess durch das zeitweilige Scheitern des europäischen Verfassungsvertrages einen Dämpfer erfahren hat, ändert wenig an der zunehmenden Bedeutung des europäischen Rechts für das nationalstaatliche Recht. Auch der Schutz des Eigentums ist längst nicht mehr nur nationalstaatlich geregelt: Der EuGH hat bereits Ende der 70er Jahre vor allem die individualschützende Funktion des Eigentums betont. Dies geschah methodisch durch seine Einordnung als allgemeiner Grundsatz des Gemeinschaftsrechts. Solche Grundsätze ergänzen das Gemeinschaftsrecht um einen nationalen Grundrechten vergleichbaren Maßstab. Hergeleitet werden diese allgemeinen Rechtsgrundsätze aus den gemeinsamen Verfassungsüberlieferungen der Mitgliedstaaten: Alle Mitgliedstaaten kennen einen Eigentumsschutz, wenn auch in unterschiedlichem Umfang.

Die Europäische Union ist aber nicht bei dem Richterrecht stehen geblieben, sondern hat den Eigentumsschutz schrittweise institutionalisiert: Der Unionsvertrag bestimmt in seinem Artikel 6 Absatz 2, dass die Union die Grundrechte achtet, wie sie in der Europäischen Menschenrechtskonvention gewährleistet sind und wie sie sich aus den gemeinsamen Verfassungsüberlieferungen der Mitgliedstaaten als allgemeine Grundsätze des Gemeinschaftsrechts ergeben. Der Schritt zum schriftlichen Grundrechtskatalog der Gemeinschaft wurde durch die Charta der Grundrechte der Europäischen Union Ende 2000 vollzogen. Artikel 17 der Charta regelt detailliert das Eigentumsrecht. Die EU-Grundrechtecharta ist noch nicht rechtsverbindlich. Der Entwurf des Konvents für eine Europäische Verfassung sieht vor, dass die Charta Teil der Verfassung und damit verbindlich werden soll. Bereits jetzt aber zeigt die Grundrechtecharta Wirkungen: Im Wege der Selbstbindung der EG-Organe sowie durch die Bezugnahme auf die Charta in vielen Stellungnahmen der Generalanwälte des EuGH. Mit dem wachsenden Einfluss des Gemeinschaftsrechts, der Vergemeinschaftung wichtiger Bereiche des nationalen Rechts wird die gemeinschaftsrechtliche Eigentumsgarantie an Bedeutung gewinnen, nicht zuletzt durch die Rechtsprechung des EuGH. Auf diesen Prozess und die Wechselwirkungen mit nationalen Rechtsquellen dürfen wir gespannt sein. Die deutsche Rechtswissenschaft hat die Chance, diesen Prozess zu beeinflussen und unsere Erfahrungen mit dem deutschen Verfassungsrecht einzubringen. Meine Damen und Herren, die Bitburger Gespräche werden wieder für die rechtspolitische Diskussion wichtige Richtpunkte setzen. Ich freue mich schon auf die Ergebnisse und wünsche gerade deshalb der Tagung einen guten Verlauf.

Ich danke Ihnen für Ihre Aufmerksamkeit.

Grußwort „Zur Ethik des Privateigentums"

Reinhard Marx

Die Einladung, bei den diesjährigen Bitburger Gesprächen ein Grußwort zu sprechen, lässt vermuten, dass die Veranstalter die Auffassung vertreten, die religiöse Tradition unseres Landes gehöre in den öffentlichen Diskurs von Wissenschaft, Gesellschaft und Politik. Ich teile diese Auffassung und bin deshalb dankbar für die Einladung, kurz zum Thema zu sprechen. Das tue ich nicht als Stimme aus einer vergangenen Epoche und Kultur, sondern als – hoffentlich überzeugender – Zeuge einer auch heute wirksamen und sehr gegenwärtigen Realität. Trotz aller Probleme – die Kirche lebt, wie sie an mir sehen. Als 102. Nachfolger des heiligen Eucharius darf man vielleicht doch – ohne Stolz, aber mit einer gewissen Gelassenheit –, diese Stimme des christlichen Glaubens und Denkens in diese Tagung einbringen.

Dass es keine echte Marktwirtschaft ohne Privateigentumsordnung geben kann, hat der Ruin des Realsozialismus deutlich bewiesen. Zu Zeiten der osteuropäischen Transformationsprozesse und der „Globalisierung" der Marktwirtschaft zeigt sich überdies, dass nur rechtlich gesicherte Eigentumsordnungen zu einer produktiv-effizienten Wirtschaft führen können. Die bedrängende Frage im weltweiten Wettbewerb ist aber: Wird sich überall ein schrankenloser Liberalkapitalismus durchsetzen – oder eine Marktwirtschaft, die noch sozial geordnet und ökologisch begrenzt ist?

Als Weltkirche hat besonders die katholische eine Tradition der Soziallehre entwickelt, die dem Anspruch auf universale Geltung genügen möchte. Jedenfalls verdient sie Beachtung im Dialog der Religionen und Kulturen. Immerhin haben Juden, Christen und Muslime wenigstens eines gemeinsam: die Zehn Gebote. Das siebte der Zehn Gebote lautet „Du sollst nicht stehlen". Es verbietet nicht nur die Verletzung fremden Sacheigentums, sondern vor allem auch die Freiheitsberaubung oder Versklavung der Mitmenschen. Hier zeigt sich bereits der enge Zusammenhang von persönlicher Freiheit und Eigentum. Allerdings blieb in dieser Sicht Gott, der Schöpfer und Landgeber, auch Ureigentümer und oberster Lehnsherr. Darin lag eine starke Eigentumsgarantie, zugleich aber auch eine gewisse Relativierung der Verabsolutierung von Privateigentum und seiner willkürlichen oder egoistischen Handhabung. Schon im alten Israel gab es eine rechtliche Sozialbindung des Eigentums. Den ungerechten Umgang mit dem Eigentum zu Lasten der Armen hat vor allem die Sozialkritik der Propheten gegeißelt. Daran mag man sich erinnern, wenn man sich die Kritik Papst Pauls VI. an einer bestimmten Latifundienwirtschaft in Lateinamerika vor Augen hält.

Bekannt sind die radikalen Worte Jesu über die sittlichen und religiösen Gefahren des Reichtums. Aber nirgendwo fordert er die Abschaffung der Institution des Privateigentums. In der Apostelgeschichte jedoch kann man nachlesen, dass die so genannte Jerusalemer „Urgemeinde" eine Art „kommunistisches" Ideal zu verwirklichen suchte. Diese Gemeinde lebte also in Gütergemeinschaft, d.h., sie kannte kein Privateigentum und war dabei anscheinend „ein Herz und eine Seele". Dieses Ideal einer besonders radikalen Nachfolge Jesu ist nur verständlich auf dem Hintergrund der damals herrschenden Naherwartung der unmittelbar bevorstehenden Wiederkunft Christi. Wer das Ende der bisherigen Welt sehnsüchtig erwartet, dem fällt es nicht schwer, sich von seinem Besitz als Ballast zu trennen und alles den Armen zu schenken.

Dieses Ideal wurde dann später von den Ordensgemeinschaften aufgegriffen, die es bis heute praktizieren. Dieses Modell einer kommunistischen Wirtschaftsordnung kann sich in kleinen, religiös aktiven Gemeinschaften, deren Mitglieder sich freiwillig dazu entschlossen haben, ganz gut bewähren. Die Kirche hat es aber nie auf die Gesamtgesellschaft übertragen, weil es schon in kleinen freiwilligen Glaubensgemeinschaften nicht problemlos funktioniert. Vielmehr erkannte die Kirche immer deutlicher, dass das Eigentum in privater Verfügung einen unentbehrlichen Ordnungsfaktor im Wirtschaftsleben einer Gesellschaft darstellt. Das Privateigentum wurde nicht nur deshalb legitimiert, weil man die erbsündenbedingte Habsucht des Menschen berücksichtigen musste; auch nicht alleine wegen der Zehn Gebote, sondern vor allem deshalb, weil man den positiven Ordnungssinn des Eigentums für eine verantwortliche und freiheitliche Wirtschaftsführung ausfindig machte.

Es ist gewiss kein Zufall, dass der größte Theologe des Mittelalters, Thomas von Aquin, der persönlich als Dominikanermönch kommunistisch lebte, eine Lehre zur Begründung des Privateigentums entworfen hat. Diese an Aristoteles anknüpfende Lehre ist für die kirchliche Sozialverkündigung maßgebend geblieben – und hat sich überdies auf viele Staatsverfassungen normativ ausgewirkt, auch auf unser Grundgesetz. Thomas geht bekanntlich von der „Gemeinbestimmung" der Erdengüter aus. Sie besagt, dass Gott die Erde mit allem, was sie enthält, für alle Menschen und Generationen geschaffen hat, damit alle leben und ihre Bedürfnisse realisieren können. Deshalb haben alle Menschen an den Gütern dieser Erde ein „ursprüngliches Nutzungsrecht". Damit ist zwar das prinzipielle Ziel jeglicher Eigentumsordnung schöpfungstheologisch angegeben, aber noch keine konkrete Eigentumsordnung vorgenommen. Immerhin jedoch lässt sich mit Berufung auf diesen thomasischen Grundsatz bereits das Notrecht des Mundraubs rechtfertigen, wie es z.B. Kardinal Joseph Frings nach dem Zweiten Weltkrieg für die Kölner Bürger interpretierte: Ihnen sei es, um im Winter nicht zu erfrieren, erlaubt, Briketts von den Güterzügen zu nehmen. Seitdem wird im Rheinland diese Praxis „fringsen" genannt und gelegentlich auch auf andere Güter übertragen. Womit, wie gesagt, kein Ordnungsmodell für die Aufteilung des Eigentums vorgegeben ist.

Diese Aufteilung ergibt sich vor allem aus praktischen, geschichts- und kulturübergreifenden Erfahrungsgründen, auf die Herr Kollege Spieker in seinem Vortrag vielleicht noch näher eingehen wird. Dem Gemeinwohl wird demnach am besten dadurch gedient, dass jedem Einzelnen das Eigentum als persönliches Freiheits- und Verfügungsrecht zukommt. Thomas von Aquin nennt in diesem Zusammenhang drei bis heute aktuelle Gründe: Erstens stimuliert das Privateigentum zur persönlichen Leistungsbereitschaft, zweitens führt es zu einer besseren, d.h. effizienteren Verwaltung der ökonomischen Angelegenheiten, und drittens dient es dem sozialen Frieden. Freilich kommt es innerhalb einer Eigentumsordnung mit privatem Verfügungsrecht auf die solidarische Nutzung der Erträge zugunsten der Notleidenden an. Aus dieser ursprünglich moralischen, d.h. freiwilligen Verpflichtung ist inzwischen eine rechtlich erzwingbare geworden, etwa in Form der progressiven Einkommenssteuer und anderer sozialer Hypotheken, die den Eigentümer belasten. Und zwar innerhalb eines säkularen Sozialstaates, der sich nicht mehr auf die glaubensgestützte Tugend der Solidarität seiner Bürger verlassen konnte. Freilich kann der Sozialstaat sich seine eigene produktive Freiheitsgrundlage entziehen, wenn er die erzwungene Solidarität allzu sehr strapaziert und die Sozialpflichtigkeit des Privateigentums überzieht.

Die kirchliche Soziallehre ist nach wie vor bestrebt, das Privateigentum einerseits gegenüber kollektivistischer Vereinnahmung zu legitimieren, es andererseits aber gegenüber liberalkapitalistischer Verabsolutierung sozial zu begrenzen. Hier die richtige Balance zu finden, ist nicht gerade einfach. Die soziale Bindung des Privateigentums darf nicht so ausgedehnt werden, dass dadurch wieder die private Eigentumsbildung, die persönliche Initiative und Verantwortung stranguliert würden. Gerade die Krise des Sozialstaats weist auf die Notwendigkeit privater Eigentumsbildung und Vorsorge hin. Allerdings gilt es, den Grundwiderspruch in der Mentalität des Wohlfahrtsstaates und im kollektiven System sozialer Sicherheiten aufzuheben. Man kann nicht beides zugleich haben: völlige Freiheit und absolute Sicherheit. Freiheit ist ohne ein gewisses Maß persönlichen Risikos nicht zu garantieren. Aber ohne Freiheit verlieren wir auf Dauer auch die Sicherheit. In der breiteren Streuung des Privateigentums könnten Freiheit und Sicherheit stärker miteinander verbunden werden. Die christliche Tradition hat das Privateigentum, auch an Kapital, immer als ein Recht verteidigt, das nicht nur wenigen Privilegierten zukommt.

Es ist auch zu bedenken, dass die rechtliche Gestaltung von Eingriffen in das Eigentum und auf der anderen Seite einklagbare Ansprüche auf Transferleistungen nur einen Bereich der Sozialpflichtigkeit des Eigentums darstellen. Die tugendethische Seite sollte nicht vergessen und unterschlagen werden. Die moralische Verpflichtung, die aus großem Eigentum entsteht, zeigt sich auch in dem, was „ungeschuldet“ in das Gemeinwesen eingebracht wird. In unserem Miteinander geht es nicht nur um Rechtsansprüche, sondern auch darum, aus freier, moralisch inspirierter Haltung heraus zu handeln. Wie Moral und Recht aufeinander zu beziehen sind, wäre vielleicht für eine nächste Tagung ein Thema. Aber in diesen Tagen geht es vor allem um eine gemeinwohlgerechte Eigentums- und Vermögensordnung als wichtige gesellschaftspolitische Aufgabe des Staates und seiner Rechtsordnung. Zum Grundanliegen der christlichen Sozialethik gehört die Überwindung der Armut in ihren verschiedenen Formen. In einer insgesamt reichen Gesellschaft stellt sich Armut nicht nur als ein Mangel an Konsummöglichkeiten dar, sondern vor allem als Mangel an Möglichkeiten der Selbstentfaltung und Eigenverantwortlichkeit. Diesen Mangel auf dem Arbeitsmarkt und im Wirtschaftsleben zu beheben, ist Anliegen der Beteiligungsgerechtigkeit. Diese ist freilich auf Anwälte angewiesen, die dieses Anliegen auch rechtspolitisch voranbringen. Auf diese Herausforderungen geht auch das Impulspapier der Kommission VI der Deutschen Bischofskonferenz ein. Wir fordern, „das Soziale neu zu denken", die Fragen der Gerechtigkeit, der Solidarität und Subsidiarität unter veränderten Bedingungen neu zu beantworten. Dabei spielen der Umbau des Steuersystems und des Sozialstaates eine besondere Rolle. Ich hoffe und wünsche Ihnen, dass von Ihrer Tagung wichtige Impulse ausgehen, die gerade auch diese öffentliche Debatte bereichern und vorantreiben.

Braucht das Eigentum eine eigene Interessenvertretung?

Edzard Schmidt-Jortzig

Natürlich muss man bei solcher Fragestellung auf das konkrete, praktische Leben zu sprechen kommen. Denn es geht um die reale, wirkliche Bewährung des Eigentumsschutzes, d.h. um das Sich-Behaupten-Können des Eigentums bei den gegenwärtigen gesellschaftlichen Rahmenbedingungen und im politischen Umfeld. Dazu eine unmittelbare Rückblendung: Kurz vor Weihnachten ist die Öffentlichkeit vom großen Schauspiel eines nächtelangen Ringens im Vermittlungsausschuss beeindruckt worden. Es ging um das Zustandebringen verschiedener Reformen, die da zeitlich und verfahrensmäßig – durchaus auch ein wenig zufällig – zusammengekommen waren. Das Vorziehen der Steuerreform war nur der Aufhänger. In dem Gesamtpaket befanden sich zusätzlich noch Änderungsvorhaben für die Handwerksordnung, den kommunalen Finanzausgleich und die Zuständigkeit für Langzeitarbeitslose, eine Reduzierung der Subventionen, Neufixierung des Mitarbeiterkündigungsschutzes, Umbau der Zumutbarkeitsregeln für Arbeitslose, Veränderungen im Sozialhilferecht und bei Rentenfragen sowie verschiedenste sonstige Vorschriften für den Arbeitsmarkt. Unter ähnlichen Umständen war es schon vorher zu einem schwierigen Kompromiss bei der sog. „Gesundheitsreform" gekommen, bei der auch Fragen der Pflegeversicherung, der Krankenhausträgerstruktur und der ärztlichen Qualifikationen anstanden. Die Öffentlichkeit staunte wenigstens – und tut es eigentlich noch immer. Man nickt sich verständnisvoll zu und ist sich einig, dass das Ringen um „soziale Gerechtigkeit" im Absicherungs- und Versorgungsstaat ein eben ganz schwieriges Geschäft sei.

Bei all solchem Theatergetöse geht indessen völlig unter, dass die Gelder, um die da politisch gestritten und gefeilscht wird, irgendwie auch erwirtschaftet werden müssen. Beständig nach der öffentlichen Hand zu rufen, setzt voraus, dass diese auch gefüllt ist. Das Gespür dafür aber geht verloren. Ein immer stärkeres Versinken des Staates in der Schuldenfalle ist der Beleg. Maastricht-Kriterien hin oder her: Dass die staatlichen Ausgaben immer höher werden, entsprechende Einnahmen immer schwieriger zu beschaffen sind und deshalb die Inanspruchnahme des Kreditmarktes immer zwingender erscheint, ist eine durchgehende Tendenz der jüngeren Vergangenheit. Vieles erinnert an die Karikatur aus den Zeiten des Streits um die Kernenergie, wo der treuherzige deutsche Gutmensch natürlich gegen die Risiken der Atomkraftwerke demonstrierte, aber für sich selber auf einer ständig fließenden und preiswerten Energieversorgung bestand und deshalb entwaffnend bekannte: „Ich selber beziehe ja meinen Strom aus der Steckdose". Alles was an öffentlichen Mitteln verfügbar ist, um die schönen Versorgungserwartungen und den Ausgleich sozialer Ungerechtigkeit zu bewirken, stammt einzig aus Steuern und Abgaben, also aus der Abschöpfung dritterwirtschafteter Erträge oder Vermögen. Die aber werden nur durch den Einsatz privater Produktionsmittel, von Sachgütern, Finanzen und persönlichem Leistungswillen zustandegebracht. Dass sie der Einzelne in die Bresche werfen kann, ist Ausdruck seines Eigentums, also eines privatnützigen Verfügenkönnens und -wollens über ihm zu Gebote stehende Güter. Das jedoch wird offenbar immer weniger zur Kenntnis genommen und beachtet. Im Übrigen bewegen sich auch all die schönen Produktionsmittel ja nicht von selbst. Sie müssen eingesetzt, bearbeitet, an den Mann gebracht werden. Ihre Verfügbarkeit fällt dem Einzelnen nicht in den Schoß. Er muss sie sich erwerben, unter Einsatz von Arbeit und Bonität, von Risikobereitschaft und Verantwortungslast.

Was den Menschen dazu überhaupt bewegt, mag Entfaltungsdrang, Ehrgeiz oder Altruismus sein, Leistungswille oder Abenteuerlust. Aber dass er seine Möglichkeiten zum eigenen Erfolg und zum Nutzen der Gemeinschaft so einbringen kann, ist jedenfalls Ausdruck seiner freien, höchstpersönlichen Entscheidung. Und das genau belegt den elementaren Zusammenhang von Freiheit und Eigentum. Eigentum nämlich ist die wirtschaftliche Basis aller realen Freiheit. Ich zitiere Josef Isensee: „Freiheit strebt nach Eigentum und sie bedarf seiner, der Erwerb ist das Ziel, das Haben die Grundlage, die Nutzung der Inhalt der Freiheit". Die Grundlagenfunktion des Eigentums geht aber im Übrigen noch weiter. Für den Staat – jedenfalls für den konkreten deutschen Staat unter dem Grundgesetz – bedeutet Eigentum einen Eckpfeiler seiner Wirtschafts- und Sozialordnung. Für die Kultur ist Eigentum der Ausgangspunkt ihrer Hervorbringung und Verbreitung. All das gilt im Übrigen gleichermaßen für das Sacheigentum wie für das geistige Eigentum. Ersteres sind wir gewohnt, nach dem Erstreckungsgegenstand in Grundeigentum und bewegliches Eigentum, nach der Nutzungsart in gewerbliches, persönliches oder öffentliches Eigentum zu unterteilen. Geistiges Eigentum gliedert sich in Entdeckungen, Erfindungen und schöpferische Werke. In allen Facetten aber ist das Zueigenhaben und Nutzenkönnen der Ressourcen Ausgangspunkt für Kreativität, für Leistungsbereitschaft und Wertvermehrung.

Um so verhängnisvoller wirkt sich aus, wenn Politik und Gesellschaft das Eigentum nicht nur durch Bürokratie und Abgaben immer stärker belasten, sondern auch programmatisch zunehmend gering achten, ja, hintanstellen. Was an behördlicher, administrativer Erschwerung eigenständiger, wirtschaftlicher Existenz alles angehäuft wurde, ist Legion. Berichtspflichten, Kontrollmechanismen und Gängelungsversuche treten hinzu. Noch alarmierender wirkt indessen, dass in letzter Zeit offenbar immer unbekümmerter das private, freie Eigentum als unerheblich ausgewiesen wird. Der Fleißige, Einsatzfähige wird als Streber diskriminiert, Elitebildung gilt als unsozial. Angesichts der real betriebenen Politik entlarvt sich ja selbst die groß angekündigte Bildungsoffensive mit der plakativen Forderung nach „Eliteuniversitäten" rasch als PR-Gag oder parteitaktische Finte. Zusätzlich wird gegen den Mehr-Haber Neid geschürt. Sichtbar werdende Vorteile will man unter Berufung auf Gleichheit und soziale Gerechtigkeit bequem auch für sich haben,

Lasten und Mühsal aber werden auf die Allgemeinheit abgeschoben. In weiten Teilen von Gesellschaft und Politik herrscht zudem eine latente Eigentumsfeindlichkeit. Erinnert sei nur an die empörende Behandlung des Alteigentums aus den Konfiskationen der Bodenreform. Ich betone übrigens ausdrücklich „politische Behandlung“, denn die Vorwürfe die man der 1991er Entscheidung des Bundesverfassungsgerichts macht, gehen m.E. völlig fehl. Hier sind Legenden gebildet worden, die mit der tatsächlichen Sach- und Rechtslage wenig zu tun haben, denn die kommunistischen Bodenreformaktionen lassen sich gewiss nicht am Grundgesetz messen; und Einigungsvertrag samt Gemeinsamer Erklärung der beiden deutschen Regierungen von 1990 verschlugen schon deshalb nichts, weil dort ausdrücklich „Ausgleichsleistungen“ vorbehalten waren und in deren Rahmen – wie das Bundesverfassungsgericht extra betont hat – den Betroffenen „auch die Möglichkeit eines Rückerwerbs ihres ehemaligen Eigentums eingeräumt“ werden konnte, und sei es gegen einen symbolischen Kaufpreis von 1,-- DM, zu zahlen an das Rote Kreuz. Nur: Dass die Politik, dass der Gesetzgeber von dieser Möglichkeit eben keinerlei Gebrauch gemacht hat und die Betroffenen mit Almosen abspeiste, die nun auch noch nicht einmal ausbezahlt werden, das ist der Skandal, und das belegt eben die politische Geringachtung von Eigentumsinteressen. Fort setzt sich diese Einstellung ja auch etwa in der Missachtung des Neusiedlereigentums, in dessen ungenierter Einverleibung in das Grundvermögen der östlichen Bundesländer oder überhaupt in der steten Ausweitung der Staatsquote. Und wenn unlängst ein Minister bei der stolzen Präsentation seiner Idee, auf dem alten Grenzstreifen durch Deutschland jetzt ein durchgehendes Band Grünland anlegen zu wollen, auf die Frage nach dem Umgang mit möglicherweise kollidierenden Privateigentümerinteressen nur antwortete: „Das interessiert mich nicht“, dann spricht das eben Bände.

Wer den Blick für die Realitäten nicht verliert, kann also kaum bestreiten, dass es für die Wohlfahrt unserer Gesellschaft – des Einzelnen ebenso wie aller – unerlässlich ist, die absolute Grundlagenfunktion des privaten, freien Eigentums verstärkt und möglichst nachdrücklich herauszukehren. Medienwirksam und reißerisch lässt sich das Thema allerdings nicht aufmachen. Denn für den Normalverbraucher sind die Zusammenhänge eben durchweg so bequem mediatisiert und von sich wegschiebbar. Andere sollen sich darum kümmern, nicht ich. „Ich habe meine staatliche Steckdose, aus der ich meine Lebensbedürfnisse befriedige“. Die Frage kann also gar nicht sein, ob das Eigentum eine eigene Interessenvertretung braucht, eine institutionelle Patenschaft, die seine Belange in Erinnerung ruft und fördert. Darauf lässt sich nur ein entschiedenes „Ja, sicher“ sagen. Die Frage ist vielmehr lediglich, wie man diese Interessenvertretung möglichst wirksam zustande bringt. Es geht darum, die öffentliche Indolenz und Lethargie zu durchbrechen und ein Aufbäumen der Verantwortungswilligkeit zu erzeugen. Die Möglichkeiten dafür sind sicherlich begrenzt und die Kräfte schwach. Aber die gilt es zu bündeln. Dieser Aufgabe hat sich nun die seit dem vergangenen Sommer existierende Deutsche Stiftung Eigentum angenommen. Sie finden dazu noch verschiedene Unterlagen in den Tagungsmappen. Die Stiftung verdankt ihr Zustandekommen übrigens vor allem einem Manne, der auch hier im Saale anwesend ist (jeder weiß, wen ich meine), dem hierfür noch einmal nachdrücklich Reverenz gesagt sei. Und eine erste größere Anstrengung der Stiftung ist ja auch die Mitveranstaltung der jetzigen Tagung. Im Übrigen standen und stehen verständlicherweise noch Aquisitionsaktivitäten im Vordergrund. Aber Weiteres ist auch schon geleistet oder bereits angestoßen.

- So wird die Schriftenreihe „Bibliothek des Eigentums" herausgegeben, deren erster Band – „Bericht zur Lage des Eigentums" – unterschiedlich ansetzende Gutachten von Thomas von Danwitz, Otto Depenheuer und Christoph Engel zusammenfasst und bereits gute Resonanz gefunden hat. Der zweite Band soll die Vorträge, Diskussionen und Ergebnisse dieser Tagung (parallel zum entsprechenden Bitburger Periodikum) dokumentieren.
- Geplant ist weiter die Auslobung eines Journalistenpreises für Arbeiten, die sich mit dem Erhalt und der Weiterentwicklung des Eigentumsgedankens beschäftigen. Die Dotation ist gesichert, und die Ausschreibung wird in Kürze öffentlich gemacht.
- Die Förderung der Jugendarbeit auf der Ebene der Schulen und Universitäten steht im Übrigen auf dem Programm. Durch Gesprächskreise, Projektanregungen oder Druckkostenzuschüsse soll so der Eigentumsgedanke in der jüngeren Generation wieder stärker verankert werden. Nur „von unten" lässt sich ja gesellschaftlich Solides aufbauen.

Nur zu gern werden auch andere, weitere Aktivitäten unternommen, soweit die Kräfte und Mittel reichen. Gute Ideen sind gefragt. Bringen auch Sie sich deshalb vielleicht ein! Mit Vorschlägen, mit Engagement, mit ideeller Unterstützung, aber auch mit Zustiftungen und mit Spenden. Das Arbeitsziel lohnt die Anstrengung wahrlich.

Eigentum als Ordnungsidee – Wert und Preis des Eigentums

Paul Kirchhof

Die Ordnungsidee des Eigentums scheint durch eine mehr als fünfzigjährige Garantie des Eigentumsgrundrechts und die verfassungsgeprägte Wirklichkeit gefestigt. Das privatnützige Eigentum ist allgemein anerkannt und insbesondere auch durch die neuere Entwicklung Europas bestätigt worden. Andererseits gibt es kaum ein Rechtsinstitut, das sich so intensiv gegenüber neuen Anfragen an das Recht behaupten muss. Der klassische Eigentümer ist der Grundstückseigentümer, der auf seinem Grundstück seine Wohnung, seine Landwirtschaft oder seinen Gewerbebetrieb findet, in diesem Grundstück sesshafter Bürger wird und damit verstärkt diesem Staate zugehört. Demgegenüber sucht das fungible Geldeigentum den Weltmarkt und scheint kaum in eine Rechts- und Kulturordnung eingebettet zu sein. Es verkörpert die Beliebigkeit weltweiten Wirtschaftens.

Der Mensch findet nicht mehr, wie im 19. Jahrhundert, seine ökonomische Sicherheit im Sacheigentum – der Landwirtschaft und dem Gewerbetrieb –, sondern im Lohnanspruch, in seiner Sozialversicherung, in der Aktiendividende. Aus dem absoluten dinglichen Recht wird ein Anspruch gegenüber anderen, also ein Begegnungsrecht. Das Eigentum ist die ökonomische Grundlage individueller Freiheit und gibt dem Eigentümer das Recht auf Besitz, Nutzung, Verwaltung und Verfügung des Eigentumsgegenstandes. Eigentum sind all die vermögenswerten Positionen, die „dem Berechtigten von der Rechtsordnung in der Weise zugeordnet sind, dass er die damit verbundenen Befugnisse nach eigenverantwortlicher Entscheidung zu seinem privaten Nutzen ausüben darf". Bei der Nutzung des Eigentums erwirbt der Sacheigentümer dadurch, dass er seine Ware anbietet und dafür einen Preis erhält; sein Erwerb setzt die Aufgabe von Eigentum voraus. Im Gegensatz dazu erlaubt das geistige Eigentum, ein Patent, einen Film, ein Computerprogramm oder ein Urheberrecht gegen Entgelt zur Nutzung zu überlassen, also zu erwerben, ohne Eigentumssubstanz aufzugeben. Das Mäßigungsinstrument des herkömmlichen Marktes, die Knappheit der Güter, bleibt unwirksam. Der Markt drängt auf Gewinnmaximierung ohne Gegengewicht und scheint damit in die Maßlosigkeit zu entgleiten.

Kernidee des Eigentums ist das Verantwortungseigentum. Ein Unternehmer bewirtschaftet sein eigenes Unternehmen, steht mit seiner Arbeit, seinem Namen und seinem Vermögen für die Qualität seiner Leistung ein. Viele Eigentümer erwirtschaften heute aber ihren Gewinn durch einen Fondsmanager, der ihr Kapital in Sekundenschnelle um den Erdball kreisen lässt und dort platziert, wo die größte

Rendite zu erwarten ist. Ob mit diesem Kapital Medikamente oder Waffen produziert werden, ist unerheblich. Der Eigentümer verantwortet kaum noch die Wirkungen seiner Kapitalmacht. Vor allem aber ist ein großer Teil der Eigentümerrechte zum Inhalt und Gegenstand des Generationenvertrages geworden. Wenn das Geldeigentum sein Einlösungsvertrauen auf die nächste Generation richtet, der Sozialversicherungsanspruch die Erwerbenden von Morgen zur Finanzierung verpflichtet, das geistige Eigentum darauf baut, dass auch in dreißig Jahren das erworbene Recht noch genutzt wird, so gewinnt dieses Eigentum seine ökonomische Substanz in der Verpflichtung der nachfolgenden Generation. Diese aber kann am Entstehen der Verbindlichkeit oder Rechtserwartung noch nicht mitwirken. Mit dem Wandel dieser Freiheitsgrundlagen ändert sich auch der Eigentumsbegriff und trennt sich von bürgerlichrechtlichen Begrifflichkeiten.

In all diesen Fällen ist das Eigentum Grundlage und Folge der Freiheit. Es gibt kaum ein Freiheitsrecht, das ohne Herrschaft über Wirtschaftsgüter ausgeübt werden könnte. Wer leben will, muss sich ernähren. Die Unverletzlichkeit der Wohnung ist nur für denjenigen wirksam, der über Wohnraum verfügt. Wer ein Unternehmen oder eine Praxis gründen will, braucht Kapital, die Wissenschaftsfreiheit setzt Bücher und Labors voraus. Ebenso aber ist Eigentum auch Folge der Wahrnehmung von Freiheit. Wer sich im Erwerbsstreben angestrengt hat, wird reich an materiellen Gütern. Wer sich stattdessen der Philosophie gewidmet hat, wird reich an Gedanken. Zugleich ist das Eigentum Stütze individueller Lebensgestaltung: Wer sein Buch liest, seine Wohnung nutzt oder sein Auto fährt, empfängt durch das ihm persönlich dienende Eigentum einen wesentlichen Raum individueller Freiheit.

I. Dreifacher Auftrag zur gesetzlichen Gestaltung des Eigentums

Freiheit wird rechtlich durch den freiheitsverpflichteten Staat garantiert. Bei dem rechtlichen Schutz des Eigentums kommen dem Gesetzgeber drei Kernaufgaben zu: Er hat zunächst das Schutzgut Eigentum und die sich aus der Eigentümerfreiheit ergebenden Rechtsfolgen zu regeln, sodann den Rahmen für die Vermehrung und Verteilung der stets knappen Eigentumsgüter zu schaffen, schließlich auch Maßstäbe für die Zuteilung von Eigentum und Eigentümermacht an Staat und Bürger zu entwickeln. Die Aufgabe, aus der tatsächlichen Herrschaft über Wirtschaftsgüter ein Eigentümerrecht zu machen, veranlasst den Gesetzgeber zunächst, das Schutzgut Eigentum zu definieren. Er beginnt mit dem Schutz des Grund- und Sacheigentums und erstreckt den Eigentumsschutz in der modernen Gesellschaft, in der die Mehrzahl der Bürger die wirtschaftliche Grundlage ihrer Freiheit in einer Lohnforderung, im Kapitalertrag und in einem Versicherungsanspruch gewinnen, auch auf das Forderungseigentum. Er bezieht die durch Einsatz von Arbeit oder Kapital erworbenen öffentlichrechtlichen vermögenswerten Rechtspositionen in den Schutz ein, schützt schließlich auch das geistige Eigentum. Diese rechtliche Definition des Eigentums ermöglicht Freiheit und begrenzt sie zugleich. Besonders deutlich wird dies, wenn der Gesetzgeber das Eigentum gerade auch dadurch definiert, dass er bestimmte unverfügbare Güter aus dem Bereich der eigentumsfähigen Güter ausklammert.

Dieses Eigentum verbindet der Gesetzgeber mit der Rechtsfolge der Eigentümerfreiheit. Die traditionellen Freiheitsrechte liegen in dem Recht, Eigentum zu erwerben, es zu besitzen, es zu verwalten, es zu nutzen und über es zu verfügen. In den moderneren Formen des Eigentums werden diese Berechtigungen aufgespalten, z. B. zwischen der Kapitalgesellschaft und dem Aktionär oder dem Autor und dem Verlag verteilt. Auch hier braucht jeder der Eigentumsberechtigten das Gesetz, um bei Wahrnehmung seiner Eigentümerrechte Rechtsverbindlichkeiten entstehen zu lassen und Schutz für seine Rechte beanspruchen zu können. Der Gesetzgeber kann in seinen das Grundrecht verdeutlichenden Tatbeständen Freiheit verstärken oder auch schwächen. Auf dieser Grundlage hat der Gesetzgeber dann neu entstehende Güter einem Berechtigten zuzuordnen, die Entwicklung der Güter in der Gesamtrechtsordnung einzubetten und auf die Rechte anderer abzustimmen. Zunächst regelt er den Entstehensgrund für Eigentum und entwirft eine Ordnung, die als wesentlichen Legitimationsgrund für den Eigentumserwerb die Arbeit anerkennt. Sodann ist das Eigentum – im Nachbarrecht oder im Kartellrecht – den Rechten anderer zuzuordnen. Zugleich wahrt das Gesetz die Statusgleichheit jedes Menschen im Elementaren der Verfassungsvoraussetzung des individuell Eigenen. Der Sozialstaat hat zu gewährleisten, dass keiner in Freiheit verhungert, jeder an den kulturellen, ökonomischen und rechtlichen Standards der Gesellschaft teilhat. Gerade bei der Bestimmung der Sozialpflichtigkeit des Eigentums kann der Gesetzgeber durch seine Definitionsmacht Privateigentum erweitern oder vermindern. Art. 14 GG nennt also kein „Grundrecht aus der Hand des Gesetzgebers", sondern erteilt den „Regelungsauftrag", dem verfassungsrechtlichen Gedanken durch ein Gesetz einen für die Handhabung hinreichend bestimmten Inhalt zu geben. Wenn das Gesetz dem Eigentümer eines Grundstücks im Sanierungsgebiet den Investitionsbedarf vorschreibt, der Denkmalschutz ihm den Abbruch eines ertraglosen und nicht nutzbaren Gebäudes verbietet, das Telekommunikationsgesetz den Netzeigentümer zwingt, den Konkurrenten ein Stück des Weges huckepack zu tragen, so fühlt sich der Eigentümer aus den Kernfunktionen seiner Freiheit, der Bestimmungsmacht über sein Wirtschaftsgut, vertrieben.

Schließlich muss die Eigentumsgarantie bestimmen, welche Eigentümerbefugnisse der privaten oder der öffentlichen Hand zustehen. Die Garantie des Privateigentums gibt die Wirtschaftsgüter strukturell in private Hand, die Garantie der Berufsfreiheit berechtigt zur Selbstbestimmung über die Arbeitskraft. Das Freiheitskonzept des Grundgesetzes überlässt die Produktionsfaktoren Kapital und Arbeit strukturell privater Hand, verbietet damit das Staatsunternehmertum. Diese Strukturentscheidung hat weitreichende Konsequenzen. Sie ist Grundlage von Marktwirtschaft und Wettbewerb, von Unternehmerfreiheit und Koalitionsfreiheit. Sie gibt auch Anstöße zur Privatisierung von Staatsunternehmen, etwa der ehemaligen Bundesbahn oder Bundespost. Vor allem untersagt die Verfassungsgarantie von Eigentum und Berufsfreiheit dem Staat, durch unternehmerische Tätigkeit seinen

Finanzbedarf zu decken. Der Staat ist darauf verwiesen, sich durch Teilhabe am Erfolg privaten Wirtschaftens zu finanzieren. Deshalb ist die Steuer der verlässlichste Ausdruck für eine funktionsfähige Eigentümerfreiheit.

Den Ordnungszusammenhang zwischen Staatsfinanzierung und Privateigentum machen insbesondere die ehemaligen Staatshandelsländer in Mittel- und Osteuropa bewusst. Sie kannten häufig nur eine Steuer mit einem geringen Steuersatz, schufen damit aber nicht das Steuerparadies auf Erden, sondern haben lediglich bekundet, dass sie eine Eigentümer- und Berufsfreiheit nicht kennen und der Staat als alleiniger Unternehmer und Arbeitgeber sich allein durch die Gestaltung der Preise und Löhne finanzieren konnte. Diese Länder benötigten daher gar keine Steuern.

II. Die Ordnungsfunktion des Eigentums

Das Privateigentum bietet dem Eigentümer acht Freiheitsinhalte:

1. Die Antriebsfunktion

Die Individualnützigkeit des Eigentums, d.h. die grundsätzliche Verfügungsbefugnis des privaten Eigentümers über den Eigentumsgegenstand, steigert die Bereitschaft, durch individuelle Anstrengung Güter herzustellen und zu erwerben, damit zugleich die Summe der gesamtwirtschaftlich verfügbaren Wirtschaftsgüter zu mehren. Diese Antriebsfunktion nutzt den Befund, dass der Mensch sich für den Eigenerwerb mehr einsetzt als für den gemeinschaftlichen Erwerb, er also lieber persönliches Einkommen bezieht, als für die Rechtsgemeinschaft zu arbeiten. Wenn ein Unternehmer durch Samstagsarbeit seinen Gewinn steigern kann, ist er dazu eher bereit, als der Lehrer, der durch Samstagsarbeit sein Gehalt nicht vermehren, wohl aber die Sprachkultur seiner Schüler verbessern kann.

2. Erhaltungsfunktion

Eigene Wirtschaftsgüter werden mehr gepflegt als öffentliche Güter. Das Individualeigentum fördert damit den Sinn für den Wert des Wirtschaftsgutes und das Bemühen, dieses Gut zu erhalten. Das eigene Auto wird geputzt, der öffentliche Omnibus nachlässig genutzt; die private Bibliothek wird in bester Ordnung gehalten, die öffentliche Bibliothek ohne Sorgfalt in Anspruch genommen; der eigene Garten wird kultiviert, die öffentliche Anlage achtlos genutzt.

3. Die Friedensfunktion

Die Unterscheidung von Mein und Dein schafft auch Voraussetzungen für den inneren Frieden. Diese Friedensfunktion sichert die gute nachbarschaftliche Beziehung, trennt die öffentliche Straße vom privaten Lebensbereich, gibt der Unverletzlichkeit der Wohnung und der Privatsphäre einen gegenständlichen Anwendungsbereich. Der innere Friede wird vertieft, wenn jedermann erlebt, dass die Rechtsgemeinschaft am individuellen privatnützigen Erwerbserfolg über eine unausweichliche Einkommensteuer bis zu 25 % teilhat, der Individualerfolg also stets auch ein Gemeinschaftserfolg ist.

4. Verteilungsfunktion

Der Eigentümer gewinnt in der individuellen Nutzungs- und Verfügungsberechtigung das Recht, seinen Bedarf selbst einzuschätzen und dementsprechend seine Güter zu nutzen und zu tauschen. Die Begegnung von Eigentumsanbieter und Eigentumsnachfrager erreicht den individualgerechten Verteilungserfolg. Auch hier lehrt uns der Vergleich zwischen dem Versorgungssystem der Staatshandelsländer und der sozialen Marktwirtschaft, dass dieses Verteilungssystem dem einzelnen Menschen am deutlichsten dient. Allerdings muss es sozial abgestützt werden.

5. Die Sozialfunktion

Die Verfügungsgewalt über Eigenes erlaubt überdies die Freigiebigkeit gegenüber Dritten, ist also Grundlage für die Sozialfunktion des karitativen und gemeinnützigen Spendens. Die Eigentümerfreiheit gibt das Recht, das Eigene weniger als Wirtschaftsgut und Erwerbsgrundlage zu nutzen, sondern generös als Spender und Mäzen einzusetzen.

6. Die Ausschlussfunktion

Eigentum in privater Hand schirmt ein Wirtschaftsgut für den Eigentümer gegen Dritte ab. Es räumt im umzäunten Grundstück wie in der Verfügungsbefugnis des Komponisten über sein Werk ein Ausschließlichkeitsrecht ein, das den anderen Menschen einladen, aber auch zurückweisen kann. Der Eigentümer entzieht sich damit den Abhängigkeiten in einer austeilenden und umverteilenden Industriegesellschaft. Er kann sich in die Einsamkeit seines Hauses zurückziehen, alle Besucher abwehren, aber auch der Werbung Grenzen setzen. Er kann der Wirtschaft und den Empfehlungen des Steuerrechts über seine Anlageentscheidungen sowie seinen Energiekonsum widerstehen.

7. Vorsorgefunktion

Das Privateigentum erlaubt auch langfristige Vorkehrungen gegen wechselnde wirtschaftliche Entwicklungen bei Krankheit, Alter, Arbeitslosigkeit und bietet damit eine unerlässliche Grundlage für das gegenwärtige System sozialer Sicherheit. Gerade wenn das Vertrauen in das staatliche Sozialversicherungssystem schwindet und auch die betriebliche Altersvorsorge ein Stück ihrer Verlässlichkeit zu verlieren droht, gewinnt die Eigentümervorsorge durch Erwerb eines Hauses, Beteiligung am Kapitalmarkt und auch durch die Ausstattung mit den Gütern des langfristigen Bedarfs die Bedeutung von Freiheitsgrundlagen und Freiheitsstützen.

8. Verstetigung wirtschaftlicher Organismen

Eigentum ist die Grundlage für die juristische Person. Diese verselbstständigt einen wirtschaftlichen Organismus zu einem Rechtssubjekt, macht das Unternehmen vom Unternehmer unabhängig, trennt Unternehmensverantwortung und -haftung von der persönlichen Verantwortung der Beteiligten, bietet eine Organisationseinheit für den – mitbestimmenden – Ausgleich zwischen Kapital und Arbeit, erlaubt Großorganisationen und Kooperationen und schafft eine Grundlage für weltumspannende Initiativen eines Unternehmens. Die juristische Person ist der juristische Versuch der Unsterblichkeit, der neben dem Erbrecht die Stetigkeit des Eigentums in privater Hand sichert, das Privateigene also mit dem Tod des Eigentümers nicht in die Hand des Staates fallen lässt. Zugleich ist die juristische Person eine der wesentlichen Grundlagen für die Aufspaltung der Eigentümerrechte. Sie gibt das Recht zum Besitz, zur Verwaltung und Bewirtschaftung des Unternehmens in die Hand des – oft mehr berufsqualifizierten als eigentumslegitimierten – Vorstandes und räumt dem Gesellschafter und Aktionär das Recht auf einen fremdbestimmten Ertrag und die Verfügungsgewalt über seine Beteiligung ein.

III. Eigentum in privater Hand

1. Vom dienstleistungs- und abgabepflichtigen Sacheigentum zur sozialpflichtigen Eigentümerfreiheit

In der mittelalterlichen Feudalordnung galten die „Gerechtsame“ als Eigentum, das private Nutzungsrechte, aber auch Hoheitsgewalt über Personen begründete. Mit der Lehre vom geteilten Eigentum eines Ober- und eines Untereigentums gewann der Untereigentümer Herrschaft über eine Sache frei von fremder Personalhoheit, war aber mit einer Fülle von Pflichten – Dienstleistungen und Abgaben – belastet. Die feudale Verknüpfung von privatem Nutzungsrecht und Hoheitsrechten wurde gelöst. Nicht mehr die auf einem Grundstück lebenden Menschen waren rar, sondern die nutzbaren Grundstücke wurden zu einem knappen Wirtschaftsgut. Mit der französischen Revolution entsteht das bürgerlich-liberale Eigentum, das in

Anlehnung an das römische Recht von einem absoluten, unbeschränkten Eigentumsrecht ausgeht. Privateigentümer und Staat stehen einander als Freiheitsberechtigte und Freiheitsverpflichteter gegenüber. Die Gegenwehr gegen feudale Forderungs- und Vorrechte führte zu einem engen Eigentumsbegriff des Sacheigentums, aus dem keine anderen Rechte als die Sachherrschaft folgten.

Die Entwicklung des geistigen Eigentums, die Sicherheit des modernen Menschen weniger in Landwirtschaft und Gewerbebetrieb und mehr in Lohn-, Versicherungs-, Aktien- und sonstigen Forderungsrechten hat diesen Eigentumsbegriff jedoch wieder erweitert. Die meisten Menschen sichern ihre wirtschaftliche Existenz „weniger durch privates Sachvermögen als durch den Arbeitsertrag und die daran anknüpfende solidarische Daseinsvorsorge". Das Reichsgericht und die Weimarer Verfassung (Art. 153 WRV) verstanden unter Eigentum jedes private Vermögensrecht, das gegen Enteignung geschützt war.

Heute ist diese Entwicklung zu einem verfassungsrechtlichen Schutz jedes privaten vermögenswerten Rechts allgemein anerkannt. Forderungen wie der Kaufpreisanspruch, Vorkaufsrechte, Erbbaurechte, Warenzeichenrechte, Patente und geistiges Eigentum werden gegen staatlichen Zugriff abgeschirmt. Ansprüche aus öffentlichem Recht rechnen dann zum geschützten Eigentum, wenn sie durch Einsatz von Arbeit und Kapital erworben sind und Absolutheitsansprüche begründen. Auch der Steuererstattungsanspruch ist ein so verfestigtes privates Recht, dass er als Eigentum qualifiziert wird.

2. Die im Eigentum vermittelte Freiheit

In der Rechtsfolge vermittelt Eigentum in privater Hand Freiheit, in öffentlicher Hand Bindung. Diese prinzipielle Entgegensetzung wird gegenwärtig bewusst, wenn die Strukturentscheidung für das Privateigentum eine Privatisierung staatlicher Unternehmungen zur Folge hat.

a) Die Handlungsform: Privatwirtschaftliche Tätigkeit, nicht Verwaltung

Die jeweils durch Privatisierung entstandene Gesellschaft entfaltet eine privatwirtschaftliche Tätigkeit. Sie handelt nach kaufmännischen, wettbewerbs- und gewinnorientierten Prinzipien mit privatrechtlichen Mitteln. Die Leistungen werden im Rahmen der Wirtschaftsfreiheit angeboten und entsprechend angenommen. Die Produktion und ihre technischen wie kaufmännischen Vorkehrungen folgen den Regeln von Angebot und Nachfrage. Diese bieten den alleinigen Maßstab für die Verteilung der Leistungen und der im Ergebnis erzielten Verteilungsgerechtigkeit. Das staatliche Eigentum ist in einer rechtsstaatlichen Kultur des Maßes gebunden, das Privateigentum drängt in den Grenzen des Wettbewerbs- und Kartellrechts nach Gewinnmaximierung, insoweit in die Maßlosigkeit. Die privatwirtschaftliche Handlungsform betrifft auch das Entgelt der Nachfrager. Das staatliche Gebührensystem legt den Verwaltungspreis einseitig, aber nach den Regeln der Kostendeckung und der Äquivalenz hoheitlich fest, das private Leistungsangebot zielt auf den vereinbarten Preis. Der Anbieter erbringt seine Leistung nur dann, wenn ihm der gebotene Preis ausreichend erscheint; der Nachfrager stimmt dem Leistungstausch nur zu, wenn nach seiner Einschätzung die Leistung dem verlangten Preis genügt.

b) Die Aufgabe: Marktwirtschaftliche Bedarfsbefriedigung, nicht Daseinsvorsorge

Mit der Privatisierung kann auch die Aufgabe grundlegend verändert werden. Die Verwaltung setzt ihr Eigentum für einen Verwaltungszweck, in der Regel für die leistungsstaatliche Daseinsvorsorge ein; die Aufgabe ist erfüllt, wenn ein allgemeiner Bedarf befriedigt, die Bevölkerung versorgt worden ist. Die Aufgabenprivatisierung hat nunmehr zur Folge, dass die Nachfrager nach den Grundsätzen der Marktwirtschaft befriedigt werden, der Anbieter seinen Zweck also nicht in der Versorgung, sondern im Gewinnstreben definiert. Der Nachfrager bestimmt allein nach dem Preis-Leistungsverhältnis seinen Bedarf. Ein privatwirtschaftliches Unternehmen, das alle Nachfrager gut versorgt, aber keinen Gewinn erzielt, wird nach den Gesetzmäßigkeiten der Privatwirtschaft untergehen. Die stetige Versorgung nach den Regeln von Markt und Wettbewerb gelingt also nur, solange die Wettbewerber autonom sind und gewinnorientiert den Markt erschließen, den Bedarf befriedigen, neuen Bedarf wecken, ihre Preise auf die Nachfrager abstimmen und nach der Marktstruktur bemessen.

Diese Aufgabenprivatisierung gewinnt mit dem Börsengang einer durch Privatisierung entstandenen AG markante Deutlichkeit. Wenn an der Börse beliebige Anleger zum Erwerb einer Aktie eingeladen werden, enthält dieses Angebot das Versprechen, der Aktienerwerber dürfe bei der privatisierten AG ähnliche Renditen und Wertsteigerungen erwarten wie beim Erwerb anderer Aktien. Der Anleger erwirbt die Telekomaktie ebenso wie eine BMW- oder Bayeraktie. Die Aktiengesellschaft ist dem Aktionär und dem Aufsichtsrat verantwortlich, nicht innerhalb einer Dienst-, Fach- und Rechtsaufsicht gebunden.

c) Die Grundrechtsberechtigung: Freiheitsberechtigter Eigentümer, nicht freiheitsverpflichteter Staat

Mit dem Übergang des Eigentums von der öffentlichen in die private Hand tritt vor allem ein staatsrechtlich fundamentaler Wechsel ein: Aus der grundrechtsverpflichteten Staatsverwaltung wird ein grundrechtsberechtigtes Wirtschaftsunternehmen. Der Privateigentümer beansprucht grundrechtliche Freiheit, insbesondere die Eigentümerfreiheit (Art. 14 Abs. 1 GG) und die Berufsfreiheit (Art. 12 Abs. 1 GG). Eine Privatisierung rückt das Wirtschaftsgut in den Anwendungsbereich von Freiheit, Markt und Wettbewerb und beendet das Regime von Freiheitsverpflichtung, gesetzesgeleitetem Handeln und Verwaltungszweck. Die Privatisierung ist auch ein Instrument für eine effektive Versorgung. Wie der Bäcker die Menschen verlässlich mit existenznotwendigen Lebensmitteln versorgt, der Schneider die

Menschen hinreichend und angemessen kleidet, der Bauunternehmer ihnen angemessenen Wohnraum herstellt, so wird auch eine privatwirtschaftlich-wettbewerbliche Versorgung mit Eisenbahn-, Post- und Telekommunikationsdienstleistungen den Nachfrager angemessen und ausreichend versorgen. Die Überantwortung dieses Verteilungsauftrags in die Hand der Freiheitsberechtigten ist zugleich eine Entscheidung für die Effizienz marktwirtschaftlicher Versorgung.

d) Steuerrecht: Steuerfinanzierendes Unternehmen, nicht steuerfinanzierte Verwaltung

Die Privatisierung macht aus dem bisherigen steuerfinanzierten Verwaltungsträger ein privates Rechtssubjekt, das den Staat steuerlich an seinem wirtschaftlichen Erfolg teilhaben lässt und so den Staat mitfinanziert. Die Staatsverwaltung ist in Aufwand und Ertrag grundsätzlich in die staatliche Haushaltswirtschaft einbezogen, stützt sich auf das staatliche Steueraufkommen. Privatunternehmen hingegen arbeiten auf eigene Rechnung, sind auf Gewinn angelegt und angewiesen, unterliegen dabei den Pflichten des allgemeinen Steuerrechts. Aus einem Steuergläubiger wird ein Steuerschuldner. Gewerbliche Betriebe von juristischen Personen des öffentlichen Rechts werden nur zum Steuersubjekt, wenn sie in Konkurrenz zu privaten Anbietern treten, das Steuerrecht deshalb ihre Wettbewerbsneutralität wahren muss. Grundsätzlich aber erschließt die Verwaltung dem Staat keine Einnahmen.

e) Arbeitsrecht: Arbeitsvertrag, nicht öffentlicher Dienst

Die Privatisierung hat schließlich erhebliche Folgen für den Rechtsstatus der Arbeitnehmer. Während die Verwaltung in der Regel von Angehörigen des öffentlichen Dienstes wahrgenommen und dementsprechend den Regeln des Art. 33 GG unterstellt worden ist, gilt für die privatisierte Aktiengesellschaft grundsätzlich das allgemeine Arbeitsrecht. Die zukünftigen Arbeitsverträge folgen den Regeln des Arbeitsmarktes, nicht denen des öffentlichen Dienstes. Aus dem Staatsbediensteten wird zunehmend ein Arbeitnehmer, aus dem Dienstherrn ein Arbeitgeber.

f) Konkurrenzlage: Wettbewerb, nicht Autonomie

Der Staat gründet seine Finanzkraft auf die Steuererträge, der Private auf seinen Erwerbserfolg am Markt. Der Steuerstaat beansprucht Teilhabe am Erfolg privaten Wirtschaftens, belastet also den Erwerbserfolg, knüpft an Einkommen oder Nachfragekraft an. In dieser Verschiedenheit verpflichtet das Steuerrecht den Menschen, „von dem Seinigen etwas abzugeben". Der Gleichheitssatz unterscheidet die Menschen nach ihrer Zahlungsfähigkeit, zieht deren Einkommen und Kaufkraft zur Finanzierung der Gemeinlasten heran. Das steuerliche Leistungsfähigkeitsprinzip fragt nicht danach, was der Steuerpflichtige vom Staat erhalten hat, sondern was er aus seinem Einkommen zu dessen Aufgabenerfüllung beisteuern kann. Der Wohlhabende hat deshalb mehr zum Gemeinwesen beizutragen als der Vermögenslose – eine Idee, die bereits im 12. Jahrhundert in den oberitalienischen

Städten ihre Verwirklichung fand und mittlerweile in verschiedene Verfassungen ausdrücklich aufgenommen worden ist.

Die Privatwirtschaft erwirbt Finanzkraft im Leistungstausch. Der Anbieter bietet eine Sache oder eine Dienstleistung an, der Nachfrager verständigt sich mit ihm auf einen angemessen erscheinenden Preis, Gewinn und Verlust werden unter den Beteiligten einvernehmlich vereinbart. Würde der Staat sich nach diesem Prinzip des Leistungstausches finanzieren, müsste er allmonatlich bei den Haushaltungen eine Sicherheitsgebühr erheben, weil er den inneren und äußeren Frieden gewährleistet hat. Er hätte bei jedem Vertragschluss – wie derzeit in Polen – eine Vertragsteuer zu verlangen, weil der Staat mit seinem Recht, seiner Währung und seiner Gerichtsbarkeit die einvernehmliche Begründung vertraglicher Rechtsverbindlichkeiten möglich gemacht hat. Der Kulturstaat zöge bei jeder Einstellung eines Hochschulabsolventen den Arbeitgeber zu einer Gebühr für dessen Gesamtstudium heran, da die Hochschule diesen Arbeitnehmer beruflich qualifiziert hat. Der Autofahrer müsste bei Nutzung jeder Straße eine Maut bezahlen, weil der Staat die Straßen nicht unterhält, um dem Bürger Bewegungsfreiheit zu vermitteln, sondern um mit dem Straßenangebot Gewinn zu erzielen. Eine solche erwerbswirtschaftliche Finanzierung würde dem Verfassungsstaat seine innere Unbefangenheit und rechtliche Neutralität nehmen. Der Rechtsstaat vergäbe Berechtigungen, etwa den Führerschein oder die Baugenehmigung, nicht mehr nach Qualifikation oder Bausicherheit, sondern nach Zahlungsfähigkeit. Der Sozialstaat könnte dem Bedürftigen die Sozialhilfe gerade wegen seiner Zahlungsunfähigkeit nicht zuwenden. Die Republik würde die Bürger nicht mehr in gemeinsamen Anliegen von Kultur, Recht und Sozialwesen – des Gemeinwohles – zusammenhalten, sondern nur noch in ein gemeinsames Erwerbsleben einbinden. Die Demokratie stützte sich nicht mehr auf die Gleichheit der Bürger, sondern auf die Verschiedenheit individueller Erwerbs- und Finanzkraft. Anlass und Richtigkeit hoheitlichen Handelns würde nicht mehr in der Legitimation durch den Wähler bestimmt und überprüft, sondern in dem marktwirtschaftlichen Verfahren der Bedarfserkundung und Bedarfsbefriedigung. Die Demokratie richtet ihr Handeln – autonom – auf die Bedürfnisse und Anliegen ihrer eigenen Wähler aus, sucht nicht – wettbewerblich – die Wähler des anderen Landes abzuwerben.

IV. Veränderung der Funktionsbedingungen

Dieses Privateigentum hat die stets gleichbleibende Funktion, der individuellen Freiheit die ökonomische Grundlage zu bieten, deshalb zum Gegenstand individueller Erwerbsanstrengungen zu werden und in der Lebensplanung stetiger Begleiter zu sein. Der Mensch will Eigentum erwerben, haben und behalten.

1. Vom Sacheigentum zum Geldeigentum

Geld ist geprägte Freiheit und Grundlage freiheitlichen Verhaltens, in dem der Berechtigte sich die Nutzung und Verwendung seiner Eigentümermacht in einer Blankettbefähigung noch vorbehalten hat. Dieses Geldeigentum verändert die Struktur des Privateigentums und die damit in Verbindung stehenden Verantwortlichkeiten grundlegend. Das Grundgesetz geht vom Verantwortungseigentum aus: Der Unternehmer führt sein eigenes Unternehmen, verantwortet seine Leistung vor Kunden, Arbeitnehmern, Gläubigern und Lieferanten mit seinem Namen und seinem Vermögen. Im Gegensatz dazu begründet das Finanzkapital anonymes Eigentum mit geschwächten Verantwortlichkeiten. Es eilt in Sekundenschnelle um den Erdball, platziert sich dort, wo die größte Rendite zu erwarten ist. Das Beteiligteneigentum spaltet die Eigentümerfreiheiten unter verschiedenen Berechtigten auf. Wer sich an einer Publikums-Aktiengesellschaft beteiligt, gewinnt am Unternehmen weder das Recht zum Besitz noch zur Verwaltung oder zur Verfügung. Seine Eigentümerposition ist auf ein – nicht selbstbestimmtes – Nutzungsrecht und auf die Verfügungsmacht über seine Beteiligung beschränkt. Die Unternehmensgeschicke werden von dem berufs-, nicht eigentumsqualifizierten Vorstand sowie den großen Kapital- und Kreditgebern bestimmt. Mancher Vorstand einer Publikumsgesellschaft sieht sich wechselnden Eigentümern und Einflüssen gegenüber. Er ist oft auch damit beschäftigt, eine feindliche Übernahme abzuwehren. Sicherheit im Eigenen geht durch den Börsengang verloren. Auch das Verhältnis von Eigenkapital und persönlichen Bezügen von Vorstands- und Aufsichtsratsmitgliedern ist bei der anonymen Publikumsgesellschaft anders: die beruflichen Akteure suchen in ihrer Gesellschaft einen persönlichen Ertrag, der außerhalb der Gesellschaft angelegt wird.

Deswegen muss die Rechtsordnung vermehrt um das Verantwortungseigentum kämpfen. Sollte es einer Volkswirtschaft nicht gelingen, das persönlich verantwortete Unternehmereigentum, also den Mittelstand, im Mittelpunkt der Eigentumsordnung zu belassen, ist letztlich die Plausibilität und Legitimität des Privateigentums gefährdet. Der Eigentumserwerb rechtfertigt sich grundsätzlich durch Arbeit, die Weitergabe des Eigenen als Familiengut, durch den Schutz von Ehe und Familie, im übrigen durch das gewillkürte Erbrecht. Dabei ist Eigentumsgarantie stets als Menschenrecht gedacht: Art. 14 GG garantiert die Eigentümerfreiheit, weniger das Eigentum. Je weniger Menschen aber diese Eigentümerfreiheit umfassend wahrnehmen, desto mehr verliert die Eigentümerfreiheit an Gestaltungsmacht. Je mehr sich die Gewährleistung auf eine juristische Person (Art. 19 Abs. 3 GG) verlagert, desto deutlicher werden die entpersönlichten Strukturen dieser Gesellschaft wirksam. Eine Rechtsentwicklung, die das persönlich verantwortete Unternehmereigentum – den Mittelstand – gefährdet, bedroht die Freiheit.

2. Geistiges Eigentum

Sodann veranlasst auch das geistige Eigentum strukturelle Verschiebungen. Wer nicht eine Ware hingeben oder eine persönliche Dienstleistung erbringen muss, um ein Entgelt zu erzielen, vielmehr ein Recht an Filmen, Patenten, Computerprogrammen oder Büchern gegen Entgelt überlassen kann, unterliegt nicht dem Mäßigungsinstrument der knappen Güter. Einzige Schranke seines Erwerbsstrebens ist – neben einer künstlichen Verknappung zur Stützung eines Preisniveaus – die Aufnahmebereitschaft der Nachfrager, auf die sich deshalb die ganze Macht der Werbung ergießt. Die vom Mönch handgeschriebene Bibel war ein Kunstwerk, das Buch von Johannes Gutenberg war ein Wirtschaftsgut, der Computerausdruck ist als Sache fast wertlos und gewinnt seinen Gehalt nur durch seinen Inhalt. Dieser scheint fast beliebig vermehrbar, tendiert ins Grenzenlose, verführt damit in die Maßlosigkeit. Ähnliche Entwicklungen deuten sich beim Eigentum an anderen Rechten an: Wenn das Recht der Landwirte, Milch zu erwirtschaften, in Milchquoten kontingentiert und diese zum Gegenstand eines Handels geworden sind, wenn nach dem Kyoto-Protokoll Emissionsquoten handelbare Güter werden oder wenn der Finanzminister UMTS-Lizenzen gegen Höchstgebot versteigert, tritt die öffentliche Hand aus ihrer rechtsstaatlichen Bindung heraus und duldet es, dass Rechte nicht mehr nach Qualifikation und Bedarf, sondern nach Entgeltangebot zugeteilt werden.

3. Eigentum als Inhalt des Generationenvertrages

Das Eigentum hat sich vor allem dadurch gewandelt, dass es nicht mehr nur eine Sachherrschaft begründet, die andere aus dem Sacheigentum verweist, sondern zum Forderungseigentum geworden ist, das die nachfolgenden Generationen verpflichtet, die sich heute gegen diese Last noch nicht wehren können. Das Geldeigentum erwartet von der zukünftigen Erwerbsgemeinschaft das Einlösen der gesparten Kaufkraft, die Sozialversicherung begründet einen Generationenvertrag zulasten der nächsten Generation, das geistige Eigentum baut auf das Kulturinteresse der Kinder und Enkelkinder, die Staatsverschuldung nimmt eine erhöhte Steuerlast für die Zukunft vorweg und eine beengende und verspätete Weitergabe des Eigentums im Familienunternehmen genügt oft nicht mehr den Erfordernissen der Generationengerechtigkeit.

a) Das Einlösungsvertrauen des Geldeigentümers

Geld ist zunächst nur eine Münze, ein Stück Papier, ein Kontostand, ein Scheck. Damit verspricht eine Wirtschaftsgemeinschaft, eine benannte Summe Kaufkraft gegen Leistungen einzutauschen. Geld ist ein Zahlungsmittel, ein Bewertungsmittel und ein Mittel, um zukünftige Kaufkraft aufzubewahren. Wird das Geldeigentum in einer Summe ausgedrückt, also in Euro erfasst, begründet dieses Passepartout für Waren und Dienstleistungen einen Generationenvertrag, in dem heute der Sparer einen wirtschaftlichen Wert in Geld aufbewahrt und erwartet, dass die nachfolgende Generation morgen diesen Wert einlöst und Waren und Dienstleistungen entsprechenden Wertes tauscht. In diesem Generationenversprechen schwankt der Geldwert mit der Leistungskraft und Leistungsbereitschaft der zukünftigen Erwerbsgemeinschaft. Der Wert des Euro hängt von der Entwicklung der Preise, Löhne, Sozialleistungen und Abgaben, auch von der internationalen Bewertung der Währung und von der Geldmenge ab. Er ist also nur befristet verbindlich. Wert und Bewertung ergeben sich stets aus Einschätzung und Entscheidung. Der gesetzliche Versuch, einen objektiven Wert vom schwankenden Marktpreis zu trennen oder zumindest nach der generellen Nützlichkeit und Ergiebigkeit eines Gutes zu bemessen, braucht den vereinfachenden, vergröbernden Bewertungsmaßstab im Typus. Der Rechtstatbestand des Wortes ist deshalb nur in der Relativität von Werten fassbar. Sand als Baumaterial ist ein Wirtschaftsgut, Sand in der Düne Gemeingut, Sand im Getriebe ein Ärgernis. Das Glas Wasser ist für den Mitteleuropäer im Alltag fast wertlos, für den Durstenden in der Wüste hingegen ein Millionenwert. Die Eintrittskarte ist vor dem Spiel ein Wertpapier, nach dem Spiel ein Muster ohne Wert. Aus dem „absoluten" dinglichen Eigentum ist ein relatives Eigentum im Rahmen des Generationenvertrages geworden, aus der Sachherrschaft ein Anspruch gegenüber anderen Menschen.

b) Die Ansprüche der Sozialversicherten

Die gesetzliche Sozialversicherung baut auf ein Umlageverfahren, in dem der Versicherte nicht einen Kapitalstock anspart, der ihn im Alter oder bei Krankheit zurückgegeben würde. Vielmehr werden die Beitragszahlungen der gegenwärtig arbeitenden Generation verwendet, um die aus dem Erwerbsleben ausgeschiedenen oder krankheitsbedingt vorübergehend Erwerbslosen zu finanzieren. Ein solches Umlageverfahren setzt einen Generationenvertrag voraus, in dem die nächste Generation als Vertragspartner bereit und in der Lage ist, die gesetzlichen und tarifvertraglichen Versprechungen zu erfüllen. Droht diesem „Vertrag" durch den Kindermangel in Deutschland der zweite Vertragspartner in naher Zukunft teilweise abhanden zu kommen, ist der Inhalt des „Vertrages" naturgemäß entsprechend weniger wert.

c) Das geistige Eigentum

Geistiges Eigentum entsteht durch schöpferische Leistung von Poeten, Komponisten, Erfindern und Unternehmern, die ihre Leistungskraft aus ihrer Kulturgemeinschaft ableiten und sodann eine neue Leistung für diese Kulturgemeinschaft schaffen. Als Sebastian Brant sein „Narrenschiff" veröffentlichte, dankte er in dem Vorwort für die Kultur und Sprache, die er habe empfangen dürfen, und für die er nunmehr sein aus dieser Kultur hervorgegangenes Werk vorlege. Damit verbiete sich selbstverständlich ein Honorar. Martin Luther äußerte in religiöser Sicht einen ähnlichen Gedanken: Sein Wort sei Gottes Wort, für das er zu danken, nicht etwas zu fordern habe. Der heutige gewerbliche Rechtschutz anerkennt die schöpferische Leistung des Urhebers als entgeltwürdigen Erwerb, baut aber gleichermaßen auf die Erwartung zukünftigen Kulturinteresses. Wenn das Buch nach Ablauf der Schutzfrist gekauft, das Patent genutzt, der Film reproduziert und vorgeführt wird, läuft das geistige Eigentum zeitlich ins Leere. Werden hingegen die Leistungen bereits vorher nicht mehr nachgefragt, ist das Urheberrecht nur faktisch entwertet, weil der Eigentumswert sich auf Nachfrage und Entgeltbereitschaft in der Zukunft stützt.

d) Gefährdung der Eigentumsstruktur durch Staatsverschuldung

Deutschland leidet gegenwärtig unter einer Staatsverschuldung von annähernd 1,3 Billionen Euro. Würde der Staat diese Summe – bei 6 %iger Verzinsung – mit Aufwendungen von jährlich 100 Milliarden Euro zu tilgen versuchen, brauchte er rund 30 Jahre. Die jährliche „Neu"verschuldung reicht nicht aus, um den jährlichen Zinsdienst zu finanzieren. Der Staat hat also das Wirtschaftsinstrument des Kredits, das ihm zusätzliche Finanzkraft vermitteln soll, verspielt. Eine derart hohe Schuldenbelastung trifft die nachfolgende Generation. Deshalb verlangt Art. 115 GG, dass die Zukunftsbelastung mit einer Zukunftsbegünstigung einhergehen müsse: Die Summe der Verschuldung darf nie die der Investitionen übersteigen. Damit ist insbesondere eine Entlastung der Steuerzahler von heute durch schuldenbedingte Belastung der Steuerzahler von morgen ausgeschlossen. Die Höhe der Staatsverschuldung kündigt eine zukünftige Enteignung des Geldvermögens – überhöhte Steuern, Inflation, einen Währungsschnitt oder eine Kappung der Darlehensschulden – an.

e) Eigentum in der Generationenfolge

Eigentum bleibt langfristig nur in privater Hand, wenn es durch Schenkung oder Erbschaft an die nachfolgende Generation weitergegeben wird. Fiele das Privateigentum bei jedem Todesfall an den Staat, gäbe es langfristig keine vom privatnützigen Eigentum geprägte Wirtschaftsstruktur. Art. 14 Abs. 1 GG gewährleistet deshalb Eigentum und Erbrecht in einem Atemzug. Die Erbschaftsteuer darf das Ehe- und Familiengut nicht wesentlich schmälern. Sie hat zu respektieren, dass die Witwe im vertrauten Elternhaus bleiben und ein Stück Lebenskontinuität bewahren will, mag auch ihr Raum- und Vermögensbedarf durch den Tod des Ehepartners objektiv verringert sein. Die Übergabe eines Betriebes setzt einen Nachfolger voraus, der diesen Betrieb zu übernehmen bereit und in der Lage ist. In Deutschland fehlen allerdings gegenwärtig in den Unternehmerfamilien Jungunternehmer. Die Firmeninhaber haben es versäumt, neben der Führung ihres Unternehmens auch familiär für die Unternehmensnachfolge in der Familie zu sorgen, also Kinder hervorzubringen, gut zu erziehen und für die Aufgabe der Unternehmensführung zu gewinnen.

Daneben wird auch die rechtzeitige Übergabe des Eigentums zu einem Problem. Dank der Leistungen der Medizin werden die Unternehmer älter und bleiben leistungsfähiger. Sie übergeben deshalb den Betrieb nicht mehr als 60-Jähriger an den 35-Jährigen, sondern als 70-Jähriger an den 45-Jährigen. Dadurch verliert das Unternehmen an Erneuerungsdynamik. Der Jungunternehmer verharrt in dem Lebensabschnitt besonderer Leistungskraft und Leistungswillens in der Parkposition oder in Abhängigkeit vom bisherigen Unternehmensinhaber. Auch hier wird eine besondere Form von Verantwortungseigentum notwendig: Nicht das Gesetz, wohl aber die Verantwortlichkeit gegenüber der nächsten Generation und gegenüber der Kontinuität des Unternehmens sollte dem Unternehmer Anlass sein, für eine rechtzeitige Nachfolge zu sorgen. Die großen Kapitalgesellschaften praktizieren Altersgrenzen in der Nähe der 60, obwohl sie nicht personalistisch organisiert sind.

4. Staatsquote und Selbstständigenquote

Die staatliche Herrschaft über das Finanzeigentum wächst strukturell mit dem Anteil des Staates am Bruttoinlandsprodukt. Diese Staatsquote wird gegenwärtig auf fast 50 % geschätzt. Sie ist tatsächlich deutlich höher, weil der Staat mit dem Instrument der Lenkungssteuer auch Herrschaft über Eigentum beansprucht, das formal in privater Hand bleibt. Wenn ein Eigentümer eine Steuerschuld von 1.000 Euro sparen kann, wenn er 10.000 Euro seines Privateigentums in den Dienst eines staatlichen Verwaltungsprogramms stellt, gewinnt der Staat bestimmenden Einfluss auf die 10.000, verdrängt insoweit den Eigentümer aus dem Recht zum Verwalten, Nutzen und teilweise auch zum Verfügen. Die freiheitliche Bedeutung des Staatseinflusses wird augenfällig, wenn sich der Staat als Umverteilungsagentur versteht, die eine möglichst gleichmäßige Vermögensverteilung in Deutschland zu gewährleisten hat. Dadurch wird strukturell in die Freiheitsrechte eingegriffen. Freiheit heißt, sich vom anderen unterscheiden und vorhandene Unterschiede mehren zu dürfen. Der eine arbeitet Tag und Nacht und wird reich an Geld, der andere lernt Tag und Nacht und wird reich an Wissen. Diese Unterschiede finden in einer freiheitlichen Verfassung ihre Rechtfertigung. Der Verfassungsstaat hat sie anzuerkennen. Aber auch die Gesellschaft scheint heute nicht genügend Kraft zur Eigentümerfreiheit zu entfalten. Die Selbstständigenquote beträgt 9,4 %, das heißt weniger als 10 % der Menschen nehmen die Eigentümerfreiheit als selbstverantwortliche Freiheit im Erwerbsleben wahr; die übrigen gehen ihrem Erwerb im Auftrag anderer nach. Deswegen müssen wir einen wesentlichen Teil freiheitlicher Erneuerungen auch hier von den Freiheitsberechtigten erwarten.

5. Wachsende Steuer- und Abgabengewalt des Staates

Gegenwärtig wächst auch die Steuer- und Abgabengewalt des Staates deutlich und verringert damit das für individuelle Freiheit verfügbare finanzwirtschaftliche Handlungspotential. Die öffentlichen Haushalte haben im Jahre 2002 rund 480 Milliarden Euro eingenommen. Rechnet man die übrigen Abgaben, insbesondere die Beiträge zum öffentlich-rechtlichen System der Sozialversicherung hinzu, wird ein Zugriff des Staates auf den Erfolg privaten Wirtschaftens deutlich, der gelegentlich die Privatnützigkeit des Erwerbs gefährdet und damit die Struktur des privatnützigen Eigentums in Frage stellt. Deshalb ist über die Staatsaufgaben und die mit ihnen verbundenen Finanzlasten nachzudenken. Auf Lenkungstatbestände ist generell zu verzichten, damit die Bürger die Freiheit zur ökonomischen Vernunft zurückgewinnen und der dadurch erreichte Prosperitätsantrieb durch Absenkung der Gesamtsteuerlast genutzt werden kann. Schließlich sind auch die öffentlich-rechtlichen Versicherungssysteme auf ihre Notwendigkeit und ihre finanzwirtschaftliche Effizienz hin zu überprüfen.

6. Vermengung staatlicher und erwerbswirtschaftlicher Handlungsformen

Schließlich ist das Privateigentum dadurch bedroht, dass der Staat sich der Handlungsformen der Eigentümerfreiheit bedient, ohne privat als Eigentümer berechtigt zu sein. Das Beispiel einer Versteigerung der UMTS-Lizenzen mit einem Versteigerungsertrag von fast 100 Milliarden DM zeigt, dass die Grenze zwischen finanzwirtschaftlicher Unbefangenheit staatlichen Verwaltens und erwerbswirtschaftlicher Initiative privaten Kapitals ins Wanken gerät. Wir stehen vor der Aufgabe, den korrumpierenden Verkauf von Rechten abzuwehren. Dieses Problem verschärft sich noch, wenn die Bundesregierung eine Gesetzesinitiative zur Reform des Arzneimittelrechts gegen Zahlung von 204,5 Millionen Euro durch den Verband der forschenden Arzneimittelhersteller an die gesetzlichen Krankenkassen zurückgezogen hat, damit also die deutliche Unterscheidung zwischen Gemeinwohlauftrag und Erwerbsstreben neu gefunden werden muss. Der Zahlungskräftige darf keinen stärkeren Einfluss auf die Gesetzgebung gewinnen als der Zahlungsschwache. Über Abgabepflichten entscheidet nicht die Bundesregierung im Einvernehmen mit dem Abgabenschuldner, sondern allein das Parlament. Der Verfassungsstaat wahrt seine innere Unabhängigkeit, indem er den Ablauf seiner Rechtsetzung und Rechtsuche strikt gegen jede finanzielle Einflussnahme abschirmt.

V. Erneuerung der Ordnungsidee

Diese veränderten Anfragen an die verfassungsrechtliche Eigentumsgarantie stellen den Gehalt und die Verbindlichkeit der Freiheitsgewährleistung nicht in Frage, fordern aber die gegenwartsgerechte Erneuerung der im Eigentum angelegten Ordnungsidee.

1. Vom vorsichtigen zum entschiedenen Eigentumsschutz

Geboten ist zunächst die Vertiefung des weiten Eigentumsbegriffs, der alle gegenwärtigen Erscheinungsformen des Privateigentums als ökonomische Grundlage individueller Freiheit dem Schutz des Art. 14 GG unterwirft. Sodann muss die Eigentumsgarantie gegen alle staatlichen Eingriffe zur Geltung gebracht werden.

Das Eigentumsrecht wehrt nicht nur die verfassungswidrige Eigentumsbeschränkung oder die Enteignung in bestimmten Formen ab, sondern schützt das Privateigentum gegen jeden Eingriff, der dessen privatnützige Funktion gefährdet oder zerstört. Grundrechte schützen nach Art. 1 Abs. 3 GG gegen alle staatliche Gewalt, nicht nur gegen Gewalt in bestimmten Formen.

Deswegen ist das Grundrecht der Eigentümerfreiheit vor allem gegen die stärkste Beeinträchtigung des Privateigentums, gegen die Intensität und Vielfalt des Steuereingriffs zu schützen. Das Bundesverfassungsgericht sagt bereits in seiner frühen Rechtsprechung, dass die Eigentumsgarantie zwar nicht vor der Auferlegung von Abgaben schütze, den Steuerpflichtigen aber vor einem enteignenden Eingriff bewahre und seine Einkommens- und Vermögensverhältnisse durch die Besteuerung nicht grundlegend verändert werden dürften. Die Eigentumsgarantie fordert das Finanzierungsinstrument der Steuer und begrenzt den Steuereingriff auf eine maßvolle Teilhabe am Erfolg privaten Wirtschaftens. Die Steuer ist der Preis der Wirtschaftsfreiheiten, die alle Produktionsfaktoren strukturell in privater Hand belassen, den Staat damit darauf verweisen, sich im gleichmäßigen und gemäßigten Zugriff auf den privatnützigen Erfolg individuellen Wirtschaftens zu finanzieren. Damit löst sich auch das vermeintliche Dilemma von Steuerzugriff und dem Verbot entschädigungsloser Enteignung. Die Steuer bestätigt die Struktur des privatnützigen Eigentums, ist deshalb eine rechtliche Rahmenbedingung, ohne die Eigentümerfreiheit nicht gewährleistet werden kann. Die Steuerrechtsprechung des Bundesverfassungsgerichts beginnt mit der Frage nach der enteignenden Wirkung einer Steuer und anerkennt von Anfang an, dass die Eigentumsgarantie den Steuerpflichtigen vor einem „erdrosselnden" Eingriff schütze. Dieses drastische Sprachsignal soll sicherstellen, dass die Besteuerung im Ergebnis nicht zu einer – auch schrittweisen – Konfiskation führt, die den Steuerpflichtigen übermäßig belasten und in seiner Eigentümerfreiheit grundlegend beeinträchtigen würde.

Zwischenzeitlich hatte die Rechtsprechung geglaubt, der Garantie einer Eigentümerfreiheit dadurch ausweichen zu können, dass sie den Zugriff auf Forderungseigentum vom Schutzbereich des Art. 14 Abs. 1 GG ausnimmt. Diese Rechtsprechung ist allerdings längst aufgegeben, weil sie gerade die moderne Form von Eigentum ihres verfassungsrechtlichen Schutzes beraubt hätte. Zeitweilig hatte das Bundesverfassungsgericht auch behauptet, Art. 14 GG schütze nicht das Vermögen als Ganzes. Diese These ist verfassungsrechtlich falsch, trifft im Übrigen das Problem der Besteuerung nicht. Würde ein staatliches Gesetz einem vermögenden Menschen – etwa wegen seines Alters oder seiner Staatsangehörigkeit – sein Gesamtvermögen aberkennen, würde er selbstverständlich in Art. 14 Abs. 1 GG Schutz finden. Zudem greift die Steuer nicht auf das Gesamtvermögen zu, sondern belastet das Einkommen, die Erbschaft, das Halten eines Kraftfahrzeugs oder die Kaufkraft. Sie erfasst also konkrete Vermögenspositionen. Selbst die – nicht mehr erhobene – Vermögenssteuer fand ihre Bemessungsgrundlage in der Bewertung einzelner Wirtschaftsgüter.

In neuer Rechtsprechung verdeutlicht das Gericht seine kontinuierlichen Gedanken, die Besteuerung dürfe den Steuerpflichtigen nicht übermäßig belasten und ihn nicht in seiner Eigentümerfreiheit grundlegend beeinträchtigen. Das Bundesverfassungsgericht betont, dass die Steuern in die Verfügungsgewalt und Nutzungsbefugnis des Eigentümers eingriffen und ihn gerade dann träfen, wenn er sich in seiner vermögensrechtlichen Freiheit entfalten wolle. Dem Steuerpflichtigen müsse aus seiner wirtschaftlichen Betätigung ein Kernbestand des privatnützigen Erfolges verbleiben. Der Eigentumsgarantie komme auch gegenüber der Besteuerungsgewalt die Aufgabe zu, dem Grundrechtsträger einen Freiraum im vermögensrechtlichen Bereich zu sichern und ihm dadurch eine eigenverantwortliche Gestaltung seines Lebens zu ermöglichen. Schließlich hat das Bundesverfassungsgericht dieses Übermaßverbot in Zahlen verdeutlicht, weil im Steuerrecht nur quantifizierte Maßstäbe greifen. Schon Friedrich der Große hatte 1768 gesagt, dass Bürger, Bauer und Edelmann niemals mehr als die Hälfte des Erworbenen im Gemeinwesen als Steuer schuldeten. Diesen Gedanken trägt Art. 14 Abs. 2 GG in die Gegenwart, wenn er sagt, dass der Eigentumsgebrauch „zugleich“ dem Wohl der Allgemeinheit diene, der Ertrag der Eigentumsnutzung also allenfalls gleichwertig für das Gemeinwohl in Pflicht genommen werden darf. Diese Sozialbindung nimmt die Wesensgehaltsgarantie des Art. 19 Abs. 2 GG auf und bestätigt das in der Finanzverfassung (Art. 106 Abs. 4 Satz 2 GG) enthaltene Verbot übermäßiger Steuerbelastung.

2. Maßstäbe für die Verteilung von Eigentum

Ist die verfassungsrechtliche Garantie der Eigentümerfreiheit in Schutzgut und Schutzfolge in die Gegenwart fortgeschrieben, wendet sich die Aufmerksamkeit des Rechts den Maßstäben für die Verteilung des Eigentums zu. Das gegenwärtige Recht kennt drei Prinzipien, um die Menschen am Eigentumserwerb zu beteiligen: Das erste ist der Marktwettbewerb, in dem der Anbieter den Bedarf des Nachfragers erkundet und bei angemessenem Preisangebot befriedigt. Den zweiten Weg zur Beschaffung von Geld bietet der Leistungsstaat, der dem Bedürftigen Geld zuwendet, ohne nach einer Gegenleistung zu fragen; dieses Bedarfserkundungs- und Zuteilungsverfahren legitimiert sich demokratisch aus einer ununterbrochenen Legitimationskette des hoheitlich Handelnden gegenüber dem Wähler, versucht also, in Unbefangenheit, Rechtsgebundenheit und demokratischer Legitimation bedarfsgerechte Verteilungsverfahren zu entwickeln. Das dritte Instrument der Geldzuteilung bietet schließlich die Gemeinnützigkeit und Wohltätigkeit, bei der Spender, Sponsoren und Mäzene einen Teil ihres Geldes für gemeinwohldienliche Zwecke der Religion, der Kunst und Wissenschaft, der Caritas und Diakonie aufwenden. Die Verantwortlichkeit in den jeweiligen Lebensbereichen ist höchst unterschiedlich: Auf dem Markt herrscht die Tauschgerechtigkeit; der Anbieter erbringt nur eine Leistung, wenn der vom Nachfrager gebotene Preis ihm angemessen erscheint. Staatliche Leistungen hingegen suchen nicht den Zahlungsfähigen, sondern den Bedürftigen. Sie werden im Staatsbudget und damit in parlamentarischer Repräsentation gegenüber dem Wähler verantwortet. Gemeinnütziges Handeln rechtfertigt sich schließlich aus der Gemeinwohldienlichkeit des angestrebten Zwecks. Es setzt neben der Tauschgerechtigkeit und der demokratischen Verteilungsgerechtigkeit eine Gerechtigkeit des gemeinen Nutzens als höherwertigem Zweck voraus.

Auch die gegenwärtig aktuellen Stichworte eines Steuer„wettbewerbs", eines Bildungs„wettbewerbs" oder eines Standort„wettbewerbs" verkennen die Verantwortlichkeit hoheitlichen Handelns im Gegensatz zum marktwirtschaftlichem Handeln. Die Steuer vermittelt die maßvolle und gleichmäßige Last, versucht aber nicht, nach dem Prinzip einer wettbewerblichen Gewinnmaximierung den größtmöglichen Ertrag bei den Steuerpflichtigen zu erzielen. Auch die Umkehrung des Wettbewerbs, eine Konkurrenz um möglichst geringe Steuerbelastungen, ist kein angemessenes Prinzip der Staatsfinanzierung, weil es auf immer weniger Budgetmittel zielt und damit den demokratischen Staat letztlich in den finanziellen Ruin führt. Ebenso scheitert der Standortwettbewerb an seiner Rechtsbindung; Gemeinden, Bundesländer oder Staaten dürfen den ansiedlungswilligen Firmen nicht Steuervorteile anbieten, weil die Steuer strikt nach Gesetz und Recht zu erheben ist. Zudem dürfte sich ein Vergleich nicht auf die Steuern beschränken, sondern müsste die vom Staat dafür erbrachte Rechtskultur und Infrastruktur in die Beobachtung einbeziehen. Würde der Autokäufer beim Vergleich der Angebote lediglich den Preis beobachten und nicht auch berücksichtigen, dass er für den einen Preis einen Kleinwagen, für den anderen eine Luxuskarosse erwirbt, würden seine ökonomischen Erwägungen sinnlos. Ebenso muss ein Steuervergleich jeweils berücksichtigen, welche Leistungen an innerem und äußerem Frieden, an rechtlicher und demokratischer Kultur, an Bildung und Wissenschaft, an Erschließung und Infrastruktur der Staat erbringt.

Wie verfehlt der Wettbewerbsgedanke beim Vergleich der Steuersysteme ist, zeigt sich schließlich auch in der Unanwendbarkeit des Kartellrechts. Würden verschiedene Staaten im besten Einvernehmen ihren Auftrag zur Friedenssicherung erfüllen, regelt die Europäische Union die Grundzüge der Umsatzsteuer in einer alle Mitgliedstaaten bindenden Richtlinie oder stimmen die Staaten ihre Bildungssysteme in Grundstrukturen aufeinander ab, so gerät das Kartellamt nicht in Aufregung. Für abgestimmte Verhaltensweisen der Staaten ist das Wettbewerbs- und Kartellrecht nicht zuständig. Ein demokratischer Rechtsstaat wirbt um die eigenen Wähler und versucht nicht, dem fremden Staat seine Wähler als Kunden abzuwerben. Er festigt die eigene Staatlichkeit und versucht nicht, den anderen Staat als Konkurrenten zu verdrängen. Der freiheitliche Rechtsstaat handelt nach dem Prinzip der Autonomie, nicht des Wettbewerbs.

3. Sicherung zukünftigen Wohlstandes

Sodann muss das Eigentum möglichst so verteilt und verwendet werden, dass für die Zukunft Wohlstand und Wohlergehen gesichert sind. Deutschland ist derzeit einer der ärmsten Staaten dieser Erde. In der Armutsstatistik steht Deutschland unter 191 Staaten an der 185. Stelle. Ich spreche von der Geburtenarmut und damit von einem Mangel an Kindern, nicht von unserem Reichtum an Finanzkapital, dessen Glanz sehr bald verblassen wird, wenn wir nicht mehr wissen, an wen wir dieses Geld weitergeben sollen. So wird die Bevölkerung in Deutschland, wenn sich nichts Wesentliches ändert, von knapp 81 Millionen Einwohnern bis zum Jahr 2050 auf 65 Millionen Einwohner zurückgehen. Schon heute bekommen mehr als 44 % der Hochschulabsolventinnen keine Kinder mehr.

Kinderreichtum ist Reichtum. Diesen selbstverständlichen Ausgangbefund bestätigt das Familienrecht, das den Eltern einen Anspruch auf Unterhalt und Beistand in Krisen, im Alter und in der Not gegen ihre Kinder gibt. Dieser Unterhaltsanspruch allerdings ist in einem kollektiven System der sozialen Sicherung auf jedermann – auch auf den Kinderlosen – erstreckt. Der Strukturfehler dieser Sozialversicherung liegt allerdings darin, dass die Träger des Generationenvertrages, herkömmlich die Mütter, aus eigenem Recht kaum berechtigt sind. Zur Begründung wird behauptet, die Mütter hätten zu diesem Generationenvertrag „nichts beigetragen“, weil sie keinen Lohn bekommen und von diesem deshalb kein Beitrag abgezweigt werden kann. Diese These ist ein Skandalon; die Eltern tragen das Wesentliche zum Generationenvertrag bei, indem sie den zweiten Vertragspartner – die Kinder – großziehen. Wir werden sehr bald erleben, dass in diesem Generationenvertrag die Jugend zu einem wesentlichen Teil fehlen wird. Außerdem scheint die wichtige soziale Einheit der Ehe, die Unterhalts- und Beistandsgemeinschaft von Mann und Frau bei Krankheit und im Alter, vielfach nicht mehr zu existieren und den Sozialstaat zu entlasten. Auf diese Weise werden wir unser soziales Sicherungssystem völlig überfordern.

Deswegen muss das Eigentum so verteilt werden, dass insbesondere die zukunftssichernden Leistungen der Ehe und Familie hinreichend honoriert werden. Die Leistungsgesellschaft muss Leistung wieder richtig definieren. Eltern sind von den Rentenbeitragszahlungen zu entlasten, in der Rentenberechtigung aber vorrangig zu berechtigen. Das Arbeitsrecht muss die Fortsetzung der Erwerbstätigkeit nach Erfüllung des Erziehungsauftrags rechtlich garantieren. Das Steuerrecht hat die Erwerbsgemeinschaft der Ehe ebenso wie jede andere Erwerbsgemeinschaft im Splitting gleich zu behandeln und den Kindesunterhalt vom Einkommen der Eltern auszunehmen, weil die den Kindern gehörenden Einkommensbestandteile für die Eltern nicht – auch nicht für Zwecke der Steuerzahlung – verfügbar sind. Auch unter den Erfordernissen der modernen Industriegesellschaft haben der Staat, die Wirtschaft und die Kulturgemeinschaft die Grundsatzfrage zu beantworten, ob wir eine im Erwerbsstreben sterbende oder eine im Kind vitale Gesellschaft sein wollen. Die Antwort hängt ganz wesentlich von den ökonomischen Grundlagen der Freiheit zu Ehe und Familie ab.

4. Der Sozialstaat

Das Geld ist das wichtigste Handlungsinstrumentarium des Sozialstaates. Der Sozialstaat befriedigt die elementaren Bedürfnisse der ihm anvertrauten Menschen grundsätzlich durch Zuwendung von Geld, um in der im Geld angelegten Blankettbefähigung zu finanzwirtschaftlichem Handeln Freiheit zu vermitteln. Voraussetzung dieses Sozialstaates ist allerdings, dass 95 Prozent Starke privatnützig erfolgreich wirtschaften und dabei Überschüsse erzielen, die den 5 % Bedürftigen zugewendet werden. Wenn hingegen der Sozialstaat den Starken als Rechtstitel dient, um ihre komfortable Normalität noch komfortabler zu machen und einen nicht der Wirtschaftslage entsprechenden Lohn- und Gehaltszuwachs als sozial geboten zu deklarieren, wird das System des Sozialen überfordert. Der wirtschaftliche Antrieb zur eigenen Anstrengung wird gelähmt und die Idee der sozialen Gerechtigkeit verfälscht. Gegenwärtig scheint der Sozialstaat zuviel versprochen zu haben. Er räumt dennoch dem Bestehenden vor dem Künftigen den Vorrang ein, lebt also zu Lasten der Zukunft und flieht in die Staatsverschuldung, die eine Steuererhöhung für die nächste Generation zur Folge hat. Die Sozialstaatlichkeit sichert jedem Bedürftigen die Zugehörigkeit zu den gegenwärtigen ökonomischen, politischen, kulturellen und rechtlichen Standards. Sie muss dabei aber dem Grunde und der Höhe nach so ausgestaltet werden, dass die Leistungsanreize zur Befriedigung des eigenen Bedarfs nicht geschwächt werden.

Vor allem darf der Sozialstaat nicht das anstrengungslose Einkommen versprechen und durch eine umfassende wirtschaftliche Sicherung die Sozialbeziehungen in der Familie lockern. Dieses lehrt uns Montesquieu in seinem Buch „Über den Untergang Roms“. Er sieht die Gründe für das Scheitern der antiken freiheitlichen Demokratie in der Trennung des erzieherischen Bandes von eigener Leistung und Einkommen, die Rom vollzogen hat, als es sein Gemeinwesen aus einer Kriegsbeute finanzierte. Der zweite Grund liege in dem Verlust der Familiengemeinschaft, der begonnen habe, als die jungen Römer glaubten, in dem staatlichen System hinreichend gesichert zu sein und deshalb die Familie nicht pflegen zu müssen.

5. Rückgewinnung des Verantwortungseigentums

Das verfassungsrechtliche Modell des Eigentums bleibt das Verantwortungseigentum. Dieses ist gegenwärtig durch die anonymen Kapitalmärkte, die großen Wirtschaftsunternehmen in Streubesitz, auch durch Erscheinungsformen des geistigen Eigentums gefährdet. Deswegen muss die Rechtsordnung die Verantwortlichkeiten auch für die individuell wahrgenommene Eigentümermacht des Aktien-, Fonds- und Geldeigentümers so zuordnen, dass das Handeln und die Handelnsverantwortlichkeit wieder individualisierbar sind.

6. Keine Refeudalisierung staatlicher Finanzherrschaft

Das Privateigentum muss auch dadurch gestärkt werden, dass die Steuer wieder in ihre Finanzierungsfunktion zurückgedrängt und auf ihre Lenkungsfunktion weitgehend verzichtet wird. Der Finanzstaat regiert heute vielfach mehr mit dem Instrumentarium des Geldes als dem der Rechtsetzung und Rechtdurchsetzung. Er setzt seine Steuerhoheit nicht ein, um einen Steuerertrag zu erzielen, sondern um durch steuerliche Anreize oder Androhung von steuerlichen Sonderlasten das Verhalten der Menschen zu lenken. Hier scheint sich eine Refeudalisierung der Herrschaft anzubahnen, nunmehr die Finanzmacht des Staates wieder die Personenherrschaft zu vermitteln. Während die Verpflichtung, Hunde zur Jagd des Fürsten bereitzustellen, durch eine Hundesteuer abgelöst worden ist, diese Beschränkung auf eine Finanzierungslast persönliche Freiheit stärkte, scheinen heute wieder die Finanzierungslasten zu Einbruchstellen für Freiheitsbeschränkungen zu werden. Dabei drohen der Staat und der freiheitsberechtigte Bürger unter das Regime des Geldes zu geraten. Um die innere Unbefangenheit des Leistungsstaates gegenüber seinem Finanzier, dem Steuerzahler, zu sichern, hat das Verfassungsrecht die staatliche Einnahmewirtschaft (Steuerwesen) prinzipiell von der staatlichen Ausgabewirtschaft (Budgetwesen) getrennt. Der Großfinanzier gewinnt auf das staatliche Ausgabengebaren keinen stärkeren Einfluss als der Kleinsteuerzahler – weder durch ein Dreiklassenwahlrecht noch durch eine Bestimmungsmacht über die Verwendung des Steueraufkommens.

Wenn also die Erhöhung der Ökosteuer mit dem Stichwort „Rasen für die Rente" erklärt wird, die Erhöhung der Tabaksteuer mit dem Slogan „Rauchen für Gesundheit" gerechtfertigt wird, die Erhöhung der Alkoholsteuer mit dem Gedanken „Trinken für Sicherheit" plausibel gemacht werden soll, so verkennt diese Werbung die Grundprinzipien des Verfassungsrechts. Das Bundesverfassungsgericht hat das Erfordernis des Bepackungsverbotes insbesondere für die Sonderabgaben am Beispiel des Kohlepfennigs, des Absatzfonds und jüngst der Altenpflegeumlagen wiederholt in Erinnerung gerufen. Sodann bleibt die Freiheitlichkeit des Finanzierungssystems nur gewahrt, wenn die Steuer grundsätzlich als Finanzierungs- und nicht auch als Lenkungsmittel eingesetzt wird. In diesem Anliegen hatte das deutsche Steuerrecht allerdings nach dem Zweiten Weltkrieg einen schlechten Start. Die Alliierten haben den Gesetzgeber von 1946 bis 1951 gezwungen, Regelsteuersätze von 95 Prozent zu erheben. Bei dieser Steuerbelastung konnte eine daniederliegende Industrie sich nicht erholen. Dem Gesetzgeber blieb deshalb nur die Möglichkeit, von der Bemessungsgrundlage des Einkommens so viele Ausnahmen zuzulassen, dass nur noch das halbe Einkommen erfasst wurde, der Steuersatz also faktisch 47,5 % betrug. Von diesem Strukturfehler eines Steuerrechts mit hohen Steuersätzen und löchriger Bemessungsgrundlage haben wir uns bis heute nicht erholt.

Das deutsche Steuerrecht veranlasst den Steuerpflichtigen, in den Schiffsbau in Taiwan zu investieren, obwohl die deutschen Überkapazitäten keine machtvolle ausländische Konkurrenz brauchen. Es drängt den Steuerpflichtigen in die Unterstützung des deutschen Films, obwohl diese Steuersubvention weitgehend bei der Konkurrenz in Hollywood ankommt. Es veranlasst den Freiberufler, eine Personengesellschaft mit Partnern zu gründen, die er nicht kennen lernen will, wegen eines Produkts, das ihn nicht interessiert, an einem Standort, den er niemals betreten wird – allein in der Sehnsucht nach Verlusten. Hier stellt das Steuerrecht unser Wirtschaftsprinzip auf den Kopf, sorgt für Kapitalfehlleitungen und Kapitalvernichtungen. Auch ein so reicher Staat wie der unsere wird sich fragen müssen, ob wir uns diese Fehlentwicklung auf Dauer werden leisten können. Wenn der Gesetzgeber sich durchringt, diese Lenkungs- und Ausnahmetatbestände generell aus dem Einkommensteuerrecht zu entfernen, das dadurch erzielte Mehraufkommen an die Allgemeinheit der Steuerpflichtigen zurückzugeben, könnte er mit einer progressiven Einkommensteuer bei einem Spitzensteuersatz von 25 % auskommen. Der Freiheitsgewinn wäre ein doppelter: Der Bürger wird nicht mehr in die ökonomische Unvernunft gelenkt. Er unterliegt einem maßvollen Steuersatz, der ihm zumindest zu drei Viertel seines Erfolges belässt.

7. Gleichwertigkeit von Kapital und Arbeit

Der Erwerb von Eigentum rechtfertigt sich aus der Arbeitsleistung dessen, der Eigentum erwirbt. Wenn das Eigentum jedoch immer mehr zum Inhalt eines Generationenvertrages wird, setzt es den Erwerbserfolg anderer voraus; es nimmt also zukünftige Arbeit in Pflicht. Ein solcher, auf den Arbeitserfolg gestützter Generationenvertrag ist nur vertretbar, wenn der Wert individualnützigen Arbeitens gesichert und in der Gesamtrechtsordnung gefestigt wird. Gegenwärtige Bestrebungen der Rechtspolitik scheinen allerdings in das Gegenteil zu weisen. Der Sachverständigenrat empfiehlt eine duale Einkommensteuer, manche Ökonomen eine konsumorientierte Besteuerung, die jeweils Kapitalerträge steuerlich entlasten und dafür Arbeitseinkommen höher belasten will. Eine Begründung für dieses Kapitalprivileg gibt es nicht. Dementsprechend werden die Vorschläge auch mit vielfältigen, häufig wechselnden Argumenten gerechtfertigt: Zunächst wird behauptet, die Verzinsung des Kapitals sei bereits versteuertes Einkommen. Diese These ist unrichtig. Wer aus einem versteuerten Einkommen (Kapital) von 1.000 Euro Zinsen von 100 erzielt, hat diese weiteren 100 als zusätzliches Markteinkommen empfangen und noch nicht versteuert. Der Zuwachs an Markteinkommen ist kein anderer als bei einem Arbeitseinkommen.

Soweit gesehen wird, dass Kapitaleinkommen gegenüber Arbeitseinkommen steuerlich nicht begünstigt werden dürfen, wird dem Privilegierungsvorwurf entgegengehalten, dass die zinsbereinigte Besteuerung die steuerliche Leistungsfähigkeit überperiodisch gleichmäßig erfasse. Sie sichere eine gleiche Last für das Lebenseinkommen. Die Zinsen würden in dem Jahr, in dem sie erzielt werden, nicht besteuert, ihre Besteuerung aber beim Konsum des gesparten Vermögens nachgeholt. Eine solche nachgelagerte Besteuerung greift jedoch nur, wenn der Kapitaleigner sein Kapital zu Lebzeiten tatsächlich konsumiert. Im Regelfall wird er ständig mehr Kapital bilden, also trotz wachsender, durch Markteinkommen vermehrter Leistungsfähigkeit keine Steuern zahlen. Der Empfänger von Arbeitseinkommen muss hingegen jährlich zur Finanzierung des Gemeinwesens beitragen. Selbst wenn der Kapitaleigner aber kurz vor seinem Lebensende sein gesamtes Kapital konsumieren oder der Steuergesetzgeber mit dem Todesfall einen Gesamtkonsum unterstellen würde, wäre auch dieses Ergebnis ungereimt: Der Steuerpflichtige müsste dann am Lebensende neben der Erbschaftsteuer auch eine Einkommensteuer auf die Substanz seines noch unversteuerten Kapitalzuwachses bezahlen. Dadurch würde jede gewachsene privatnützige Kapitalstruktur des eigenen Unternehmens, des Kapitalfonds oder einer privaten Kunstsammlung – steuerlich zerstört. Deshalb ist die Mitfinanzierung des Staates aus dem jährlichen Markterfolg nicht nur von der Gleichheit in der Gegenwart geboten, sondern auch vom verfassungsrechtlichen Schutz des Privateigentums. Wer gegenwärtig über seine Kapitalerträge verfügen kann, wird sie privatnützig anlegen und damit die ökonomischen Grundlagen seiner persönlichen Freiheit gestalten. Verzichtet der Staat über Jahrzehnte auf die Besteuerung dieser Erträge, lastet auf dem Privateigentum der Schatten eines noch nicht verwirklichten Steueranspruchs. Das Privateigentum steht unter dem Vorbehalt wachsender Steuernachholung.

Die unverzichtbare Ordnungsidee des privatnützigen Eigentums wird deshalb nur gewahrt, wenn der das Eigentum Erwerbende einer maßvollen Steuer unterworfen wird und nach dem gegenwartsnahen Passieren des Kassenhäuschens in den Garten der Freiheit entlassen ist. Er muss dort möglichst weitgreifend seine Eigentümerfreiheit als Verantwortungseigentum wahrnehmen können, die Produktionsfaktoren Kapital und Arbeit müssen genauso wie die Verfügungsfreiheit über Haus und Wohnung, über Privatbesitz und Privatbeteiligung, über Ideen und Urheberrechte in privater Hand bleiben. Private Initiative und private Verantwortung bleibt der wichtigste Impuls, um allgemeine Prosperität zu fördern und damit auch die Grundlagen des Finanzstaates zu festigen.

Eigentumsfreiheit und soziale Gerechtigkeit
Versuch einer philosophischen Deutung des verfassungsrechtlichen Grundsatzes „Eigentum verpflichtet"

Wolfgang Kersting

Die ersten beiden Absätze des Artikels 14 des Grundgesetzes werfen eine Fülle rechtsphilosophischer Fragen auf. Welchen rechtstheoretischen Status besitzt das Eigentum? Ist das Eigentum eine gesellschaftliche Erfindung, die sich aufgrund ihrer vielfältigen positiven Effekte bis heute bewährt hat, eine pure Schöpfung des positiven Rechts, die keinerlei Verbindung zu vorstaatlichen Rechtsnormen besitzt? Oder ist es ein elementares vorstaatliches Grundrecht, das den auratischen Freiheits- und Gleichheitsrechten an die Seite tritt und wie diese menschenrechtliche Abstammung geltend machen kann? Wenn aber das Eigentumsrecht einen, sei es naturrechtlich, vernunftrechtlich oder menschenrechtlich definierten, apriorischen Normgehalt hat, so dass eine sich zu überpositiven Rechtsprinzipien bekennende Verfassung konsequenterweise auch seine Gewährleistung zu übernehmen hat, dann stellt sich das Problem, welchen Kriterien die unerlässliche gesetzesrechtliche Ausgestaltung dieses Grundrechts zu folgen hat. Bleibt die rechtliche Prägung des Eigentums dem politischen Opportunismus überlassen? Oder gibt es normative Grundsätze, die den Gesetzgeber anleiten sollten? Diese könnten in dem menschenrechtlichen Sockel selbst verankert sein. Dann würde es genügen, einen formalen Rahmen zu erstellen, der die immer neu auszuhandelnde Koexistenz der fundamentalen grundrechtlichen Ansprüche gewährleistet. Vielleicht aber gibt es weiterreichende normative Prinzipien, die der Eigentumsordnung übergeordnet sind und den Gesetzgeber in eine materiale Gestaltungspflicht nehmen, die über die Ausbalancierung der Freiheits-, Gleichheits- und Eigentumsbestimmungen hinausgeht und die Berücksichtigung substantieller Gemeinwohlforderungen oder die Befolgung der Gebote sozialer oder distributiver Gerechtigkeit verlangt? Der erste Fall böte immerhin die Gewähr, dass das Eigentum seine grundrechtliche Dignität und sein freiheitsfunktionales Profil bewahren kann und nicht im Wechsel demokratischer Gezeiten verwittert. Der zweite Fall hingegen birgt das Risiko, dass unter dem Diktat materialer Gerechtigkeitsprinzipien die Grundrechtsordnung aufgeweicht wird und das freiheitsfunktionale Eigentum in eine disponible gerechtigkeitspolitische Ressource verwandelt wird.

Dass das Eigentum verpflichtet, seine Beweglichkeit durch soziale Bindungen eingeschränkt sein soll, kann in einem individualethischen oder in einem politikethischen Sinne verstanden werden. Im ersten Fall müssten wir im zweiten Absatz des 14. Grundgesetzartikels eine individuenadressierte Aufforderung sehen, der ihrerseits eine doppelte Lesart gegeben werden kann. Folgen wir einer schwachen, negativen Lesart, dann wäre der Eigentümer verpflichtet, von seinem rechtlichen Besitz keinen gemeinwohlschädlichen, sozialunverträglichen Gebrauch zu machen. Geben wir dem Absatz hingegen eine starke, positive Lesart, dann sähe sich der Eigentümer verpflichtet, sein Eigentum so zu verwenden, dass es soziale Früchte trägt und die Nutzenbilanz der Allgemeinheit erhöht. Im ersten Fall würde die Eigentumsverwendung durch das Prinzip der Schadensvermeidung extern begrenzt, im zweiten Fall hingegen würde das Eigentum dem Eigentümer die Pflicht sozialen Mäzenatentums aufbürden. Gemeinnützigkeit würde damit den Rang einer Legitimationsbedingung privater Verfügungsbefugnis erhalten. Das rechtliche Eigennützigkeitsprivileg würde fallen. Der seine soziale Verpflichtung erfüllende Eigentümer wäre dann eine Art demokratischer und sozialstaatlicher Nachfolger des megaloprepes, des hochherzig Gebenden, von dem in Aristoteles' Nikomachischer Ethik berichtet wird, das er etwa für einen Krieg eine Triere ausrüstet oder auch ein großes Fest ausrichtet, der also seine privaten Mittel generös einsetzt, um etwas Prächtiges, Großes zu verwirklichen, das der Allgemeinheit zugute kommt, den öffentlichen Raum schmückt und den Göttern gefällt.

Würde das Prinzip der Sozialbindung des Eigentums hingegen politikethisch ausgelegt, dann wäre der Adressat des zweiten Absatzes des Artikels 14 GG nicht der individuelle Eigentümer, sondern der Gesetzgeber, der einen Absatz früher ja bereits ohnehin mit der Aufgabe betraut wurde, Inhalt und Schranken des Eigentums zu bestimmen. Dann wären die inhaltsbestimmenden Grenzziehungen des Eigentums in den normativen Prinzipien einer sozialgerechten, den Prinzipien der sozialen Gerechtigkeit folgenden Eigentumsordnung begründet. Die sich hinter der verfassungsrechtlichen Bestimmung der Sozialpflichtigkeit des Eigentums verbergende rechtsphilosophische Problemstellung beruht auf dem spannungsvollen Zusammenspiel dreier unterschiedlicher normtheoretischer Ebenen. Da ist zum einen die rechtsapriorische, die menschenrechtliche Ebene. Ist Eigentum ein Menschenrecht? Oder weniger plakativ und weit vorsichtiger formuliert: Lässt sich die These begründen, dass die Institution des Privateigentums dem empirischen Gesetzgeber vorgegeben und darum seiner Disposition entzogen ist? Da ist zum anderen die Ebene der gesetzesrechtlichen Ausgestaltung des Eigentums. Denn jedes Menschenrecht verlangt nach einer gesetzesrechtlichen Prägung, um rechtliche Wirksamkeit zu verlangen, verlangt also nach der Institution des Staates. Das Eigentum würde da keine Ausnahme machen. Diese es dann zu rechtlichem Leben erweckende Prozedur legislatorischer Ausgestaltung kann es jedoch zugleich auch zu Tode bringen. Denn wenn das rechtsapriorische Eigentum aufgrund seiner Unbestimmtheit nach gesetzesrechtlichen Bestimmungen verlangt, wird es der Definitionsmacht des Gesetzgebers kaum Widerstand entgegensetzen können. Das rechtsapriorische Eigentum würde zu einer konzeptuellen Hülse, die durch legislatorische Kontingenz positivistisch gefüllt wird. Seine Unbestimmtheit beraubt es aller kritischen Funktion. Die dritte Ebene ist die Ebene der sozialen Gerechtigkeit. Hier sind die Prinzipien beheimatet, die die verfassungsrechtlich verordnete Sozialstaatlichkeit mit einer normativen Hintergrundtheorie ausstatten wollen.

Und dabei geht die Philosophie in der Regel folgendermaßen vor: sie versucht, die menschenrechtliche Grammatik unserer moralisch-kulturellen Überzeugungen neu zu interpretieren, um die Legitimationsleistung der Menschenrechte auf sozialstaatliche Tätigkeiten ausdehnen zu können. Diese gerechtigkeitstheoretischen Neuinterpretationen der Menschenrechtsprämisse sind alles andere als harmlos. Sie verwandeln den Staat in eine Maschine der egalitären Verteilungsgerechtigkeit, der die Ungleichheitswirkungen bestehender Eigentumsverhältnisse durch geeignete Umverteilungsprogramme kompensieren soll.

Ich werde im folgenden im Rahmen einer kantianisch-liberalen Begründungsskizze das Verhältnis und Zusammenspiel dieser drei normtheoretischen Bereiche begrifflich genauer zu fassen versuchen. Dabei werden die Umrisse eines freiheitsfunktionalen Eigentums- und Sozialstaats sichtbar, der zur libertären Eigentumsdivinisierung und zum sozialstaatshypertrophen Egalitarismus strikte Äquidistanz hält.

I. Eigentumsbegründung und Kommunismuswiderlegung

„Das rechtlich Meine (meum iuris) ist dasjenige, womit ich so verbunden bin, daß der Gebrauch, den ein Anderer ohne meine Einwilligung von ihm machen möchte, mich lädiren würde" (VI, 245). Mit dieser Definition beginnt Kants Privatrecht. Wenn etwas mein ist, habe ich das ausschließliche Recht auf seinen Gebrauch, das Recht, die restliche Welt von seiner Benutzung auszuschließen. Selbstverständliche Voraussetzung dieser Exklusionsbefugnis ist der Besitz, denn „im Besitze eines Gegenstandes muß derjenige sein, der eine Sache als das Seine zu haben behaupten will" (VI, 247). Und bin ich im Besitz eines Gegenstandes, dann ist dieser eben „so mit mir verbunden, daß seine Veränderung durch jemanden außer mir zugleich meine Veränderungen sind" (XXIII, 212). Diese Verknüpfung von Eigentumsprädikat und Besitzverhältnis scheint es nicht zuzulassen, dass ich etwas Äußeres, etwas von mir räumlich und zeitlich Getrenntes als mein ansehen und behaupten kann. Denn dass Äußeres nicht in meinem Besitz ist, liegt in seinem Begriff. Um aber durch seinen uneingewilligten Gebrauch in meinem Recht verletzt werden zu können, muss ich in seinem Besitz sein. „Also", so schließt Kant vorerst, „widerspricht es sich selbst, etwas Äußeres als das Seine zu haben", es sei denn, der Begriff des Besitzes wäre einer zweifachen Bedeutung fähig, der des „sinnlichen" und der des „intelligiblen Besitzes" und es könnte „unter dem einen der physische, unter dem andern aber ein bloß rechtlicher Besitz ebendesselben Gegenstandes verstanden werden" (VI, 245).

Um diese transzendentalidealistische Aufspaltung des Besitzbegriffs herum inszeniert Kant nun einen eigentumstheoretischen Thesenwettstreit, der über die Kommunismuswiderlegung zu einer vernunftrechtlichen Begründung des Privateigentums führt. Die besitzempiristische Position lautet: Es gibt kein intelligibles Besitzverhältnis, daher ist eine rechtmäßige Anwendung des Prädikats des rechtlich Meinen auf Inhabungsfälle, auf Fälle empirischen oder physischen Besitzes einzuschränken. Der Besitzempirist ist die rechtsphilosophische Verkörperung eines radikalen Kommunisten, der alle Gegenstände, die nicht mit irgendjemandem physisch verbunden sind, also alle äußeren Gegenstände, für unbeschränkt und jederzeitig aneignungsfrei erklärt. Äußerlichkeit impliziert für ihn stets Herrenlosigkeit. Für ihn ist es daher unvorstellbar, in seiner rechtlich definierten Freiheit auf andere Weise als durch die unmittelbare Beeinträchtigung der Handlungsfreiheit verletzt werden zu können.

Kants Kommunismuswiderlegung stützt sich im wesentlichen auf zwei Argumente. Das erste Argument stellt die Eigentumsbedürftigkeit des angeborenen Freiheitsrechts heraus, zeigt, dass das innere Mein um seiner selbst willen die Möglichkeit eines äußeren Mein und Dein verlangen muss. Es folgt dabei genau dem Muster der Idealismuswiderlegung und Realismusbegründung aus der zweiten Auflage der 'Kritik der reinen Vernunft'. Der Kern des Außenweltbeweises der Erkenntnistheorie ist, „daß selbst unsere innere, dem Cartesius unbezweifelte, Erfahrung nur unter Voraussetzung äußerer Erfahrung möglich sei" (KrV B 275). Entsprechend gilt, dass bei einer besitzempiristischen Regelung des Umgangs der freien Willkür mit den brauchbaren äußeren Dingen „nur die Befugnis des Subjects übrig (bliebe,) sich seiner ihm selbst inhärirenden Bestimmungen ausschließlich zu bedienen... Weil aber in dem Verhältnis(,) darin dieses gegen äußere Objecte steht(,) die innere Bestimmungen auch von äußeren Dingen abhängen und ohne dieselben nicht existieren könnten(,) so würde es Recht seyn jedermann zu hindern(,) die innere Bestimmungen zu haben ohne die er doch sich auch seiner selbst nach dem Princip der Freyheit nicht bedienen kann, d.i. die Abhängigkeit des freyen Gebrauchs äußerer Gegenstände vom physischen Besitz hebt zugleich das angebohrne Recht aus dem Besitze seiner selbst auf oder die Willkühr beraubt sich selbst ihres angebohrnen Rechts welches sich wiederspricht" (XXIII, 309/10).

Kant trägt hier ein ungemein starkes Argument vor. Wie der dogmatische Idealismus sich sagen lassen muss, dass die von ihm einzig akzeptierte innere Erfahrung ihren Realgrund in den bewusstseinsunabhängigen Dingen hat, so muss sich auch der Besitzempirismus darüber belehren lassen, dass das von ihm allein eingeräumte innere und angeborene, den physischen Besitz rechtlich umfassende Mein abhängig ist von dem geleugneten, inhabungsunabhängigen äußeren Mein und Dein. Die Freiheit ist unteilbar. Wenn sie nicht als Gebrauchsfreiheit rechtlich gesichert werden kann, dann geht sie auch als Handlungsfreiheit zugrunde. Freiheit verlangt Lebensraumbeherrschung und daher ausschließliche Verfügungsmacht über äußere Güter. Ihre vollständige Institutionalisierung kann also nur im Rahmen einer gesicherten Eigentumsordnung erfolgen. Sollte es rechtlich nicht möglich sein, die Befugnis des Ausschlusses aller anderen vom Gebrauch von Willkürgegenständen über den Bereich des sinnlichen Besitzes hinaus auszudehnen, dann führt das zu dem widersprüchlichen Resultat einer Zerstörung der persönlichen Freiheit nach Rechtsbegriffen.

Aber möglicherweise ist dieses Argument zu stark. Denn akzeptieren wir es, dann müssen wir das von ihm exponierte Eigentumsrecht als generell notwendiges Recht verstehen. Allein mit der Etablierung einer Ordnung des Privateigentums wäre dem Argument noch nicht Genüge getan, denn die Existenz einer Privateigentumsordnung schließt die Existenz von Nichteigentümern nicht aus. Nichteigentümer darf es aber nicht geben, wenn jedermann ein angeborenes Freiheitsrecht besitzt. Denn hat das ursprüngliche Freiheitsrecht im Eigentum Außenhalt, Bestandsgarantie und Entwicklungsmöglichkeit, dann folgt daraus, dass jeder Mensch aufgrund der ihm kraft seiner Menschheit zustehenden rechtlichen Freiheit und Unabhängigkeit auch ein Eigentumsrecht haben muss, ja mehr noch, Eigentum mindestens in dem Maße haben muss, das erforderlich ist, um die externe Stabilisierung der individuellen rechtlichen Freiheit gewährleisten zu können. Die Verankerung des Eigentumsprinzips im angeborenen Menschenrecht hat offenkundig verteilungspolitische Implikationen und führt zur Ermächtigung eines staatlichen Systems der distributiven Gerechtigkeit. Diese hohen Kosten mögen ein Grund dafür gewesen sein, dass Kant dieses Argument später durch ein anderes ersetzt hat. Denn offenkundig würde die distributiv-zwangsgesetzliche Herstellung von Eigentumsgleichheit genau den Freiheitsgewinn verspielen, der mit der Etablierung des Privateigentumsprinzips verbunden ist. Erzwungene Eigentumsgleichheit zerstört Eigentumsfreiheit. Die durch Eigentum ermöglichte Selbständigkeit verkümmert, wenn ihre Bewegungen egalisierender Korrektur unterworfen werden. Damit das Eigentum als freiheitsdienliche Chance eigenverantwortlicher Lebensführung genutzt werden kann, muss es der Kontingenz ausgesetzt bleiben. Nur in einem kontingenten, risikooffenen sozialen Raum kann autonomes Handeln gedeihen.

Wir benötigen also ein Argument, das die rechtliche Notwendigkeit des Privateigentumsprinzips von einem Menschenrecht auf Eigentum unabhängig macht, das die Notwendigkeit des Privateigentums in der Menschenrechtsprämisse verankern kann, ohne damit zugleich auch zu dem Zugeständnis allgemeiner Eigentumsgleichheit gezwungen zu sein. Ein solches Argument findet sich im § 2 der Metaphysischen Anfangsgründe der Rechtslehre von Kant. Es enthüllt ebenfalls die Widerrechtlichkeit einer eigentumstheoretischen Position, die den Anwendungsspielraum des Prädikats des rechtlich Meinen auf Inhabungsfälle einschränken will. Es beginnt mit der These, dass die freie Willkür als zwecksetzendes, absichtsverfolgendes und über die Dinge Gewalt habendes Vermögen in einem herrschaftlichen Verhältnis zur Welt als dem Inbegriff des Brauchbaren steht: „alles in der Welt ist der freyen Willkühr unterworfen“ (XXIII, 303). Der Mensch ist der Herr der Welt, sie steht ihm zur beliebigen Verfügung. Die Dinge sind nicht an sich herrenlos, sind nicht rechtlich selbständig. Sie unterstehen der Gewalt der Willkür, und da die Ausübung dieser Verfügungsgewalt der Willkür über ihre Gegenstände mit dem allgemeinen Rechtsgesetz konform geht – denn die Dinge haben keine Rechte –, ist jede rechtliche Regelung abzulehnen, die diese uneingeschränkte Verfügungsgewalt aushöhlt, insonderheit die, die die Verfügungsgewalt über Dinge an deren physischen Besitz bindet. Denn, und das ist die zweite Hälfte des Arguments, hinsichtlich der freien, der handlungsfreien wie der gebrauchsfreien Willkür gilt, dass sie als Willkür des menschlichen Vernunftwesens allein den formalen Gesetzen der Rechtsvernunft unterworfen ist. Sowenig bei der rechtlichen Beurteilung von Handlungen deren inhaltliche Bestimmtheit in Betracht gezogen werden darf, sowenig kann sich eine rechtliche Beurteilung des Willkürgebrauchs von Sachen an empirischen Bestimmungen orientieren. Es widerspricht dem Begriff des Rechts, wenn Menschen hinsichtlich des Sachengebrauchs einander nach Maßgabe von Naturbedingungen einschränken. Das aber tut der den Besitzempirismus verabsolutierende Kommunist. Er hält Tatsachen für Rechtsbedingungen und zerstört so den Rechtsbegriff durch dessen Empirisierung. „Würde nun kein äußeres Mein und Dein möglich seyn so würde die Freyheit sich selbst vom physischen Besitz d.i. von Sachen in Raum und Zeit abhängig machen folglich der Rechtsbegrif selbst von empirischen Bedingungen a priori abhängig mithin selbst empirisch seyn welches dem Begriffe des Rechts wiederspricht" (XXIII, 336). Der Begriff des Rechts selbst verlangt, dass Rechtspersonen an äußeren Willkürgegenständen ein Recht haben können müssen.

In dem freiheitstheoretischen Kerngedanken dieser Kantischen Begründung des Privateigentums manifestiert sich die naturexterne Position der neuzeitlichen Vernunft. Band noch das traditionelle Naturrecht – und mit ihm auch noch John Locke – die menschliche Verfügungsgewalt über die Natur und die aus ihr abgeleiteten Rechtsbestimmungen an menschliche Selbsterhaltungserfordernisse und den Schöpfungszweck, somit an Kriterien, die den Menschen als natürliches Wesen betrachteten, so wird mit der Ablösung des Naturrechts durch das Vernunftrecht die freiheitstheoretische Position uneingeschränkter Naturjenseitigkeit bezogen. Hinter dem Brauchen der Dinge steht kein anthropologisch bestimmtes Erhaltungsinteresse, schon gar nicht ein gesellschaftlich vermitteltes Verwertungsinteresse, sondern da steht allein die aus der maßgeblichen freiheitstheoretischen Perspektive notwendig selbstzweckhafte Verfügungsgewalt über Dinge. Der Naturbegriff der Kantischen Eigentumstheorie vermag keine Erinnerung mehr an die Erde der Genesis, an das Gottesgeschenk an das menschliche Geschlecht hervorzurufen. Der Definalisierungsprozess, der der Wissenschaft und Philosophie der Neuzeit eine verdinglichte, szientistisch ernüchterte Welt gegenüberstellt, findet im Kontext der Kantischen Eigentumstheorie in der Versachlichung der Schöpfung, in ihrer Reduktion auf ein Insgesamt von Willkürgegenständen, auf Brauchbares, ihre praktische Entsprechung.

Man muss auf die Radikalität des kargen und schroffen Kantischen Arguments für die rechtliche Notwendigkeit des Prinzips des Privateigentums achten. Natürlich begrenzt die besitzempiristische Position des Kommunisten die rechtlich geschützte Gebrauchsfreiheit auf Nutzungsweisen, die allein im Rahmen des physischen Besitzes eines Gegenstandes vollziehbar sind. Derartige an die Inhabung gebundene und sich in der Zeitspanne der Inhabung realisierende Gebrauchsweisen taugen lediglich zur unmittelbaren und sofortigen Befriedigung der Primärbedürfnisse. Jede den Zweck der fundamentalen Selbsterhaltung überschreitende und planend in die Zukunft blickende Gebrauchsabsicht muss im Rahmen des Besitzempirismus notwendig illusionär bleiben. Jedoch sind es nicht die von der gesetzlichen Geltung der kommunistischen Maxime ausgelösten Konsequenzen einer gesellschaftlichen Verwilderung resp. einer prinzipiellen Zivilisationshemmung, die den Besitzempirismus für Kant unannehmbar machen; und entsprechend ist es auch nicht die zivilisatorische Effizienz der eigentumsrechtlichen Organisation der Naturbeherrschung und Naturverwertung, die nach dem Prinzip der Idealität des Besitzes, nach der rechtlichen Notwendigkeit, das Prädikat des rechtlich Meinen auf äußere Gegenstände anzuwenden, verlangt. Kants Vernunftrecht hat kein Ohr für pragmatische Überlegungen, zumindest nicht während der prinzipientheoretischen Aufbauphase. Der Grund, warum der besitzempiristische Kommunismus abzulehnen ist, liegt allein in seiner Rechts- und Freiheitswidrigkeit, in seiner Unvereinbarkeit mit der reinen, die Willkürfreiheit im Handeln wie im Brauchen nur durch formale Gesetze einschränkenden Rechtsvernunft.

II. Vernunftrechtliche Eigentumsbegründung und contractus originarius

„Wir können nicht verstehen", so schreibt Pufendorf in seinem Naturrecht von 1672, „wie eine lediglich körperliche Handlung, wie es eine Bemächtigung und Besitzergreifung ist, in der Lage sein könnte, Rechtswirkung zu entfalten und das Recht und die Verfügungsmacht anderer einzuschränken, wenn nicht deren bestätigende und sanktionierende Zustimmung hinzukäme, wenn nicht ein Vertrag geschlossen würde". Lockes Theorie der ursprünglichen Erwerbung widerspricht dieser These von der Unmöglichkeit, durch einseitige Handlungen ein die Welt verpflichtendes Eigentumsrecht zu konstituieren und verwirft darum auch ihre kontraktualistische Konsequenz. Im Rahmen des rechtsphilosophischen Apriorismus Kants, der die für Geltungsfragen zuständige begrifflich-normative Ebene sorgsam von der für Anwendungs- und Darstellungsfragen zuständigen empirischen Ebene trennt, ist Pufendorfs These eine blanke Selbstverständlichkeit. Gleichwohl übernimmt Kant nicht die vertragstheoretische Lösung der der ursprünglichen Erwerbung inhärierenden rechtstheoretischen Schwierigkeit: Der obligationstheoretische Voluntarismus des Vertrags unterbietet das metaphysische Niveau unbedingter praktischer Notwendigkeit, an dem sich Kants Philosophie der gesetzgebenden Vernunft orientiert. Ist es eine Voraussetzung eben dieser gesetzgebenden Vernunft, dass jedermann verpflichtet ist, das Erforderliche zu tun, um zu ermöglichen, dass Brauchbares das Seine von irgend jemand werden kann, dann verbietet sich eine voluntaristische Konsenstheorie des Eigentums.

Aber auch Kants Konzept der ursprünglichen Erwerbung bedarf des Konsensmomentes, weil eben einseitigen Willkürakten keine Verpflichtungswirkungen zugeschrieben werden können. Wenn aber die eigenmächtige Inbesitznahme eines Gegenstandes nur unter der Bedingung der Zustimmung aller davon Betroffenen Rechtskraft erlangt, dann kann es sich nicht mehr um eine ursprüngliche Erwerbung handeln, denn eine ursprüngliche Erwerbung ist definitionsgemäß die ursprüngliche Erwerbung eines Rechts durch einseitige Handlungen, durch die eigenmächtig die normative Position aller verändert wird. Kants Ausweg aus dieser Situation ist die paradoxieverdächtige Konstruktion einer nicht-voluntaristischen Konsenstheorie des Eigentums, deren systematische Pointe darin besteht, dass erstens eine rechtsphilosophische Deutung der empirischen Erstaneignung eines Landstücks als Zueignungsakt seitens des allgemeinen Willens des ideellen Gesamtbesitzers alles ursprünglich Erwerblichen überhaupt ermöglicht wird und zweitens eine Verpflichtung begründet wird, sich mit allen von diesem Aneignungsakt Betroffenen zum Zwecke der Etablierung eines öffentlichen Systems der Rechtsbestimmung und Rechtsprechung zusammenzuschließen. Somit treten an die Stelle des Pufendorfschen Vertrags in der Kantischen Philosophie des Eigentums die praktischen Vernunftideen des ursprünglichen Gesamtbesitzes, des in ihm vereinigten Willens aller a priori und des Postulats des öffentlichen Rechts, der Forderung, ein System der rechtssichernden öffentlichen Gerechtigkeit zu etablieren.

Die Konstruktion der vereinigten Willkür a priori besitzt den Status einer notwendigen geltungstheoretischen Annahme. Ist ein äußeres Mein objektiv möglich, ist eine Inbesitznahme von freiem Land, eine ursprüngliche Okkupation möglich, ist aber andererseits eine eigenmächtige Erwerbung eines rechtlichen Besitzes einer Sache unmöglich, dann bedarf es eines Arguments, das diese beiden Stränge zusammenknüpft, das die Okkupationsbefugnis des Vernunftpostulats mit dem allgemeinen Rechtsgesetz versöhnt, das das Recht zur ursprünglichen Erwerbung mit dem Konsensprinzip des erwerblichen Rechts in Übereinstimmung bringt. Und dieses Argument ist die geltungstheoretische Annahme einer verteilenden Gesamtwillkür, die eine mit dem allgemeinen Gesetz der äußeren Freiheit zusammenstimmende Interpretation der Aneignungshandlung ermöglicht, indem sie diese Handlung auf eine empirische Zeichenhandlung reduziert, deren rechtliche Bedeutung sich allein durch die Subsumtion unter normative Prinzipien ergibt, die den für die Rechtskonstitution wesentlichen Übergang von dem physischen Inhabungsbesitz zum bloß rechtlichen Besitz organisieren. Da erst die vereinigte Willkür diesen Übergang erlaubt, kann Kant sagen, dass sie „allein jedem das Seine bestimmt“ (XXIII, 236). Die prima occupatio ist nur als gedachte „austheilung durch den gemeinschaftlichen Willen“ im Sinne einer allseitigen „Verwilligung“ (XXIII, 223; 286) ein Rechtserwerb. Die Aneignung entpuppt sich im geltungstheoretischen Licht als Zueignung. Die a priori notwendige Vereinigung der Willen aller Besitzer aller möglichen eigentumsfähigen Gegenstände ist genau die normative Prämisse, die den empirischen Handlungen der Inbesitznahme und Deklaration des Besitzwillens hinzugefügt werden muss, um der Behauptung: „Dieser Gegenstand ist mein“ und der damit verbundenen Anmaßung, alle anderen von seinem Gebrauch auszuschließen, Rechtsgültigkeit zu verleihen. Sie ist geltungstheoretisch den empirischen Aneignungshandlungen vorgeordnet und reduziert diese auf die Funktion der gegenständlichen Identifikation und inhaltlichen Bestimmung. Ohne diese den Vernunfttitel des Rechts verleihende synthetisch-allgemeine Willkür wären Okkupationshandlungen hinsichtlich der Fundierung eines äußeren Mein rechtlich genauso bedeutungslos wie Naturereignisse.

Diese rechtsphilosophische Deutung der Erstbemächtigung eines freien Landstücks als Zueignungsakt seitens des allgemeinen Willens wird vervollständigt durch die Idee vom Gesamtbesitz. Die systematische Pointe der Vernunftkonzeption der ursprünglichen positiven Bodengemeinschaft ist die Negation der Vorstellung eines ursprünglich herrenlosen Bodens. Gegenstand einer ursprünglichen Erwerbung ist keine Sache, die niemandem gehört, sondern eine Sache, die allen gehört. Der Erstokkupant trifft also auf einen Boden, der sich im Besitz aller, und zwar im rechtlichen Besitz aller befindet, daher in rechtlicher Hinsicht gar nicht auf einen Gegenstand, sondern auf die Gemeinschaft der in ihm als einem ursprünglichen Besitz vereinigten Mitbesitzer. Durch die Idee des Gesamtbesitzes wird die Erstbemächtigung rechtlich als ursprüngliche Erwerbung und zeitlicher Beginn eines sachenrechtlichen Verhältnisses interpretierbar. Sie ist die Subsumtion eines empirischen Gegenstandes unter das formale Distributionsgesetz des Gesamtbesitzes durch die vereinigte Willkür, durch den ideellen Gesamtbesitzer. Somit liegt dem Eigentumsrecht im Sinne eines ursprünglich erwerbbaren Rechts an einer Sache eine Privatgebrauchsbewilligung für den Okkupanten seitens des ursprünglichen und a priori auf das Prinzip des Besitzidealismus verpflichteten Gesamtbesitzers zugrunde.

III. Grundriss des Lockeschen Arbeitseigentums

Das Grundprinzip der Lockeschen Konzeption des Arbeitseigentums lautet: Wenn jemand in ein natürliches Gut Arbeit investiert und dabei seine natürliche Gestalt verändert, dann erhält diese Person ein Eigentumsrecht an diesem Gegenstand und darf alle anderen rechtmäßig von seinem Gebrauch ausschließen. Durch die Arbeit „vermischt" sich die Person mit der Natur, fügt dieser Eigenes hinzu und verändert so einen Teil des ursprünglichen Gemeinbesitzes, so dass dieser nicht mehr unter das „gemeinsame Recht der anderen Menschen" fällt (§ 26). Locke hat nicht der empirischen Arbeitshandlung als solcher eigentumskonstitutive Funktion zugesprochen. Ihm ist kein naturalistischer Fehlschluss vorzuwerfen. Erst dann werden die normativen Konsequenzen sichtbar, wenn die Arbeitshandlung ihrerseits in einen normativen Kontext integriert wird, den Locke als Eigentum an der eigenen Person bezeichnet. Mit der in einen Gegenstand investierten Arbeit wird die Rechtsqualität der Person auf den Gegenstand übertragen. Der Gegenstand wird somit in die menschenrechtlich geschützte ursprüngliche Eigensphäre integriert und zu einem Teil der Person. Diese Vorstellung von der Übertragung der rechtspersonalen Qualität auf Gegenstände durch Arbeit, dieses Subjektivierungsmodell, ist der Kerngedanke der Lockeschen Eigentumsbegründung. Es kombiniert drei Thesen:

- Der Mensch ist Eigentümer seiner Persönlichkeit und seiner Handlungen.
- Durch die Bearbeitung eines Gegenstandes vermischt sich die Persönlichkeit mit dem Gegenstand.

– Damit wird das Eigentum des arbeitenden Menschen um den rechtlichen Besitz des mit seiner Persönlichkeit Vermischten erweitert.

Die Rede von der Vermischung von Persönlichkeit und Gegenstand erweckt den Verdacht eines Kategorienfehlers. Gleichwohl muss Lockes Rede von der Vermischung möglichst wörtlich genommen werden. Der Arbeitsakt darf nicht den Charakter eines quasi-gegenständlichen Transfers von Subjektivität in das bearbeitete Objekt verlieren; anderenfalls wäre die eigentumsrechtliche Ausschlusskonsequenz der Erstbearbeitung nicht begründbar. Die Vermischungsthese gewährleistet die Anwesenheit des Erstbearbeiters im bearbeiteten Gegenstand und damit auch die rechtliche Ausschlusswirkung, die auch den Zweitbearbeiter trifft, der nicht eigentumsrechtlich ausgeschlossen werden könnte, wenn das Eigentumsrecht in einer allgemeinen Beschreibung der Arbeit verankert wäre, die die Eigenschaften aufzählte, die jede Arbeitshandlung instantiiert.

Lockes Eigentumstheorie beantwortet nicht die Frage nach der Möglichkeit eines äußeren Meinen; ihre systematische Pointe liegt in dem Versuch, das äußere Meine als Bestandteil des inneren Meinen zu rekonstruieren. Lockes Konzeption des Arbeitseigentums sucht einen Übergang von dem inneren Mein zum Eigentum ohne irgendeine Vermittlung durch die Allgemeinheit zu finden, die bei den Naturrechtsjuristen als stillschweigender oder ausdrücklicher Vertrag fungiert, die bei Kant in Gestalt der Vernunftidee vom ideellen Gesamtbesitzer aus der empirischen Bemächtigungshandlung überhaupt erst eine rechtsbedeutsame Erwerbung macht. Mit der Eliminierung des Konsensgedankens aus der Eigentumstheorie verliert bei Locke auch der Gemeinbesitzbegriff seine rechtlichen Implikationen. Die durch den Gemeinbesitz hervorgerufenen Schwierigkeiten werden nur noch als verteilungsökonomische Probleme angesehen. Der Miterdbewohner ist nicht mehr der Rechtspartner in einer über die rechtliche Figur des Gemeinbesitzes vermittelten Rechtsgemeinschaft, sondern nur noch der Bedürftige, der durch das Eigentumsrecht nicht in seinem grundlegenden Subsistenzrecht gekränkt werden darf.

Kants Rechtsapriorismus führt zu einer Entmystifizierung der durch Locke prominent gewordenen Arbeit. Es ist letztlich völlig gleichgültig, auf welche Weise jemand einen äußeren Willkürgegenstand in seinen Besitz bringt und als Eigentum beansprucht. Der Eigentümer muss sich nicht ethisch qualifizieren, erlangt sein Recht nicht durch irgendwelche Nützlichkeitsbeweise. Die schlichte Okkupation genügt. Und nicht Verderblichkeitsschranken begrenzen legitimes Eigentum, sondern die Fähigkeit, es gewaltsam zu verteidigen. Aber das ist nicht der entscheidende Unterschied zwischen der Kantischen Eigentumskonzeption und der weit erfolgreicheren Lockes. Lockes Arbeit bildet einen unschuldigen Anfang des Eigentums vor dem Hintergrund einer negativen communio der Güter des Naturzustandes. Niemandes Recht wird durch den von ihr erzeugten Eigentumsanspruch verletzt. Kants Okkupation hingegen ist vergleichsweise ein schuldiger Anfang des Eigentums vor dem Hintergrund einer positiven communio fundi des Naturzustandes. Sie ist legitim, aber der durch sie konstituierte Besitz ist noch rechtlich unfertig. Sie ist nur der erste Zug in einem normativen Sanktionsspiel, das den prior occupans von Anfang an und a priori der Pflicht unterwirft, „sich mit allen anderen... dahin (zu) vereinigen, sich einem öffentlich gesetzlichen äußeren Zwange zu unterwerfen, also in einen Zustand (zu) treten, darin jedem das, was für das Seine anerkannt werden soll, gesetzlich bestimmt und durch hinreichende Macht (die nicht die seinige, sondern eine äußere ist) zu Theil wird, d.i. er solle vor allen Dingen in einen bürgerlichen Zustand treten" (VI, 312). Nur so kann er die Rechtsschuld abtragen, die er sich mit der prima occupatio ungeachtet ihrer Legitimität aufgeladen hat.

IV. Staat als sich selbst organisierendes Eigentum

Es könnte die Gefahr bestehen, dass mit der Abtragung der Schuld der Anlass des Schuldigwerdens gänzlich verschwinden könnte. Denn das geltungstheoretische Profil des Eigentums im Naturzustand enthält keinerlei inhaltliche Kriterien, die seine gesetzliche Präzisierung binden könnten. Der geltungstheoretische Himmel, den das Vernunftrecht über das Eigentum spannt, ist so hoch, dass die Grenzen einer gesetzlichen Bestimmung zu garantierenden, normativ vorgegebenen Eigentums und einem politisch unbegrenzt disponiblen Eigentum zu verschwimmen drohen. Das Lockesche Arbeitseigentum ist auch unter Naturzustandsbedingungen eine relativ stabile Rechtsfigur, die die Rechtsbestimmung des Gesetzgebers durch starke normative Vorgaben einschränkt. Es ist ja der politische Sinn der Lockeschen Arbeitstheorie, rechtlich zweifelsfreie Eigentumsverhältnisse bereits im Naturzustand zu gewährleisten, um dadurch den Staat auf eine eigentumsexterne Sicherungsfunktion beschränken zu können. Kants rechtsapriorische Eigentumsbegründung besitzt diese Stabilität nicht. Daher besitzt das freiheitsrechtliche Eigentum auch eine viel geringere normative Widerstandskraft. Es ist auf die Bestimmungsleistungen der staatlichen Gesetzgebung angewiesen, enthält aber selbst keine inhaltlichen Kriterien, an denen sich der Gesetzgeber zu orientieren verpflichtet wäre.

Es ist jedoch verfehlt, die Bestimmungsbedürftigkeit des apriorischen Eigentums als Einfallstor für eine Verpflichtung des Eigentums zu benützen. Kants Vernunftrecht bietet einer germanischen Rechtsauffassung keinen Rückhalt. Die gesetzliche Ausgestaltung des rechtlich notwendigen Privateigentums durch den gesetzgebenden vereinigten Willen hat nichts mit einer Sozialbindung des Eigentums zu tun. Die gesetzliche Prägung des apriorischen und freiheitsfunktionalen Eigentumskonzepts dient ausschließlich dem Zweck, dem Eigentum Rechtssicherheit zu verleihen und dadurch der in ihm verankerten Herrschafts- und Verfügungsfreiheit Wirksamkeit zu verschaffen. Die gesetzliche Bestimmung des Inhalts und damit eben auch der Schranken des Eigentums bedeutet im Rahmen eines kantischen Liberalismus keine Gefahr für das Eigentum. Denn der Gesetzgeber ist die Gemeinschaft der Eigentümer selbst. Der von ihnen etablierte Staat ist das sich selbst organisierende Eigentum. Und sein Protagonist ist der Selbständige, der eigenverantwortlich Handelnde, jeder, der sein eigener Herr ist. Denn eigener Herr ist jemand, wenn er über „irgend ein Eigenthum" (VIII, 295) verfügt, wenn er nicht sich und seine Arbeitskraft zu Markte tragen muss, sondern sein Leben durch den Verkauf produzierter Waren oder durch die Vermietung spezifischer erworbener Fähigkeiten fristen kann. Nur dieser Selbständige ist Bürger und Mitgesetzgeber, ist in die politischen Geschehnisse einbezogen; der andere, der Eigentumslose, besitzt nur eine passive Staatsbürgerschaft, wie Kant sagt, ist nur Schutzgenosse eines Gemeinwesens, zu dem er eigentlich nicht gehört. Politisch lebt er immer unter einem fremden Dach. Die materialen Freiheitseffekte des Eigentums zeigen sich in der Unabhängigkeit von fremder Willkür. Abhängig ist derjenige, der sich in ein Dienstverhältnis begibt. Und nur der begibt sich in ein Dienstverhältnis, der nichts zu verkaufen hat als sich selbst. Selbstveräußerung aber im Rahmen eines Dienstvertrags führt zwar nicht zur Absprechung der fundamentalen Freiheitsrechte, jedoch zur Vorenthaltung des Bürgerrechts, des gleichen Mitwirkungsrechts bei der Ausgestaltung des bürgerlichen Zustandes, und das heißt vornehmlich: der Markt- und Eigentumsordnung. Denn ausschließlich auf Konfliktzonen innerhalb der privaten Besitzverhältnisse darf sich die Regulationskompetenz des Gesetzgebers erstrecken. Und diese Orientierung an den Konsistenzbedingungen äußerer Freiheit verliert natürlich auch nach der Abschaffung des Zensuswahlrechts nicht ihre liberale Vorzugswürdigkeit. Genauso wenig wie mit der Ausweitung des Eigentumskonzepts auf Einkommen und Vermögen die enge, den Eigentumsschutz verlangende Verbindung zwischen Eigentum und Freiheit verschwindet, denn Kants freiheitsrechtliches Eigentumskonzept ist systematisch nicht an ein materiales Substrat, nicht an Bodenbesitz gebunden. Die dem Eigentumsbegriff zukommenden Dimensionen der Selbständigkeit, der durch Sachherrschaft vermittelten Unabhängigkeit, sind nicht an eine bestimmte Form des Eigentums gebunden. Eigentum ist objektivierte Freiheit, ist beherrschter Raum, gleichgültig ob es sich um das Paradigma eigentumstheoretischer Überlegungen, um Grund und Boden, oder um Geld, der auch nach der Verteilung der Erde noch grundsätzlich jedermann zugänglichen Eigentumsform, handelt.

Man darf sich von dem Rousseauismus des geltungstheoretischen Konzepts Kants nicht täuschen lassen. Die Notwendigkeit einer rechtlichen Prägung des privaten Eigentums durch den gesetzgebenden vereinigten Willen impliziert keinerlei Unterwerfung des Eigentums unter ein republikanisches Gemeinschaftsethos. Das der Zusammenlebensgemeinschaft des Vernunftrechts eingeschriebene lebensethische Ideal ist durch und durch liberal. Es zielt auf eigenverantwortliche Lebensführung und eigennützige Eigentumsverwendung unter den Gegebenheiten des Marktes innerhalb der gesetzlichen Grenzen des Eigentümerstaates. Und ein solcher Eigentümerstaat ist für Kant die Gerechtigkeit auf Erden, institutionalisierte Verteilungsgerechtigkeit, da sie einem „jeden das, was für das Seine anerkannt werden soll, gesetzlich bestimmt und durch hinreichende Macht … zu Theil" werden lässt. Diejenigen, die mehr Gerechtigkeit wollen als Rechtsstaat und Marktgesellschaft geben, können sich nicht an Recht und Politik wenden, sie müssen zur Religion ihre Zuflucht nehmen und auf die Kompensationsleistungen transmortaler Sanktions- und Gratifikationssysteme hoffen.

V. Sozialpflichtigkeit und Verteilungsgerechtigkeit

Während die politische Philosophie der Moderne in ihrer Frühzeit durchwegs eine politische Philosophie des Eigentums war und Gerechtigkeit als Funktion und Instrument des Eigentums betrachtete, ist sie in der Gegenwart vornehmlich eine Philosophie der Gerechtigkeit, die das Eigentum als Funktion und Instrument der Gerechtigkeit betrachtet. Der Egalitarismus ist eine Art Sozialismus ohne geschichtsphilosophische Rückendeckung, ein Sozialismus, der geschichtliche Notwendigkeit durch moralische Emphase und technokratische Politik ersetzt. Er schafft nicht das Privateigentum ab, aber er unterwirft die Ungleichheitsauswirkungen der Eigentumsordnung einer fortwährenden gerechtigkeitsethischen Rektifikation. Die dem Eigentum dabei aufgebürdete Sozialpflichtigkeit macht es vollständig wehrlos gegen die steuer- und abgabenfinanzierten sozialstaatlichen Gerechtigkeitsreformen, die der Aufgabe der Gleichheitsmehrung gewidmet sind.

Ich werde im folgenden die Grundidee des Egalitarismus kurz skizzieren. Menschen sind endlich, und das heißt: Das Gelingen menschlichen Lebens ist abhängig von Voraussetzungen. Zu diesen Voraussetzungen zählen nicht nur die strukturellen Gegebenheiten unseres kulturellen und politischen Lebenszusammenhangs, zu ihnen zählen auch die Eigenschaften, die die Menschen an sich und in sich vorfinden; diese sind teils genetisch formiert, teils Auswirkungen von sozialer Herkunft und Erziehung. Ersichtlich wird der Markt-, Sozial- und Lebenserfolg der Individuen wesentlich durch die Qualität ihrer Ressourcenausstattung bestimmt. Diese aber ist höchst unterschiedlich. Der eine hat bei der Lotterie der Natur das große Los gezogen und ist bei der Verteilung der natürlichen Fähigkeiten mit Talent, Begabung und Durchsetzungskraft überreich ausgestattet worden, der andere hat hingegen nur eine Niete erwischt und muss sich sein ganzes Leben lang mit einer überaus ärmlichen Fähigkeitenausstattung abmühen. Und nicht nur das natürliche Schicksal verteilt die Startbedingungen ungleich; auch das Sozialschicksal ist zu den Menschen nicht fair. Der eine findet in seiner Familie die beste Ausgangssituation vor; einer behüteten Kindheit folgt eine erfolgreiche Karriere. Der andere ist zeitlebens von den Narben der sozialen Verwahrlosung gezeichnet und kommt keinen Schritt voran. Man wird aber nun nicht sagen können, dass der genetisch oder sozial Benachteiligte seine Benachteiligung verdient hätte; ebenso wenig, dass der genetisch oder sozial Bevorzugte seine Bevorzugung verdient hätte. Man wird vielmehr sagen müssen, dass das eine so unverdient ist wie das andere. Man wird sagen müssen, dass bei den Verteilungsentscheidungen des Natur- und Sozialschicksals blinder Zufall und moralische Willkür gewaltet haben. Wenn aber die Voraussetzungen der Arbeits- und Lebenskarriere unverdient sind, sind auch die Erträge, die auf dem Markt durch Einsatz dieser genetisch-sozialen Basisressourcen erwirtschaftet werden, unverdient. Daher muss der vorfindlichen Eigentums- und Besitzordnung alle Legitimität abgesprochen werden. Eine um eine gerechte Verteilung der kooperativ erarbeiteten Erträge bemühte Gesellschaft darf sich nicht dem Diktat der Natur unterwerfen. Es darf sich nicht einer naturwüchsigen Entwicklung überlassen, die die Willkür der natürlichen Begabungsausstattungen und die Zufälligkeit der Herkunft in den gesellschaftlichen Bereich hinein verlängert und sozio-ökonomisch potenziert, sondern sie muss die Eigentums- und Besitzordnung gerechtigkeitsethisch überformen.

Eine solche Gerechtigkeitsregel ist etwa das Rawlssche Differenzprinzip. Es verlangt, soziale und wirtschaftliche Ungleichheiten so zu gestalten, dass sie zu jedermanns Vorteil dienen. Dieses Kriterium der allgemeinen Vorteilhaftigkeit gilt dann als erfüllt, wenn die Schlechtestgestellten bessergestellt sind als in einem Zustand der Gleichverteilung. Rawls expliziert den Sinn des Differenzprinzips als Übereinkommen, die Talente und Begabungen der Gesellschaftsmitglieder gleichsam als Gemeineigentum, als kollektiven Ressourcenbesitz zu betrachten, dessen Ertrag dann gerecht zu verteilen ist. Man kann es auch als Prinzip der Anonymisierung der konstitutiven Beiträge am gesellschaftlichen Gesamtertrag bezeichnen, da der individuelle Beitrag eben aufgrund der Zufälligkeit der Eigenschaften der Individuen keinerlei gerechtigkeitstheoretisch relevante Auswirkungen auf die Höhe des individuellen Ertrags hat. Was die Individuen berechtigt erwarten können, hat nichts mit ihrer individuellen Leistung zu tun, sondern wird durch die Regeln der Verteilungsgerechtigkeit festgelegt. Eigentum verliert in dieser Konstruktion seine freiheitsrechtliche Selbständigkeit. Seine Schutzfunktionen gehen verloren. Seine Rechtsnatur verschwindet hinter einer dominanten Pflichtnatur. Man kann geradezu von einer egalitaristischen Immanenztheorie des Eigentums sprechen. Es ächzt unter gerechtigkeitsethischen Bewährungsauflagen. Nur Gemeinnützigkeitsnachweise lassen es am Leben. Die Gesellschaft wird zur Treuhandgesellschaft, die die Leistungen und ihre Erträge wie ein Wertdepot verwaltet und auf günstige kompensationspolitische Verwertungsbedingungen bedacht ist. Und sozio-ökonomische Ungleichheit ist nur in dem Maße gerechtfertigt, wie sie Leistungsanreize schafft und dadurch diese Verwertungsbedingungen optimiert. Jede unproduktive Ungleichheit hingegen muss durch geeignete Redistributionsverfahren getilgt werden.

Die Konzeption der egalitären Verteilungsgerechtigkeit zerstört nicht nur das Eigentum, sie zerstört auch die dem Eigentum zugrundeliegende Anthropologie. Die Egalitaristen wollen, dass die Leistung ihren Lohn empfängt – darin zeigt sich ihr liberales Erbe. Sie wollen aber auch die gerechtigkeitstheoretische Neutralisierung aller vorgegebenen Ungleichheiten, die die Subjekte in ihrer unterschiedlichen Natur, in ihren unterschiedlichen sozialen Startpositionen und auch noch während des Verlaufs der Lebenskarrieren vorfinden. Daher müssen sie auf die illusionäre Idee verfallen, einen selbstverantwortlichen abstrakten Persönlichkeitskern aus der Hülle seiner natürlichen und sozialen Vorgegebenheiten herauszuschälen. Alles das, was in dem starken Sinne kontingent ist, dass es auch in anderer Form um uns und in uns vorgefunden werden könnte, wird damit der politisch-egalitären Bewirtschaftung unterstellt, wird zum Gegenstand steuerpolitischer Abschöpfung oder kompensatorischer Zuwendung. Aber wir sperren uns dagegen, dass unsere Begabungen und Fertigkeiten uns nicht zugesprochen werden, und betrachten es als eine Form von Enteignung, wenn sie lediglich als von uns nur treuhänderisch verwaltete Gemeinschaftsressourcen angesehen werden, deren Ertrag gänzlich zur gerechtigkeitsstaatlichen Verteilungsdisposition steht. All das, was die Theorie der Verteilungsgerechtigkeit als natürlich und sozial Zufälliges, Willkürliches und Kontingentes der gerechtigkeitspolitischen Egalisierung überantwortet, das macht uns aus, das prägt unseren Charakter, unsere Persönlichkeit, unsere Identität, all das sind wir. Ich kann doch nicht darum einen Anspruch auf staatliche Transferleistungen erheben, weil ich ich bin, und kein Anderer, Erfolgreicherer, mit besseren natürlichen und sozialen Startvoraussetzungen Ausgestatteter.

Die Theorie der egalitären Gerechtigkeit ist politisch und philosophisch gleichermaßen desaströs und nicht im mindesten geeignet, der vagen Formel von der Sozialpflichtigkeit des Eigentums ein solides konzeptuelles Fundament zu geben. Die Schwächen einer egalitären Deutung der Sozialpflichtigkeitsformel hängen wesentlich damit zusammen, dass diese Konzeption den Versuch unternimmt, aus der rechtsstaatlichen Verpflichtung zur Gleichbehandlung eine sozialstaatliche Verpflichtung zur Gewährleistung einer materialen Gleichausstattung zu keltern. Will man der Sozialpflichtigkeit des Eigentums einen Sinn geben, der zugleich auch das Sozialstaatskonzept mit einem normativen Hintersinn versieht, dann muss man von der Vorstellung materialer Gleichheit völlig absehen. Dann muss man auf genau die normativen Ausgangsgrößen zurückgreifen, die durch den gleichheitshypertrophen Sozialstaat marginalisiert und um ihren normativen Eigenwert gebracht werden. Dann muss man den Sozialstaat auf einen erweiterten Freiheitsbegriff und auf einen erweiterten Eigentumsbegriff stellen.

Die geschichtliche Entwicklung des politischen Bewusstseins in unserem Kulturbereich ist charakterisiert durch ein wachsendes Verständnis der Wichtigkeit institutioneller Lebensvoraussetzungen. Der Anspruch an die konstitutionellen Rahmenbedingungen individueller Lebensplanung ist in der individualistischen Moderne darum stetig gestiegen: vom Sicherheitsstaat über den Rechts- und Verfassungsstaat zum Sozialstaat ging der Weg. Hinter dieser Ausweitung steht die Einsicht, dass selbstbestimmte und eigenverantwortliche Lebensgestaltung, dass die Wahrnehmung des Freiheitsrechts an materielle Voraussetzungen gebunden ist. Nicht nur die Diktatur kann das Freiheitsrecht zur Makulatur machen. Auch im Zustand der ökonomischen Mittellosigkeit verliert das Freiheitsrecht seinen Wert. Damit wird aber aus der Grammatik unserer ethisch-politischen Selbstverständigung das menschenrechtliche Herzstück herausgebrochen. Hinreichender Ressourcenbesitz besitzt offenkundig den Rang einer freiheitsermöglichenden Bedingung, hinreichender Ressourcenbesitz ist Voraussetzung von Recht, personaler Würde und bürgerlicher Existenz. Zumindest dann gilt dieser Ermöglichungszusammenhang zwischen dem immateriellen Zentralgut des Rechts und einem materiellen Zentralgut hinreichenden Ressourcenbesitzes, wenn wir das Recht nicht nur im Lichte des status negativus, als Abwehrrecht betrachten, sondern uns auf die in den normativ-individualistischen Begriff der Menschenrechtsordnung eingelassene und auch das Eigentum anthropologisch begründende normative Leitvorstellung einer eigenverantwortlichen, zur selbstbestimmten Lebensführung fähigen Person beziehen. Angesichts dieser operationalen Abhängigkeit des Freiheitsrechts von hinreichendem materiellen Güterbesitz muss eine menschenrechtsbegründete und darum gerechte Ordnung auch Vorkehrungen gegen Mittellosigkeit treffen und eine zumindest basale Versorgung mit einem Ersatzeinkommen im Falle wie auch immer verursachter Erwerbsunfähigkeit sicherstellen. Die menschenrechtliche Verpflichtung zur Rechtsstaatlichkeit treibt offenkundig aus sich selbst eine freiheitsrechtliche Verpflichtung zur Sozialstaatlichkeit hervor. Denn menschenrechtlich verbürgte Freiheit ist immer von zwei Voraussetzungen abhängig: nicht nur von dauerhafter, verlässlicher Gewaltabwesenheit, sondern eben auch von hinreichendem Mittelbesitz. Und da die Erfüllung beider Voraussetzungen von einander kausal unabhängig ist, muss die Institutionalisierung des menschenrechtlichen Liberalismus, muss die Gerechtigkeit auch für die Erfüllung beider Voraussetzungen gesondert Sorge tragen. Daher muss die staatliche Ordnung auch durch Umverteilung Mittel bereitstellen, um den Mittellosen und Selbstversorgungsunfähigen die erforderlichen Ressourcen für ein an der Gesellschaft teilhabendes Leben zu verschaffen.

Mein zweites Argument macht von dem Gebrauch, was man den Standardaristotelismus des gesunden Menschenverstandes nennen könnte. Sein Kernstück ist die These von der dialektischen Interdependenz von Individuation und Sozialisation. Er betont die Sozialnatur des Menschen und die Abhängigkeit seiner Entwicklung von stabilen, gedeihlichen Sozialbeziehungen. Er erinnert an die Trivialität, dass sich Menschen erst in der Gemeinschaft vervollständigen, dass die Selbstverwirklichung der Individuen nur im Gleisnetz der selbstbestimmten Handlungen anderer möglich ist. Gesellschaftliche Kooperation hat viele Facetten; neben der gütermehrenden ökonomischen Kooperation gibt es auch die identitätsbildende ethische oder perfektionistische Kooperation. Wir alle sind Nutznießer der gesellschaftlichen Kooperation auf mehreren Ebenen. Und ohne das gedeihliche Klima einer entwicklungsfreundlichen Kooperation könnten wir grundsätzlich nicht die Anlagen, Fähigkeiten und Talente zur Entfaltung bringen, die in uns schlummern. Es bietet sich darum an, den Rawlsschen Gesamtbesitz-Gedanken umzukehren, ihn gegen den Strich zu lesen. Die Gesellschaft ist nicht die ideelle Gesamtbesitzerin aller Talente, Fähigkeiten und Fertigkeiten ihrer Mitglieder, sondern die Mitglieder benutzen die Gesellschaft für ihre privaten Zwecke. Und auch hier ist es so, dass gerade die Hochtalentierten von der Gesellschaft profitieren, denn nur eine komplexe, ausdifferenzierte Gesellschaft mit hochentwickelten wissenschaftlichen, künstlerischen und technisch-wirtschaftlichen Sektoren enthält die erforderlichen perfektionistischen Anreize und Herausforderungen, kann der außergewöhnlichen Begabung ein geeignetes Entwicklungsmilieu bieten. Insofern korrespondiert der Besserstellungsabgabe der wirtschaftlich Erfolgreichen im Rahmen des Talentpool – Gedankens eine Benutzungsabgabe für gesellschaftliche Talententwicklung und Begabungstraining im Rahmen des Gedankens gesellschaftlicher Entwicklungshilfe.

In dem Gedanken der Benutzungsgebühr ist die Überlegung enthalten, dass der wirtschaftlich und karrierepolitisch erfolgreiche Einsatz der natürlichen Fähigkeiten, Talente und Begabungen ebenso wie die positive Verzinsung günstiger sozialer Startbedingungen abhängig von einem gut funktionierenden, hinreichend ausdifferenzierten und politisch stabilen, durch allgemeine Anerkennung getragenen sozio-ökonomischen Kooperationssystem ist. Ebenso wie eine Wachstumsökonomie dem Kapital gute Verwertungsmöglichkeiten bietet, bietet ein entwickeltes gesellschaftliches Kooperationssystem den individuellen Anlagen, Talenten und Begabungen gute Entfaltungsbedingungen, für die eine Benutzungsgebühr zu entrichten ist.

Diese Argumentation führt zu einer nüchternen, unpathetischen Auslegung der Sozialpflichtigkeitsformel. Die Vorstellung, dem Eigentum wohne eine spezifische, eben eigentumsspezifische, zu allen sonstigen Rechtspflichten noch hinzutretende Verpflichtungsdimension inne, ist zurückzuweisen. Sozialpflichtig ist das Eigentum nicht, weil es ein allgemeines Bestes gibt, dessen Forderungen alle konkurrierenden individuellen Rechte und Interessen übertrumpft. Sozialpflichtig ist das Eigentum auch nicht, weil es für die Finanzierung der aufwendigen kompensatorischen Gleichheitsprogramme der Verteilungsgerechtigkeit in Anspruch genommen werden muss. Und auch darum ist das Eigentum nicht sozialpflichtig, weil aufgrund der Kontingenz aller menschlichen Lebensumstände niemand das, was er besitzt und verdient, sich verdient hat und deswegen in eine gerechte Verteilung einspeisen muss. Diese Lesarten binden die Sozialpflichtigkeit an normative Voraussetzungen, die zurückgewiesen werden müssen, weil sie mit den Basisvorstellungen des normativen Individualismus nicht vereinbar sind. Wollen wir hingegen eine mit diesen Basisvorstellungen des normativen Individualismus konsistente Lesart der Sozialpflichtigkeitsformel des Eigentums, dann bietet sich die Konzeption eines liberalen, in der politischen Solidarität der Bürger verankerten Sozialstaats an, der durch moderate und bedürfnisorientierte Versorgungsleistungen den Ausschluss selbstversorgungsunfähiger Mitbürger aus der Gesellschaft verhindert.

Ich fasse zusammen. In meinen rechtsphilosophischen Bemerkungen zu den ersten beiden Absätzen des Eigentumsartikels des Grundgesetzes habe ich im Rahmen eines allgemeinen kantisch-liberalen Theoriekonzepts zu zeigen versucht, dass erstens das Eigentum eine rechtlich notwendige, im Freiheitsrecht verankerte, den Staat zur Gewährleistung verpflichtende Institution ist; dass zweitens das Eigentum der gesetzlichen Bestimmung bedarf, um rechtliches Profil zu erhalten und freiheitsrechtliche Wirksamkeit entfalten zu können; dass drittens die Sozialbindung des Eigentums ein an den Gesetzgeber adressierter Auftrag ist, sich bei seiner Bestimmung des Inhalts und der Schranken des Eigentums sowohl an systemeigenen Konsistenzprinzipien als auch an grundlegenden sozialstaatlichen Prinzipien zu orientieren; und dass viertens akzeptable, weil mit dem normativen Grundlagenindividualismus unseres politisch-moralischen Selbstverständigungssystems übereinstimmende sozialstaatliche Prinzipien ausschließlich Prinzipien einer liberalen, auf jede Gleichheitsmetrik verzichtenden, lediglich auf die Freiheitsgefährdungen der Mittellosigkeit reagierenden politischen Solidarität sind. Und dass die damit verbundenen Umverteilungszumutungen auch aus der Perspektive von Freiheit und Eigentum gerechtfertigt werden können, habe ich in einem fünften, letzten Schritt zu zeigen versucht.

Soziale Sicherheit durch Eigentum
Abwägung zwischen Eigentumsschutz und Sozialpflichtigkeit

Johann Eekhoff

I. Einführung

Privates Eigentum ist nicht nur eine Voraussetzung dafür, in der Gesellschaft und im Wirtschaftsleben Verantwortung zu übernehmen. Eigentum dient auch der Absicherung gegen vielfältige Lebensrisiken. Das spricht dafür, Möglichkeiten zur Eigentumsbildung zu eröffnen und das Eigentum zu schützen. Gleichzeitig gibt es eine Reihe von Aufgaben in einer Gesellschaft, die gemeinsam getragen und finanziert werden müssen. Dadurch entsteht ein Konflikt zwischen dem Schutz des Eigentums und den hinzunehmenden Einschränkungen und Belastungen. Die Vorstellungen über zulässige Eingriffe des Staates in die Eigentumsrechte der Bürger gehen immer noch weit auseinander.

Während es bei der Aufgabe der sozialen Mindestsicherung und der damit verbundenen Umverteilung einen breiten Konsens gibt, was sich insbesondere in dem über viele Jahre entwickelten System der Sozialhilfe zeigt, fehlt es in der Frage der allgemeinen Umverteilung und der Finanzierung vieler öffentlicher Versicherungssysteme, Infrastrukturmaßnahmen, Kultur- und Bildungsaufgaben, Wirtschaftsförderungsaktivitäten usw. weitgehend an allgemein akzeptierten Prinzipien für die Abwägung zwischen Eigentumsschutz und Sozialpflichtigkeit. Erst in jüngster Zeit hat das Bundesverfassungsgericht mit dem Halbteilungsgrundsatz eine vergleichsweise konkrete Norm definiert, durch die das Eigentum gegen eine überzogene steuerliche Belastung geschützt wird. Vergessen wird in dieser Diskussion häufig, dass es sich nicht nur um eine Abwägung von Grundrechten handelt. Der Vermögensstock ist keine statische Größe, und der Schutz des Eigentums hat eine entscheidende Bedeutung für die Anstrengungen der Bürger, Vermögen zu bilden und zu erhalten. Der Umfang des Kapitalstocks ist ein wesentlicher Faktor für die wirtschaftlichen Möglichkeiten der Bürger eines Landes. Schließlich geht es darum, Eigentümer mit gleichem Einkommen und Vermögen gleich zu behandeln, also die Leistungsfähigkeit der Eigentümer einigermaßen korrekt zu erfassen und die steuerliche Belastung daran zu orientieren. Das ist in der Praxis schwerer zu erreichen, als es auf den ersten Blick scheint. Eine der hier vertretenen Thesen lautet, dass das geltende Steuersystem diskriminierend, insbesondere zu Lasten der Sparer wirkt.

II. Soziale Sicherung

Unter sozialer Sicherung wird in der Regel eine Mindestsicherung aller Bürger verstanden. Gemeint ist im Kern eine Sicherung gegen Armut oder positiv gewendet die Gewährleistung eines Mindestlebensstandards. Dafür ist zunächst jeder Bürger selbst verantwortlich. Eine der wichtigsten Möglichkeiten, sich und seine Familie gegen Armutsrisiken in bestimmten Lebensphasen zu sichern, ist die Vermögensbildung, der Erwerb von Eigentumsrechten. Eine soziale Mindestsicherung auch der Personen, die dies aus eigener Kraft nicht schaffen, gehört zu den anerkannten Prinzipien demokratischer Rechtsstaaten. Wenn von einer Sozialen Marktwirtschaft gesprochen wird, soll damit ausgedrückt werden, dass ein marktwirtschaftliches System der ergänzenden Mindestsicherung durch den Staat bedarf. In der Institutionenökonomie, in der man sich gern hinter den Schleier der Ungewissheit zurückzieht, wird sorgfältig begründet, warum es rational ist, sich in einer Gesellschaft darauf zu verständigen, dass jedem Bürger die materielle Grundlage für eine Mindestlebensqualität gewährleistet wird. Schwieriger als sich auf das Prinzip der Mindestsicherung zu verständigen ist es, das Niveau festzulegen. Unstreitig dürfte sein, dass es nicht um ein absolutes Existenzminimum, sondern nur um eine am gesamtgesellschaftlichen Wohlstand, am allgemeinen Lebensstandard orientierte Mindestsicherung handeln kann. Auch aus diesem Grund ist es unumgänglich, das Niveau von Zeit zu Zeit an die veränderten wirtschaftlichen und gesellschaftlichen Bedingungen anzupassen.

1. Das Konzept der Sozialhilfe

Als konkretes Mindestsicherungssystem hat sich in Deutschland die Sozialhilfe entwickelt – ein hervorragendes System, das vielfach verkannt und leider ständig diskreditiert wird. In unverantwortlicher Weise wird immer wieder die politische Devise ausgegeben, einzelnen Gruppen wie den Rentnern oder den Kranken oder den Beziehern von Arbeitslosenhilfe müsse der Gang zum Sozialamt erspart werden. Solchen Gruppen werden zusätzliche soziale Leistungen gewährt, oder sie werden von Pflichten befreit, die den Empfängern von Sozialhilfe aus wohlerwogenen Gründen auferlegt sind. Wenn solche Bestrebungen und Maßnahmen Ausdruck der Unzufriedenheit mit den Leistungen der Sozialhilfe sind, wäre es Aufgabe der Politiker, die Leistungen allgemein zu verbessern, nicht aber einzelne Gruppen in willkürlicher Weise zu begünstigen und andere zu benachteiligen. Wie sieht das Konzept der Sozialhilfe tatsächlich aus?

a) Subsidiaritätsprinzip

Wenn ein Bürger seinen Pflichten, sich und seine Familie zu ernähren sowie den Staat zu unterhalten, nicht nachkommen kann, wird ihm zunächst der Beitrag zum Unterhalt des Staates erlassen. Er braucht keine Steuern zu zahlen. Reichen seine eigenen Mittel nicht einmal aus, seinen Lebensunterhalt zu bestreiten, springt die

Sozialhilfe ein und ergänzt die vorhandenen Mittel so weit, dass ein Mindestlebensstandard nicht unterschritten wird. Der Bürger hat sich aber nach Kräften zu bemühen, für sich und seine Familie zu sorgen. Seine Arbeitsleistung wird nicht durch zusätzliche Anreize belohnt, sondern es gehört zu seinen Bürgerpflichten, seine Leistungskraft in vollem Umfang einzubringen und die Gesellschaft möglichst wenig in Anspruch zu nehmen. Verletzt er diese Pflichten, indem er sich beispielsweise weigert, einer Beschäftigung nachzugehen, kann die Sozialhilfe gekürzt oder vollständig gestrichen werden.

b) Langfristige Leistungsfähigkeit als Maßstab der Bedürftigkeit

Jeder Bürger ist grundsätzlich verpflichtet, für Risiken selbst vorzusorgen. Deshalb hat er nach dem Konzept der Sozialhilfe zunächst eigenes Vermögen einzusetzen, bevor die Gesellschaft ihn unterstützt. Soweit also in der Vergangenheit Vermögen gebildet werden konnte, dient es dazu, Notlagen und Risiken aufzufangen. Wenn darauf verzichtet wird, den Verkauf einer angemessenen eigenen Wohnung zu erzwingen, hat das im Wesentlichen pragmatische Gründe. Die grundsätzliche Verpflichtung, eigenes Vermögen für den Lebensunterhalt einzusetzen, wird damit nicht aufgehoben. Das Konzept reicht in ähnlicher Weise auch in die Zukunft. Wer Sozialhilfe bezogen hat und künftig wieder ein Einkommen erzielt, das die Kosten des unmittelbaren Lebensunterhalts übersteigt, ist grundsätzlich verpflichtet, die empfangene Sozialhilfe zurück zu zahlen. Allgemein ausgedrückt: Die Sozialhilfe orientiert sich nicht am Monats- oder Jahreseinkommen, sondern am Lebenseinkommen. Wer in verschiedenen Lebensphasen so viel verdient, dass damit der Lebensunterhalt über den gesamten Lebenszyklus bestritten werden kann, hat keinen Anspruch auf Sozialhilfe.

c) Keine Förderung der Vermögensbildung

Die Sozialhilfe greift in der konkreten Notsituation. Nach den Grundsätzen der Sozialhilfe sind alle eigenen Mittel einschließlich des vorhandenen Vermögens und der Unterstützung durch unmittelbare Angehörige einzusetzen, bevor die Hilfe der Gesellschaft in Anspruch genommen wird. So lange eine akute Notlage besteht, hat der Sozialhilfeempfänger nicht die Möglichkeit, Ersparnisse für eine denkbare künftige Bedürftigkeit zu bilden. Die Sozialhilfe deckt nur die Lücke zwischen den eigenen Mitteln und dem Lebensnotwendigen ab. Sie ist kein Programm zur Bildung von Vermögen, auch nicht um eine zukünftige Abhängigkeit von Sozialhilfe bzw. eine zukünftige Belastung der übrigen Mitglieder der Gesellschaft zu vermeiden. Eine Förderung der Vermögensbildung von Sozialhilfeempfängern steht in einem logischen Widerspruch zum Sozialhilfekonzept: Wer Sozialhilfeempfänger wird, muss grundsätzlich bereits sein gesamtes Vermögen eingesetzt haben. Er darf also kein Vermögen besitzen. Dann stößt eine Förderung der Vermögensbildung bei diesem Personenkreis ins Leere, weil alle zufließenden Mittel zuerst für den Lebensunterhalt eingesetzt werden müssen und die Sozialhilfe entsprechend gekürzt wird.

Es macht auch keinen Sinn, den übrigen Bürgern zusätzliche Mittel abzuverlangen, damit Sozialhilfeempfänger mit Blick auf potentielle künftige Notsituationen Vermögen bilden können, so lange ungewiss ist, ob der gegenwärtige Sozialhilfeempfänger später tatsächlich in eine Notlage gerät und ob nicht die Person, die heute zu Abgaben herangezogen wird, die also heute Eigentumsverzicht üben soll, nicht später selbst bedürftig wird. Zudem ist eine Vermögensbildung der Sozialhilfeempfänger auch nicht mit dem Prinzip der Rückzahlungspflicht vereinbar. Nach diesem Prinzip muss ein Sozialhilfeempfänger, der Vermögen erbt oder dem es gelingt, durch eigene Leistung aus der Notsituation herauszukommen und wieder ein ordentliches Einkommen zu erzielen, die bereits empfangene Sozialhilfe zurückzahlen.

Es ist festzuhalten, dass die Förderung der Vermögensbildung als eine Umverteilung zwischen verschiedenen Bürgern zu sehen ist. Einem Teil der Bürger wird Eigentum entzogen und einem anderen Teil der Bürger wird dieses Eigentum – an den gleichen Vermögenswerten – zuerkannt. Die Besteuerung bzw. der Eigentumsentzug geht über den Umfang hinaus, den die Gesellschaft braucht, um die allgemein akzeptierte Sicherung des Mindestlebensstandards hilfsbedürftiger Bürger zu gewährleisten. Fazit:

- Die soziale Mindestsicherung in der Form der Sozialhilfe erfordert Steuereinnahmen und damit einen Eingriff in die Eigentumsrechte der Steuerzahler. Die Abwägung zwischen dem Schutz des Eigentums und der Unterstützung Hilfsbedürftiger fällt vom Grundsatz her insoweit eindeutig aus, als eine Mindestsicherung der Personen gewährleistet werden muss, die kein ausreichendes Einkommen oder Vermögen besitzen. Die Schwierigkeiten entstehen eher bei der Frage des Niveaus.
- Wenn die Bedingungen der sozial Schwachen verbessert werden sollen, muss der Mindestlebensstandard überdacht werden.
- Zum Konzept der Sicherung eines Mindestlebensstandards für alle Bürger, wie es mit der Sozialhilfe angestrebt wird, passt keine Förderung der Vermögensbildung im Sinne der Umverteilung von Eigentumsrechten zugunsten der Sozialhilfebezieher. Eigene Mittel sind vorrangig vor öffentlichen Mitteln für den Lebensunterhalt heranzuziehen.
- Die Belastung der Bürger mit Steuern, also der Entzug von Eigentum, ist nicht damit zu rechtfertigen, dass die Eigentumsbildung von Sozialhilfebeziehern gefördert werden soll.

2. Gesetzliche Pflicht zur Mindestabsicherung

Die soziale Absicherung bleibt letztlich der Sozialhilfe überlassen. Die für die Umverteilung notwendigen Mittel werden über das allgemeine Steuersystem bereitgestellt. Bei den sogenannten Sozialversicherungen handelt es sich dagegen prinzipiell nicht um Umverteilungssysteme, sondern um Versicherungen, deren Leistungen durch Beiträge der Versicherten finanziert werden. Gerade in jüngster

Zeit wird immer deutlicher, dass die Umverteilungselemente in diesen Systemen völlig unzureichend an der Bedürftigkeit der Begünstigten und an der Leistungsfähigkeit der Belasteten ausgerichtet sind, weil sie nicht an der wirtschaftlichen Situation der Versicherten, sondern lediglich am Lohneinkommen ansetzen. Viele Bestrebungen gehen zu Recht dahin, wieder zwischen Versicherung und Umverteilung zu trennen und die Umverteilung dem dafür wesentlich besser geeigneten allgemeinen Steuer- und Transfersystem anzuvertrauen.

Worin liegt der Sinn solcher von Umverteilungsaufgaben befreiter Versicherungen? Und warum verpflichtet der Staat seine Bürger, solche Versicherungen abzuschließen? Wenn es eine soziale Mindestsicherung gibt, verringert sich der Anreiz der Bürger, selbst für die Lebensrisiken vorzusorgen, insbesondere wenn es dem Bürger trotz aller Anstrengungen lediglich gelingt, in allen Lebensphasen knapp oberhalb des Sozialhilfeniveaus zu bleiben. Wie erwähnt basiert die Idee der Mindestsicherung auf der Vorstellung, dass jeder Bürger zunächst seine volle Leistungskraft einsetzt, um die Lebensrisiken zu bewältigen. Das bedeutet auch, dass er, sobald es ihm möglich ist, Vermögen bildet, um Einkommensrisiken oder besonders hohe Belastungen durch Vermögensverluste, Unfälle, Krankheit, Pflegebedürftigkeit usw. auffangen zu können, oder dass er sich gegen diese Risiken versichert.

Das Abzweigen von Einkommensteilen für die Risikovorsorge steht aber in ständigem Konflikt zu den aktuellen Konsumwünschen. Die Abwägung zwischen den beiden Verwendungsmöglichkeiten des Einkommens fällt in einer Gesellschaft mit einer verlässlichen und vergleichsweise großzügigen Mindestabsicherung eher zugunsten des Konsums aus als in einer Situation ohne Absicherung durch die Gesellschaft. Denn wer sein jeweiliges Einkommen vollständig verbraucht und kein Vermögen bildet, kann kein eigenes Vermögen verlieren, sondern kann darauf hoffen, dass ihm von der Gesellschaft geholfen wird, wenn er in Schwierigkeiten gerät. Die Gesellschaft sollte aber nur in Anspruch genommen werden, wenn ein Bürger nicht selbst vorsorgen kann, wenn seine Leistungsfähigkeit über einen längeren Zeitraum nicht ausreicht, für Notfälle vorzusorgen.

Um nun zu verhindern, dass ein Bürger Entscheidungen zu Lasten der Gesellschaft trifft, kann es sinnvoll sein, ihn zu verpflichten, sich insbesondere gegen große Risiken wie Krankheit, Pflegebedürftigkeit und Altersarmut abzusichern. Solche Versicherungspflichten dürfen allerdings nur in dem Maße auferlegt werden, wie sie zur Absicherung des Sozialhilfeniveaus erforderlich sind. Dann ist sicher gestellt, dass die eigene Versicherung eintritt und nicht der Steuerzahler. Die häufig geforderte Lebensstandardsicherung, also die Möglichkeit, im Alter so weiter zu leben wie in der Erwerbsphase, lässt sich nicht mit der Absicherung der Sozialhilfe begründen. Abgesehen davon dürfte es schwer fallen, überhaupt eine Versicherungspflicht in diesem Umfang zu begründen. Auf die Sozialhilfe kann der Bürger zurückgreifen, wenn er seinen Lebensunterhalt – gegebenenfalls einschließlich der Versicherungsprämien – nicht bezahlen kann.[1] Durch die Versicherungspflicht ist aber sicher gestellt, dass überhaupt Versicherungen abgeschlossen und die Beiträge in Phasen mit normalem Einkommen von dem Versicherten gezahlt werden. Wie der einzelne Bürger seine Absicherungspflicht erfüllt, sollte ihm überlassen bleiben. Beispielsweise muss es zulässig sein, vorhandenes Vermögen einzusetzen und Vermögen zu bilden, das für Risikofälle und als Altersvorsorge gebunden wird. Fazit:

- Die Versicherungs- bzw. Absicherungspflicht auf dem Niveau der Sozialhilfe dient nicht der Einkommensumverteilung, sondern der Flankierung der Sozialhilfe, indem der einzelne Bürger verpflichtet wird, in den Zeiten, in denen er ein hinreichendes Einkommen erzielt oder auf Vermögen zurückgreifen kann, für die Risiken des Lebens selbst vorzusorgen. Es wird ein Ausgleich über den Lebenszeitraum und damit zwischen Phasen mit hoher und geringer Belastung angestrebt.
- Mit der Versicherungspflicht wird die Eigenverantwortung der Bürger eingefordert. Es handelt sich grundsätzlich nicht um eine soziale Maßnahme, sondern um den Schutz der Gesellschaft gegen Übervorteilung durch einzelne Bürger.

III. Zur Bedeutung der Eigentumsordnung

Unabhängig von der Mindestabsicherung bleibt es dem einzelnen Bürger überlassen, zusätzliche Versicherungen abzuschließen und Vermögen zu bilden, das als Risikopolster dienen kann. Die meisten Bürger möchten in keiner Lebensphase auf das Sozialhilfeniveau zurückfallen. Tatsächlich sind nur gut drei Prozent der Bürger auf Sozialhilfe angewiesen. Ein großer Teil der Vermögensbildung spielt sich also oberhalb des Mindestsicherungsniveaus ab, zumal die meisten Menschen das Mindestniveau in den bestehenden obligatorischen Umlagesystemen abgesichert haben. Aufgrund der demographischen Probleme geraten die bestehenden Umlagesysteme allerdings zunehmend in Schwierigkeiten. Um diese Systeme zu entlasten und um die verringerte Leistungsfähigkeit zu kompensieren, bleibt nur der Weg, verstärkt auf die Kapitaldeckung überzugehen, also Vermögen zu bilden.

Somit stellt sich für die weit überwiegende Anzahl der Bürger die Aufgabe, mehr Eigenvorsorge zu treffen und Konsummöglichkeiten in die Zukunft zu verlagern. Als weitere Motive für das Sparen und die Eigentumsbildung mögen die Absicherung der Kinder, die Sicherung eines eigenen Unternehmens usw. hinzukommen. Das wichtigste Instrument für die zeitliche Verlagerung von Einkommen und

[1] Insbesondere bei einer Krankenversicherung und einer Pflegeversicherung kann es zweckmäßig sein, im Rahmen der Sozialhilfe die Versicherungsprämien zu übernehmen, statt die Krankheits- und Pflegkosten unmittelbar zu tragen. Die Rentenversicherung als eine Form der Einkommenssicherung und Vermögensbildung sollte dagegen in der Zeit des Bezugs von Sozialhilfe ausgesetzt werden.

Konsummöglichkeiten in die Zukunft ist die eigenverantwortliche private Vermögensbildung. Sie setzt eine verlässliche Eigentumsordnung voraus, und sie hängt in erheblichem Maße davon ab, inwieweit der Staat mit Steuern auf das Eigentum zugreift.

1. Eigentumsrecht am Einkommen und Vermögen

Im Zusammenhang mit der Vermögensbildung stößt man auf die Kontroverse, ob Kapitalerträge besteuert werden sollten oder ob der Bürger, der Teile seines Einkommens spart, seiner Steuerpflicht schon genügt, wenn das Vermögen aus bereits versteuertem Einkommen gebildet wird. Letztlich geht es um die Frage, wie stark der Staat in das Eigentum des Bürgers eingreift und ob er die Bürger gleich behandelt, also die Steuern nach der Leistungsfähigkeit bemisst. Diese Frage nach der Besteuerung von Einkünften, die nicht sofort konsumiert werden, hat in jüngster Zeit an Bedeutung gewonnen, weil die Diskussion über eine Abgeltungssteuer und über eine Harmonisierung der Besteuerung von Kapitalerträgen in Europa von unterschiedlichen Grundprinzipien ausgeht, weil mit dem Alterseinkünftegesetz der Weg zu einer Einmalbesteuerung der Renten in der Form der nachgelagerten Besteuerung angestrebt wird und weil die Ersparnisse im Rahmen der Riesterrente ebenfalls nur einmal, nämlich nachgelagert, besteuert werden. Da die nachgelagerte Besteuerung einer vorgelagerten Besteuerung mit einer Steuerbefreiung des Normalzinses äquivalent ist, implizieren diese gesetzlichen Änderungen den Verzicht auf eine Besteuerung von Kapitalerträgen zumindest im Rahmen der Altersvorsorge.

Es besteht kein prinzipieller Unterschied zwischen dem Einkommen und dem Vermögen. Das Vermögen eines Bürgers ist Ausdruck seiner Konsummöglichkeiten. Der Eigentümer kann das gesamte Vermögen unmittelbar für den Konsum in der laufenden Periode nutzen. Er kann es aber auch für den Konsum in späteren Perioden nutzen. Und er kann die Konsummöglichkeiten verschenken oder auf die Erben übertragen. Immer repräsentiert der Vermögenswert die potentiellen Konsummöglichkeiten. Als Einkommen werden die Vermögenswerte angesehen, die innerhalb einer bestimmen Periode, in der Regel innerhalb eines Jahres, erarbeitet werden. Diese Vermögenswerte, die als Entgelt für die Arbeitsleistung übertragen werden, gehen unmittelbar in den Vermögensbestand des Eigentümers über. Die erzielten Arbeitseinkommen erhöhen also das Vermögen und damit die Konsummöglichkeiten. Dieser Vermögenszuwachs wird allgemein der Einkommensteuer unterworfen.

Wird das Vermögen nicht unmittelbar für den Erwerb von Konsumgütern ausgegeben und damit noch in der gleichen Periode verbraucht, können am Markt gegenwärtige Konsummöglichkeiten in künftige getauscht werden. Die Konsummöglichkeiten werden auf künftige Perioden übertragen. In der Regel kann für eine bestimmte Menge eines gegenwärtig verfügbaren Konsumguts eine größere Menge des gleichen Gutes erworben werden, wenn es erst in der Zukunft bereitgestellt werden muss. Der Unterschied zwischen der gegenwärtig verfügbaren Menge eines Gutes und der nach einem Jahr angebotenen Menge des gleichen Gutes kann als Realzins bezeichnet werden. Das ist näher zu erläutern.

Die Austauschrelationen zwischen Gütern heute und Gütern morgen und damit der Realzins werden auf den Gütermärkten bestimmt. Sie hängen ab von den Präferenzen der Menschen, die Gegenwartsgüter besitzen, und von den Produktionsmöglichkeiten dieser und anderer Menschen. Üblicherweise besteht bei den Konsumenten eine Präferenz für einen frühen Konsum. Der Wert eines Pkws, der heute verfügbar ist, wird in aller Regel höher eingeschätzt als der Wert eine technisch gleichen Pkws in zehn Jahren. Die Produzenten, die als Nachfrager nach Gegenwartsgütern auftreten, können normalerweise eine größere Menge an Zukunftsgütern für eine bestimmte Menge des Gegenwartguts anbieten, weil sie die Gegenwartsgüter produktiv einsetzen. Sie können beispielsweise Getreide als Saatgut verwenden und auf diese Weise die Menge unmittelbar vermehren. Sie können einen Pkw in der Produktion anderer Güter einsetzen und dadurch mittelbar die Produktion von Zukunftsgütern steigern. Je günstiger die Produktionsbedingungen, um so mehr Zukunftsgüter können für ein Gegenwartsgut geboten werden, um so höher ist der Realzins (der jährliche Mengenaufschlag).

Zunächst wird weiterhin vom Geld abstrahiert und eine reine Güter- oder Naturalwirtschaft betrachtet. Die Arbeitnehmer werden in Gütern entlohnt. Sie erhalten quasi ihren Anteil an den in einem Unternehmen hergestellten Gütern. Ein Arbeitnehmer in einem landwirtschaftlichen Betrieb erhält beispielsweise 150 t Weizen, ein Arbeitnehmer in einer Automobilfabrik einen Pkw als Jahreslohn. Der Arbeitnehmer in dem landwirtschaftlichen Betrieb wird unmittelbar Eigentümer der Weizenmenge, der Arbeitnehmer in der Automobilfabrik wird Eigentümer des Pkws. Jeder hat ein Vermögen im Wert des Weizens bzw. des Pkws.

Der Naturallohn, also beispielsweise der Pkw, kann gegen andere Güter getauscht werden.

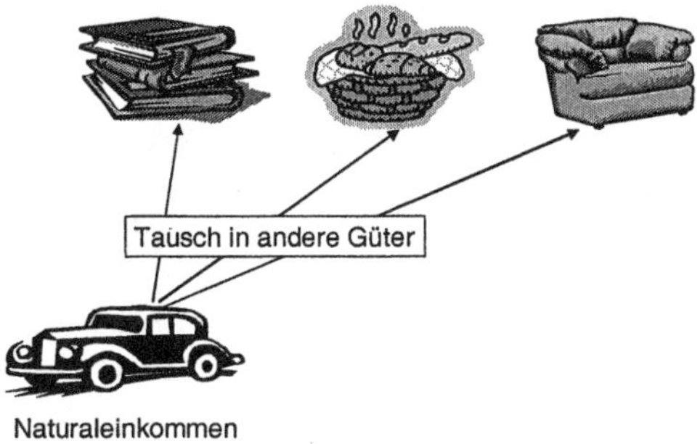

Bei einem Pkw dürfte es gar nicht so einfach sein, einen Tauschpartner zu finden, der genau das Güterbündel anbietet, das der Arbeitnehmer gerne haben möchte. Bei dem anderen Arbeitnehmer ist das einfacher, weil sich die Weizenmenge nahezu beliebig teilen lässt. Für den Eigentümer des Pkws mag es deshalb aus praktischen Gründen sinnvoll sein, den Pkw zunächst gegen Weizen zu tauschen und die angestrebten Konsumgüter jeweils gegen eine Teilmenge des Weizens zu tauschen. Noch einfacher ist es, den Pkw gegen einen bzw. mehrere Gutscheine im Gesamtwert von beispielsweise 30.000 oder gegen einen entsprechenden Geldbetrag abzugeben und die erwünschten Güter gegen Hergabe von Gutscheinen bis zum Wert von 30.000 zu erwerben.

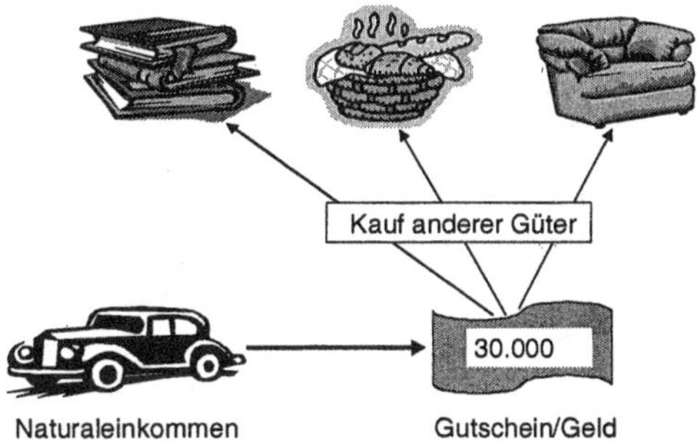

Die Gutscheine verbriefen das Eigentum an einem bestimmten Gut, z.B. an einem Pkw oder an einer bestimmten Menge Weizen. Der Erwerber der Gutscheine (des Geldes) kann also Anspruch auf den Pkw oder die Weizenmenge erheben. Er kann die Gutscheine auch als Tauschmittel zum Erwerb anderer Güter einsetzen. An diesen Beispielen wird deutlich, dass die Gutscheine und das Geld lediglich den Tausch von Gütern erleichtern. Im Vergleich zu den Gutscheinen stellt das Geld die nächste Abstraktionsstufe dar. Es wird nicht mehr das Eigentum an einem bestimmten Gut verbrieft, sondern der Anspruch auf den Wert dieses Gutes. Wer Geldvermögen hält, hat einen Anspruch auf einen entsprechenden Teil der in der Gesamtwirtschaft vorhandenen Güter. Er ist Teileigentümer des realen Vermögens eines Landes. Welche Menge er von einem bestimmten Gut beanspruchen kann, hängt von dem Tauschwert, dem Preis des jeweiligen Gutes ab.

Die Eigentumsposition des Arbeitnehmers hat sich durch den Erwerb von Gutscheinen oder Geld im Austausch gegen einen Pkw bzw. gegen eine bestimmte Menge Getreide nicht geändert. Eigentumsrechtlich ist es deshalb konsequent, den Eigentumsschutz nicht nur auf das unmittelbare dingliche Eigentum, sondern auch auf das sogenannte Forderungsvermögen, also auf Geld und sonstige Forderungen zu erstrecken. Diese Forderungen haben allerdings nur dann einen Wert, wenn dahinter Güter (oder einlösbare Leistungsversprechen) stehen. Statt mit dem Einkommen unmittelbar Konsumgüter in der gleichen Periode zu erwerben, kann der Arbeitnehmer auch Güter kaufen, die erst in künftigen Perioden geliefert und konsumiert werden.

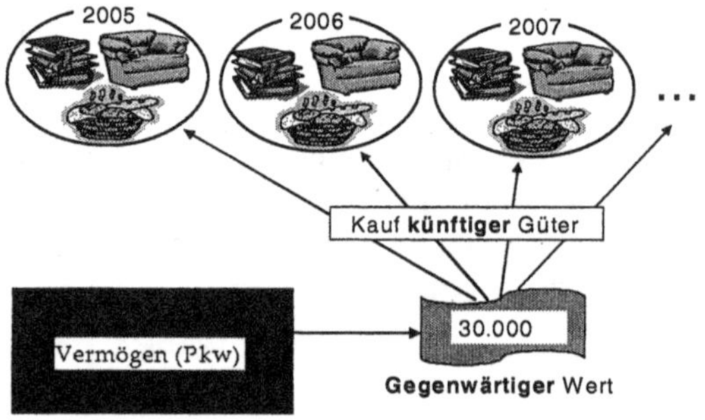

Er kann also die Konsummöglichkeiten in die Zukunft verschieben und quasi Güter per Termin kaufen. Dabei wird er wie erwähnt feststellen, dass er mit dem *gegenwärtig* verfügbaren Geld (dem Einkommen bzw. Vermögen) in der Regel um so größere Mengen eines Gutes kaufen kann, je weiter der Liefertermin in der Zukunft liegt. Die zusätzliche Menge kann als Entschädigung für das Warten gesehen werden. Es ist aber nicht ausgeschlossen, dass mit einem gegebenen Betrag künftig nur eine geringere Menge als in der Gegenwart erworben werden kann. Das Austauschverhältnis zwischen Gegenwartsgütern und Zukunftsgütern wird am Markt bestimmt. Der Arbeitnehmer kann mit dem gegenwärtig verfügbaren Betrag auch eine gleichbleibende jährliche Gütermenge auf lange Zeit oder eine entsprechende Geldleistung – im Grenzfall als ewige Rente – erwerben.

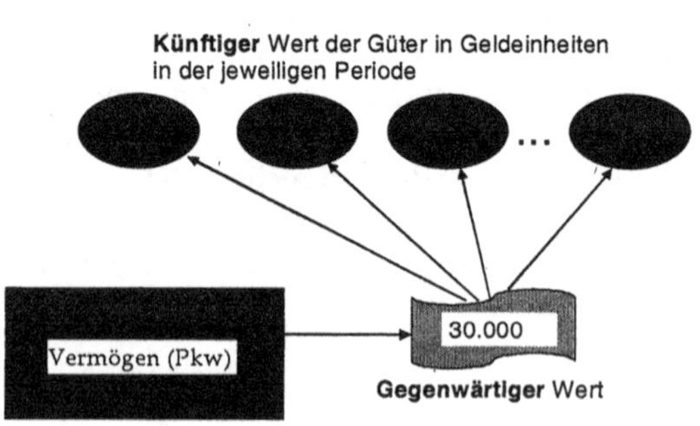

Der Grenzfall ist deshalb interessant, weil der Gegenwert der jährlichen Gütermenge dann genau dem Realzins entspricht. Diskontiert man die jährlichen Erträge (im Grenzfall den Wert des kontinuierlichen Güterstroms), d.h., rechnet man die künftig verfügbaren Güter in Gegenwartsgüter um, so erhält man das ursprüngliche Einkommen bzw. das eingesetzte Vermögen.

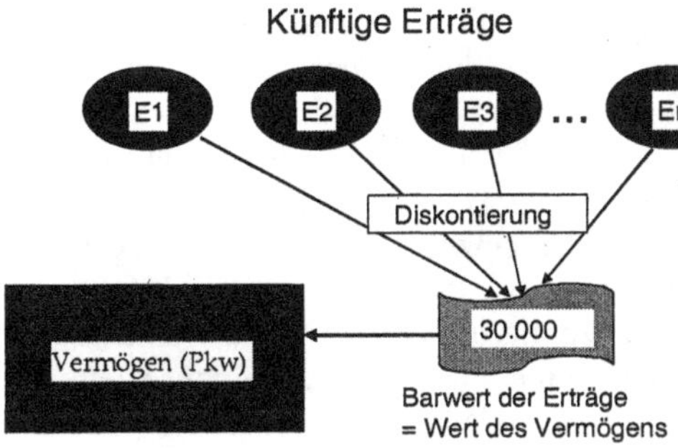

Das gilt bei jeder Investition. Der Barwert der Nettoerträge ist dann gleich dem Wert des investierten Vermögens. Das Eigentum am Geldvermögen, der Anspruch auf reale Güter, kann durch Inflation entwertet werden. Gibt die für die Geldmenge verantwortliche Institution zusätzliche Banknoten aus, ohne dass die Gütermenge zunimmt, dann steigen die Preise und die Eigentümer von Geldvermögen können mit dem gleichen Nominalbetrag nur noch weniger Güter kaufen als bislang.

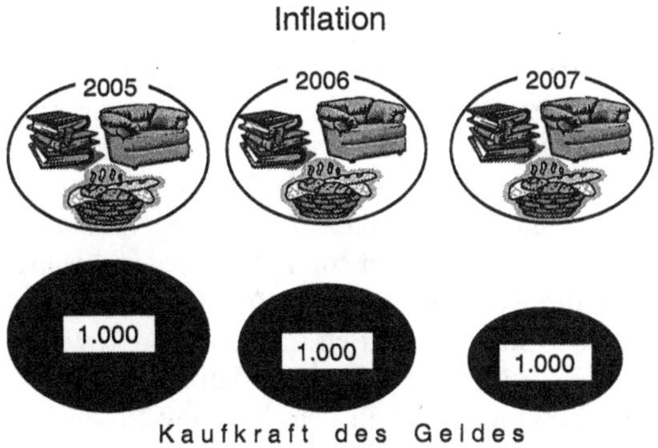

In einer Wirtschaftsordnung, in der Ansprüche auf Güter in der Form von Geld gehalten werden, ist die Sicherung der Geldwertstabilität ein wichtiger Bestandteil der Sicherung der Eigentumsrechte. Von einer Entwertung des Geldes werden vor allem die Personen getroffen, die vorrangig Geldvermögen halten. Das sind insbesondere die ärmeren Personen. Eigentum an Sachvermögen, z.B. unmittelbar an Grundstücken und Gebäuden, sowie mittelbar über Aktien, GmbH-Anteile usw. an Unternehmen wird eher von wohlhabenden Personen gehalten, die das Risiko in einem größeren Portefeuille besser streuen können. Damit kommt einer Politik der Geldwertstabilität besonders unter dem Aspekt der Sicherung kleiner Vermögen ein hoher Rang zu. Die Sicherung des Eigentums an der Geldnote reicht nicht.

2. Steuern als Eingriff in das Eigentum

Der Staat greift mit unterschiedlichen Steuern in das Eigentum seiner Bürger ein und zieht Teile der Eigentumsrechte an sich. Das ist im Prinzip nicht zu beklagen, weil der Staat Aufgaben für die Bürger wahrnimmt, auf die diese nicht verzichten möchten. Dazu gehört auch die soziale Mindestsicherung. Insoweit sind die Bürger grundsätzlich bereit, einen Teil ihrer Eigentumsrechte auf den Staat zu übertragen. Trotzdem würde der einzelne Eigentümer es gerne sehen, wenn er von Steuern und Abgaben verschont bliebe. Deshalb gehört es zu den Aufgaben des Staates, die allgemein akzeptierten Regeln auf die einzelnen Bürger anzuwenden und gegebenenfalls auch seine Zwangsgewalt einzusetzen, um die Steuern einzutreiben. Trotzdem kann nicht jede Form und jedes Niveau der Besteuerung akzeptiert werden. Es bedarf vielmehr in jedem Einzelfall, bei jeder Maßnahme des Staates einer sorgfältigen Abwägung zwischen dem Schutz des privaten Eigentums und der gesellschaftlichen Dringlichkeit der Maßnahme, dem öffentlichen Interesse. Rechtfertigt die Pflasterung der Fußgängerzone mit historisch nachempfundenen Steinen oder der Bau einer Konzerthalle oder die Unterhaltung kommunaler Bibliotheken usw. den Eingriff in die Eigentumsrechte der Steuerzahler? Gerade weil der Staat mit Zwangsgewalt in das Eigentum eingreifen kann, müssen hohe Anforderungen an die Rechtfertigung gestellt werden.

Als wichtigstes Finanzierungsinstrument gilt die Lohn- und Einkommensteuer. Die aktuelle Diskussion zeigt, dass sie nicht nur bezüglich des Niveaus, sondern auch bezüglich der Struktur als reformbedürftig angesehen wird. Es gilt insbesondere die Frage zu stellen, ob es gute sozialpolitische Gründe dafür gibt, sowohl das Einkommen als auch die späteren Erträge aus erspartem und versteuertem Einkommen zu besteuern. Es geht also um die Frage, ob von einer Gleichbehandlung von Personen mit gleichem Einkommen gesprochen werden kann, wenn eine Person das Einkommen nach Steuern sofort konsumiert, während eine andere Person den Konsum in die Zukunft verlagert. Am Grenzfall, in dem Einkommen in eine Vermögensanlage mit dauerhaften Zinserträgen (ewige Rente) eingebracht wird, lassen sich die Grundzüge der geltenden Besteuerung gut erläutern. Zunächst greift die Einkommensteuer in dem hier gewählten Beispiel auf das Natural-Einkommen zu.

Besteuerung des Einkommens

Unterstellt man der Einfachheit halber einen Steuersatz von 50 %, so gehört der halbe Pkw dem Staat und die andere Hälfte dem Steuerzahler, dem „Eigentümer". Will der „Eigentümer" den Pkw behalten, muss er einen Kredit aufnehmen, den er aus dem Nettoeinkommen der folgenden Jahre zurückzahlen kann, falls er nicht bereits Vermögen angespart hat. Ob der Steuerpflichtige sein Einkommen in Naturalien (Realvermögen) oder in Geldeinheiten erhalten hat, ist für die Besteuerung gleichgültig. In beiden Fällen beansprucht der Staat seinen Anteil.

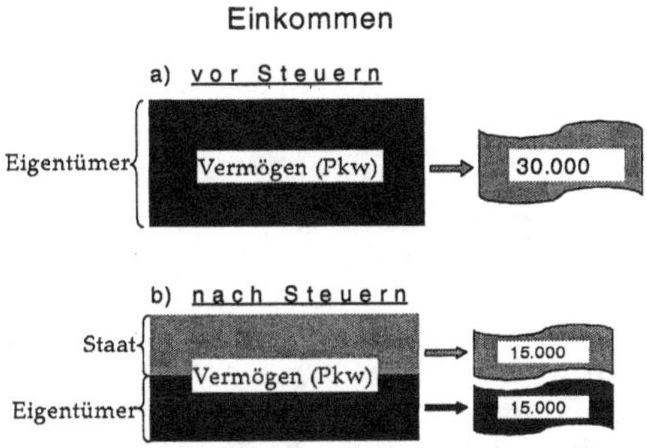

Der Anteil des „Eigentümers" an dem Vermögen beträgt bei dem hier unterstellten Steuersatz nur noch die Hälfte. „Eigentümer" und Staat können ihre Hälfte jeweils sofort konsumieren oder den Konsum in die Zukunft verschieben. Im Falle der Verschiebung der Konsummöglichkeiten in die Zukunft werden die Erträge – die künftig verfügbaren realen Güter und Leistungen bzw. die künftigen Geldbeträge – entsprechend der Aufteilung des Gesamtvermögens zwischen Staat und „Eigentümer" aufgeteilt.

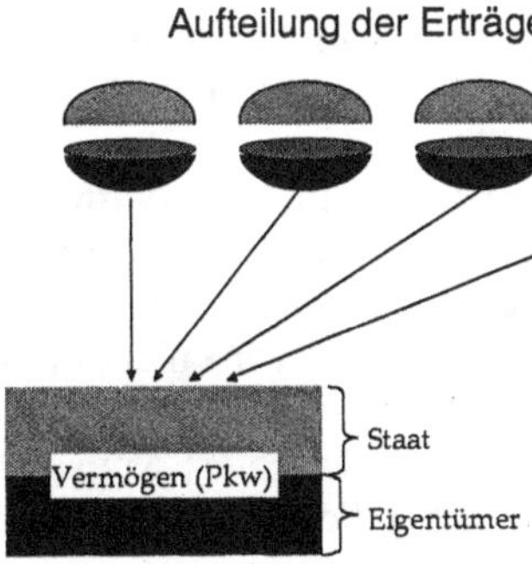

Das zeigt, dass der Staat nach Maßgabe des jeweiligen Steuersatzes bereits an den Erträgen aus dem ursprünglichen Einkommen beteiligt ist, wenn er das Einkommen unmittelbar besteuert. Damit aber nicht genug. Nach geltendem Steuerrecht werden die Kapitalerträge noch einmal besteuert, also der Anteil der Erträge, der dem „Eigentümer" zufließt. Legt man auch hier wieder den gleichen Steuersatz zugrunde und geht man von einer langfristigen Kapitalanlage aus, so ist von den Erträgen des „Eigentümers" wiederum die Hälfte an den Staat abzuführen.

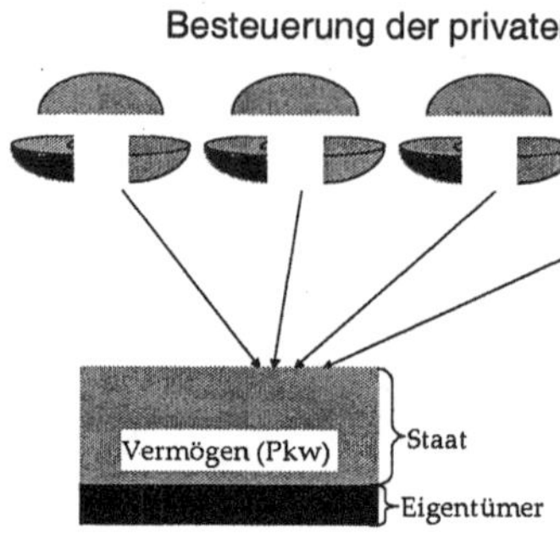

Dem „Eigentümer" verbleibt von den ursprünglichen Erträgen des von ihm erworbenen Einkommens bzw. Vermögens nur noch ein Viertel. Entsprechend sinkt auch der Barwert der Erträge, d.h., das nach der ersten Besteuerung verbliebene Eigentum wird durch die Besteuerung der Kapitalerträge noch einmal halbiert. Die gesamte Steuerlast bezogen auf das ursprüngliche Einkommen beträgt nicht 50 Prozent, sondern 75 Prozent, wenn der Bürger sich für einen über viele Jahre gestreckten Konsum entscheidet, statt das gesamte Einkommen sofort für Konsumgüter auszugeben.

Der Wert des Eigentums an Vermögensanlagen kann durchaus negativ werden, so beispielsweise durch eine ungünstige Marktentwicklung, durch weitreichende Denkmalschutzauflagen, durch einen Mietstopp bzw. eine geringe Höchstmiete verbunden mit Instandhaltungs- und Bewirtschaftungsauflagen. Grundsätzlich beteiligt sich der Staat insoweit an möglichen steuerlichen Verlusten als diese mit anderen Gewinnen bzw. Einkünften der gleichen Periode als auch mit zukünftigen Gewinnen verrechnet werden dürfen. Eine Erstattung von Verlusten, die nicht mit Gewinnen verrechnet werden können, gibt es allerdings nicht. Gerade in jüngster Zeit gibt es vielmehr Bestrebungen, eine Mindestbesteuerung durchzusetzen, also die Verrechnung von Verlusten mit Gewinnen aus anderen Tätigkeiten oder künftigen Perioden einzuschränken. Dadurch wird nicht nur die Besteuerung von Vermögen (Eigentum) sondern auch das Risiko der Kapitalanlage verschärft. Wer also sein Einkommen (Eigentum) nicht sofort konsumiert, sondern Ersparnisse bildet, dessen Eigentum wird durch die Besteuerung nicht nur einmal nach Maßgabe des individuellen Steuersatzes verringert, sondern das nach Abzug der Steuer verbleibende Einkommen wird noch einmal belastet, und zwar um so stärker je langfristiger das Kapital angelegt bzw. der Konsum verschoben wird.

Die Frage der doppelten Besteuerung der nicht sofort konsumierten Einkommen wird in dem Urteil des Bundesverfassungsgerichts vom 22. Juni 1995, in dem der

Halbteilungsgrundsatz aufgestellt wurde, nicht behandelt. Das mag damit zusammenhängen, dass die Sicht auf den einfachen Wahlvorgang, wonach ein Einkommen für gegenwärtige Konsumgüter oder künftige Konsumgüter verwendet werden kann, durch den Übergang vom reinen Gütersystem auf ein Geldsystem verstellt wird. Es wird übersehen, dass es sich um gleichwertige Güterbündel handelt, zwischen denen der Einkommensbezieher entscheidet und für die er das Einkommen hergibt. Die Leistungsfähigkeit des Bürgers, der sich für den späteren Konsum entscheidet, ist nicht größer als die Leistungsfähigkeit des Bürgers, der sich für den sofortigen Konsum entscheidet, denn letzterer könnte sich auch für einen späteren Konsum entscheiden. Es geht lediglich um die Wahl zwischen Güterbündeln, die nach der Art der Güter, der räumlichen und zeitlichen Verfügbarkeit unterschiedlich zusammengesetzt sind, aber den gleichen Marktwert haben. Das gilt auch, wenn es sich um gleiche Güter, um Gutscheine oder um Geldbeträge handelt, die zu unterschiedlichen Zeiten verfügbar sind. Entscheidend ist die Gleichwertigkeit der Optionen zum Zeitpunkt der Entscheidung.

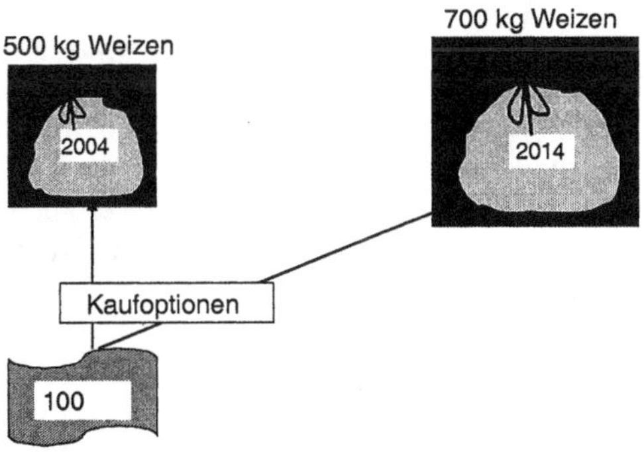

Die Verselbständigung der Tauschwertunterschiede von Konsumgütern in verschiedenen Perioden zu einem abstrakten Zinssatz im Geldsystem hat dazu geführt, dass die größere erzielbare Gütermenge (plus 200 kg) durch das Sparen bzw. Aufschieben des Konsums als „Kapitalertrag" (plus 40), als zusätzliches Einkommen angesehen wird und dass – so diese Auffassung – die zusätzliche Menge zu besteuern ist.

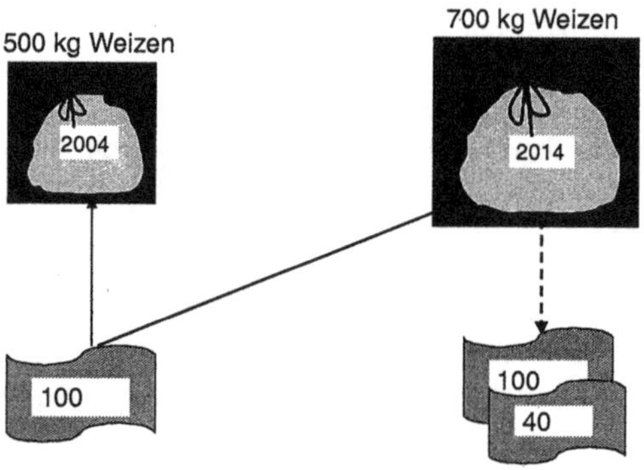

Dabei wird nicht berücksichtigt, dass es sich ökonomisch um unterschiedliche Güter handelt und dass die Option für den späteren Konsum nur deshalb gewählt und als gleichwertig mit dem sofortigen Konsum angesehen wurde, weil zum späteren Zeitpunkt eine größere Menge konsumiert werden kann. Oder umgekehrt ausgedrückt: Eine sofort verfügbare Mengeneinheit hat in dem gewählten Beispiel und auf den meisten Märkten einen höheren Tauschwert als eine später verfügbare Mengeneinheit. Würde man konsequent in der realen Welt des Tauschhandels bleiben und Güter zu unterschiedlichen Zeitpunkten als verschieden ansehen, so wie ein Glas Wasser an unterschiedlichen Orten der Welt nicht als identisches Gut angesehen wird, dann käme niemand auf die Idee, von „Kapitalerträgen" zu sprechen und diese zu besteuern.

Paul Kirchhof hat in einem Vortrag vom 24. Juni 2000 einen Zusammenhang zwischen der Freiheit und die Eigenverantwortung der Bürger hergestellt. Er betonte, jeder Bürger habe die Freiheit, das Einkommen nach eigenen Vorstellungen auszugeben, also beispielsweise für eine Weltreise oder für eine selbstgenutzte Wohnung. Der Bürger müsse dann aber auch die Verantwortung für seine Entscheidung tragen. So habe eine Person, die den Großteil des Einkommens für eine Weltreise ausgegeben habe, anschließend gegen den Bürger, der mit dem gleich hohen Einkommen Eigentum an einem Eigenheim erworben habe, keinen Anspruch auf einen Vermögensausgleich oder auf eine Förderung. Umgekehrt könne der Eigenheimeigentümer sich nicht an den Weltreisenden wenden, auch indirekt über den Staat, weil er keine Mittel mehr für eine Weltreise habe. In diesem Beispiel hat ein Bürger sein Einkommen sofort konsumiert, also für Reisen ausgegeben, der andere hat es in ein Eigenheim investiert, also Vermögen gebildet. Kirchhof weist zu Recht darauf hin, dass beide die gleichen wirtschaftlichen Möglichkeiten hatten und somit keinen Ausgleichsanspruch gegenüber dem jeweils anderen geltend machen können. Jeder trägt die Verantwortung für seine Entscheidung. Im geltenden Steuerrecht kommt es bei dem gewählten Beispiel tatsächlich zu dem von Kirchhof als wünschenswert angesehenen Ergebnis, weil die Investition in eine selbstgenutzte Wohnung steuerlich wie ein unmittelbarer Konsum behandelt wird, obwohl sich der Wohnungskonsum über Jahrzehnte erstrecken kann.

Führt man das Beispiel ein wenig weiter und unterstellt man, dass der Eigentümer des Eigenheims häufiger umziehen muss, aber nicht jedes Mal sein Haus verkaufen und am neuen Wohnort ein anderes Haus kaufen möchte. Er könnte in diesem Fall sein Haus vermieten und jeweils ein gleichwertiges Haus am neuen Wohnort mieten. Es sei unterstellt, dass er für sein Haus genau so viel Miete erhält, wie er selbst an Miete zahlen muss. Er ist insoweit finanziell so gestellt, als ob er im eigenen Haus wohnte. Aber jetzt muss er nach geltendem Steuerrecht die Mieteinnahmen versteuern, kann aber die eigenen Mietzahlungen nicht steuerlich absetzen. Zu dem gleichen steuerlichen Ergebnis kommt es, wenn er mit einem anderen Eigentümer das Eigenheim austauscht, wenn also jeder in dem Eigenheim des anderen Eigentümers wohnt, ohne dafür Miete zu zahlen. In diesem Fall ist die potentielle Miete als geldwerter Vorteil zu versteuern, auch wenn kein Geld fließt. Sein Mitbürger, der Weltreisende wird also doch über die Steuern auf seine Mieteinnahmen an seinem Wohneigentum beteiligt. Darin liegt wiederum die Doppelbesteuerung, auf die lediglich beim selbstgenutzten Eigentum verzichtet wird, nicht aber beim vermieteten Wohneigentum.

Die Regelung, nach der Personen, die Ersparnisse gebildet haben, stärker besteuert werden als Personen, die lieber sofort konsumieren, lässt sich nicht mit einer höheren Leistungsfähigkeit des Sparers begründen. Aus der Beobachtung, dass eine Person Vermögen gebildet hat, lässt sich somit nicht einfach eine Verpflichtung dieser Person ableiten, sich besonders stark an der sozialen Absicherung bedürftiger Personen zu beteiligen. Fazit:

- Allein die Tatsache, dass einige Menschen vorsichtiger sind als andere und für Eventualfälle vorsorgen, statt das jeweilige Einkommen sofort zu konsumieren, reicht nicht als Begründung, sie in höherem Maße zur Finanzierung staatlicher Aufgaben oder auch speziell sozialer Aufgaben heranzuziehen als Menschen mit gleichem Einkommen und hoher Konsumneigung.
- Im geltenden Steuerrecht gilt für alle Steuerbürger, dass Konsumgüter grundsätzlich nur aus versteuertem Einkommen erworben werden können. Die Güterbündel, für die ein Bürger sein gegenwärtiges Einkommen ausgibt, können aus einer Mischung von gegenwärtigen und künftigen Konsumgütern, ausschließlich aus gegenwärtigen Konsumgütern oder ausschließlich aus künftigen Konsumgütern bestehen. Alle Güterbündel, die der Bürger in Betracht zieht, haben den gleichen Marktwert, d.h., der Bürger kann mit dem vorhandenen, versteuerten Einkommen keine größere Menge an Gütern durch Tausch am Markt erwerben. Die Entscheidung für ein bestimmtes Güterbündel mit Konsummöglichkeiten, die über die Zeit verteilt sind, ist ökonomisch und steuerlich nicht anders zu behandeln als die Wahl zwischen verschiedenen gegenwärtigen Konsumgütern. Sie richtet sich nach dem Tauschwert der Güter und nach den Präferenzen des Bürgers. Eine besondere Leistungsfähigkeit oder eine besondere soziale Verpflichtung ist als Folge einer bestimmten Wahlentscheidung nicht zu erkennen, zumal jeder Bürger mit gleichem Einkommen die gleichen Optionen hat.

- Richtig ist, dass nicht konsumiertes Einkommen – nicht konsumierter Naturallohn – produktiv verwendet werden kann, z. B. um die Kapitalausstattung der Arbeitnehmer zu verbessern. Damit steigen die Produktivität und die Einkommenschancen der Arbeitnehmer, und zwar auch der Arbeitnehmer, die nicht in der Lage sind, Kapital zu bilden. Deshalb ist das Sparen, also die Kapitalbildung und die Kapitalerhaltung in jeder Gesellschaft von herausragender Bedeutung für die gesamtgesellschaftliche Wohlfahrt. Wer Vermögen bildet, leistet einen wichtigen Beitrag für die Gesellschaft. Der Gebrauch des Eigentums „dient dem Wohle der Allgemeinheit". Die Sozialpflichtigkeit des Eigentums könnte man auch darin sehen, der Gesellschaft das Kapital möglichst lange zur Verfügung zu stellen, d.h. den eigenen Konsum gering zu halten. Auch von dieser Seite wäre eine Besteuerung normaler Kapitalerträge, also ein zusätzlicher Eingriff in das bereits versteuerte Eigentum, nicht zu begründen.

IV. Öffentliche Mittel für die Altersvorsorge?

Die gesetzliche Altersvorsorge basiert auf dem Umlageprinzip, d.h., die geleisteten Beiträge werden unmittelbar an die Rentner ausgezahlt. Die Rentenansprüche der gegenwärtigen Erwerbstätigengeneration bestehen in der Erwartung, dass die künftige Erwerbsgeneration bereit und in der Lage ist, ihnen eine Rente zu zahlen. Aufgrund der steigenden Lebenserwartung und der geringen Geburtenraten ist das Umlagesystem in Schwierigkeiten geraten. Die einfache Schlussfolgerung heißt: Wenn das Rentenniveau gegenüber dem Erwerbseinkommen nicht deutlich zurückfallen und wenn die Erwerbstätigen nicht noch stärker belastet werden sollen, muss in größerem Umfang durch Vermögensbildung für das Alter vorgesorgt werden. In dieser Situation hat der Gesetzgeber sich entschlossen, die private kapitalgedeckte Altersvorsorge mit öffentlichen Mitteln zu fördern. Mit der sogenannten Riesterrente soll die gesetzliche Rentenversicherung etwa auf dem gegenwärtigen Niveau gehalten werden.

Das Problem: Für eine Förderung muss der Staat sich die Mittel beschaffen. Er muss mit zusätzlichen Steuern in die Eigentumsrechte der Bürger eingreifen. Dann ist die Frage zu stellen, wie diese Umverteilung von Eigentumsrechten zu rechtfertigen ist. Begründet wurde die Förderung der kapitalgedeckten privaten Altersvorsorge u.a. mit der unzureichenden Bereitschaft der Bürger, für das Alter zu sparen. Deshalb wurde zunächst eine obligatorische private Vorsorge erwogen. Wohlgemerkt: Es geht nicht um eine Mindestsicherung in Höhe der Sozialhilfe, sondern um eine ergänzende Altersvorsorge zur gesetzlichen Rentenversicherung zum Wohle des einzelnen Bürgers. Prinzipiell macht der Staat nichts anderes, als dem Bürger einen Teil seines Eigentums zu entziehen und es ihm unter der Voraussetzung wieder zurückzugeben, dass er diese Mittel, ergänzt um weitere Eigenmittel, für die Altersvorsorge einsetzt (Altersvorsorge als meritorisches Gut, also ein Gut, dessen Wert von den Bürgern vermeintlich zu gering eingeschätzt wird). Eine interpersonelle Umverteilung muss damit nicht verbunden sein, aber selbst dann werden die Eigentumsrechte insoweit beeinträchtigt, als weitreichende Verwendungsauflagen gemacht werden. Schon eine solche Bevormundung des Bürgers ist nur schwer zu ertragen.

Mit der privaten kapitalgedeckten Altersvorsorge sollen darüber hinaus die gesetzlich versicherten Personen zu Lasten anderer Gruppen begünstig werden. Grundsätzlich sind es die Selbständigen, denen Eigentumsrechte entzogen werden, ohne dass sie von der Förderung Gebrauch machen können. Man muss außerdem an die Personen denken, die ebenfalls zusätzliche Steuern zu zahlen haben, die aber auf die Förderung verzichten, weil sie die damit verbundenen Nachteile für zu groß halten. Schließlich werden die nicht sparfähigen Personen keine Fördermittel erhalten, weil sie keinen eigenen Sparanteil einbringen können, über die indirekten Steuern gleichwohl zur Finanzierung herangezogen werden. Es kommt also zu einer Teilenteignung einzelner Gruppen. Sie erhalten keine Gegenleistung, auch nicht unter Verwendungsauflagen, sei es weil sie prinzipiell ausgeschlossen sind, sei es weil sie in der Förderung unter Auflagen keinen Vorteil sehen oder weil sie die Förderung nicht nutzen können. Ist dieser Eingriff in die Eigentumsrechte damit zu rechtfertigen, dass soziale Aufgaben wahrgenommen werden? Die Antwort heißt: Nein!

- Bei der Förderung handelt sich nicht um eine soziale Maßnahme, denn Personen, die ein so geringes Einkommen erzielen, dass sie gar nicht sparen können, werden von der Förderung ausgeschlossen. Das konkrete Programm knüpft die Förderung an eine Mindestsparleistung.
- Es wird nicht sichergestellt, dass die mit den Kosten der Förderung Belasteten leistungsfähiger sind als die Geförderten.
- Aufgrund der Verwendungsauflagen wird das Eigentum ökonomisch entwertet, so dass der Eingriff in das Eigentum gemessen an der erzielten Wirkung unverhältnismäßig stark ist. Ein guter Indikator für die ökonomische Entwertung ist die geringe Inanspruchnahme der Förderung, d.h., die Bürger verzichten wegen der Verwendungsauflagen darauf, sich Mittel vom Staat zurück zu holen, die ihnen über das Steuersystem entzogen werden.
- Die private kapitalgedeckte Altersvorsorge ist grundsätzlich eine private Angelegenheit. Es gibt keinen überzeugenden Grund für eine staatliche Förderung, denn der Staat muss sich die Mittel wiederum durch Zwangsabgaben, also durch einen Eingriff in Eigentumsrechte beschaffen, teilweise unmittelbar bei den Geförderten, teilweise bei Personen, die von der Förderung ausgeschlossen sind. Die Umverteilung folgt keinen sozialen Kriterien. Diese Kritik gilt sowohl für die allgemeine Förderung der Vermögensbildung als auch für spezielle Formen wie die Eigenheimzulage.

V. Schlussbemerkung

Der Schutz des Eigentums ist von herausragender Bedeutung für die Gesellschaft insgesamt, nicht zuletzt weil das vorhandene Vermögen auch die Lebensbedingungen der Menschen verbessert, die kein eigenes oder nur ein geringes Vermögen besitzen. Ausdruck der selbstverständlichen Sozialpflichtigkeit des Eigentums ist eine Mindestsicherung, wie sie in der Sozialhilfe praktiziert wird. Eine weitergehende Belastung des Eigentums für allgemeine Staatsaufgaben muss in jedem Einzelfall nach strengen Maßstäben begründet werden. Dabei ist eine Gleichbehandlung der Bürger sicherzustellen. Die gegenwärtige Doppelbesteuerung von Ersparnissen ist mit dem Leistungsfähigkeitsprinzip nicht vereinbar. Sie ist auch sozialpolitisch nicht begründbar.

Natur- und Denkmalschutz durch privates Eigentum?

Gerd Roellecke

I. Das Regelungsmuster für den Schutz von Sachen

Denkmalschutz soll Sachen schützen und pflegen, an deren Erhaltung aus wissenschaftlichen, künstlerischen oder heimatgeschichtlichen Gründen ein öffentliches Interesse besteht (§§ 1, 2 bawüDSchG). Kulturdenkmäler dürfen nur mit Genehmigung der Denkmalschutzbehörde zerstört oder beseitigt, in ihrem Erscheinungsbild beeinträchtigt oder aus ihrer Umgebung entfernt werden (§ 8 bawüDSchG). Im übrigen haben die Denkmalschutzbehörden zur Wahrnehmung ihrer Aufgaben diejenigen Maßnahmen zu treffen, die ihnen nach pflichtgemäßem Ermessen erforderlich scheinen. Die Grundregeln des Polizeigesetzes sind sinngemäß anzuwenden (§ 7 Abs. 1 bawüDSchG). Das Muster, dem diese Regelung folgt, ist jedem Juristen geläufig: Verbot mit Erlaubnisvorbehalt, hier gerichtet an den Eigentümer oder Besitzer eines Kulturdenkmals.

Natur- und Kulturgüterschutz haben die gleiche Regelungsstruktur. Beim Naturschutz haben die Naturschutzbehörden ähnliche polizeiliche Befugnisse (§ 5 bawüNatSchG) wie die Denkmalschutzbehörden. Der Unterschied zwischen beiden Gebieten liegt im Sachproblem. Kulturdenkmale dienen der Erinnerung und der kulturellen Selbstvergewisserung. Sie müssen zwar auch gepflegt werden, weil sie sonst verrotten, aber von sich aus vermehren sie sich nicht. Natur dient dem Licht-, Luft und Raumbedarf und der Ernährung aller Menschen. Aber wir können von der Natur nur leben, weil sie lebt und sich entwickelt, verdorrt oder wuchert. Deshalb gibt es eine Landschaftsplanung, aber keine Denkmalplanung. Genau genommen bedarf der Naturschutz der Mitwirkung aller Bürger. Das baden-württembergische Naturschutzgesetz erklärt ihn denn auch zur Aufgabe für Erziehung, Bildung und Forschung (§ 6).

Aber der Gesetzgeber hätte das gleiche Prinzip auch in das Denkmalschutzgesetz schreiben können. Unter dem Aspekt der sozialen Interdependenz ist Denkmalschutz nicht minder komplex als Naturschutz. Sein Sinn ist sogar erheblich schwerer zu vermitteln. Wenn man steuern will, muss man die soziale Interdependenz jedoch ausblenden und die Verhältnisse vereinfachen. Im Natur- und Denkmalschutz geschieht das dadurch, dass der Gesetzgeber an das Privateigentum anknüpft und es nach bestimmten Zwecken beschränkt. Darüber hinaus kann er die Dauerhaftigkeit der privaten Eigentumsverhältnisse voraussetzen und darauf seine Planungen aufbauen. Wäre das Eigentum nicht stabil, könnte er nicht planen.

Kulturgüterschutz ist eigentlich Denkmal- und Naturschutz auf internationaler Ebene. Er ist entstanden aus dem Versuch, den Krieg zu hegen und zu zivilisieren. Er will ins allgemeine Bewusstsein rufen, dass jeder Krieg ein Ende hat und dass auch dann noch Menschen leben, die sich an Zeugnissen ihrer eigenen Geschichte und der Weltgeschichte orientieren wollen. Das spezielle Problem des Kulturgüterschutzes ist die Verschiedenheit der Kulturen und der Rechtsordnungen, also Fragen des Internationalen Privatrechtes und des Völkerrechtes. Diese Fragen müssen wir wegen ihrer Hyperkomplexität gleichfalls ausklammern. Immerhin ist bemerkenswert, dass man auch das Kulturgüterschutzproblem mit eigentumsrechtlichen Regelungen zu lösen versucht, mit Verbringungsgenehmigungen und dinglichen Rückgabeansprüchen bis zu dem Vorschlag, nationale Kulturgüter zu res extra commercium, zu Sachen außerhalb des Warenverkehrs zu erklären und damit dem freien Handel, besonders dem Kunsthandel, zu entziehen.

Warum der Gesetzgeber den Denkmalschutz nach dem Prinzip des Verbots mit Erlaubnisvorbehalt geregelt hat, ist klar. Hierzulande stehen fast alle Sachen in irgendjemandes Privateigentum. Der Privateigentümer kann mit seiner Sache nach Belieben verfahren und andere von jeder Einwirkung ausschließen (§ 903 BGB). Wenn der Gesetzgeber dieses Prinzip respektieren und doch auf private Sachen zugreifen will, kann er nur sagen: Freiheit ja, aber in gewissen Fällen aus angebbaren Gründen doch nicht. Will er die Verfügungsbefugnis des Privateigentümers nicht anerkennen, muss er andere Regelungen wählen. Ansätze gibt es. Man denke an die Eintragung von Kulturdenkmälern in ein Denkmalbuch. Die Politik könnte zum Beispiel entscheiden: Alle eingetragenen Kulturdenkmäler gehören ab sofort dem Staat. Eine vernünftige Politik wird das aber nicht tun. Nicht, weil Art. 14 GG es verbietet, sondern weil die Folgen für die Verwaltung der Denkmale unabsehbar wären. Die Politik verlöre mit einem Schlag Tausende von ehrenamtlichen Verwaltern kultureller Kostbarkeiten und müsste sofort Millionen aufbringen, um die Denkmäler pflegen zu lassen. Schon das Kostenproblem wirft die Frage nach dem Verhältnis von Denkmalschutz und privatem Eigentum auf. Deshalb geht es mir nicht um Rechtsdogmatik, nicht um Eigentumsschutz, nicht einmal um Ordnungspolitik, sondern um gute Verwaltung, um einen möglichst effektiven Denkmalschutz.

II. Denkmalschutzpolitik

Ich stelle mich auf den Standpunkt eines Wirtschaftsministers als oberster Denkmalschutzbehörde und frage: Wie schütze ich Kulturdenkmäler besser: indem ich mit den Privateigentümern arbeite oder indem ich die Aufgabe selbst in die Hand nehme oder sie meinem Staatssekretär übertrage? Aber der Staatssekretär kann nicht alle Kulturdenkmäler im Lande eigenhändig abstauben. Er benötigt weiteres Personal. Und schon haben wir den Denkmalschutz verlassen und sind bei der Verwaltungswissenschaft gelandet, wo wir nicht hinwollten.

Die Frage: Denkmalpflege in privater oder in öffentlicher Hand?, muss man natürlich stellen. Versuchen wir, sie kühl mit dem gesunden Menschenverstand zu beantworten, indem wir prüfen, wie sich die Politik in den letzten beiden Jahrhunderten im Denkmalschutz bewährt hat. Die Bilanz ist nicht positiv. Dass Kulturdenkmäler zu schützen seien, wurde den Europäern überhaupt erst bewusst, als Napoleon Anfang des 19. Jahrhunderts Schiffsladungen an Kunstschätzen in Italien raubte und nach Paris verbringen ließ. Auch die deutschen Fürsten sind mit den katholischen Kirchenschätzen nach der Säkularisation 1803 nicht sehr verständnisvoll umgegangen. Baden war eine rühmliche Ausnahme. Das NS-Regime hat wertvollstes Kulturgut als „entartete Kunst" teils vernichtet, teils verschleudert. In der Denkmalpolitik wurde es aber noch weit übertroffen von der früheren DDR, die mit einer widerlichen Schamlosigkeit nicht nur erstklassige Denkmäler wie die Leipziger Universitätskirche in die Luft gejagt hat, sondern auch wie in Halle ganze Straßenzüge einfach hat verfallen lassen. Die historische Erfahrung gestattet es jedenfalls nicht, den Staat zum geborenen Denkmalschützer und den Privateigentümer zum geborenen Denkmalschänder zu erklären.

Der Jurist, der mit den Figuren des Verbotes mit Erlaubnisvorbehalt oder der Erlaubnis mit Verbotsvorbehalt arbeitet, will die Frage nach dem Nutzen des Privateigentums für den Denkmalschutz natürlich nicht beantworten, sondern nur dem Kaiser geben, was des Kaisers ist. Aber harmlos sind die Rechtsfiguren nicht. Sie legen eine Gleichung nahe, die sich in belastenden Regeln für den Privateigentümer niedergeschlagen hat. Denkmalpflege dient dem öffentlichen Interesse. Sie ist, wie das Bundesverfassungsgericht (E 100, 226, 242) formuliert, eine Gemeinwohlaufgabe von hohem Rang. Die Denkmalpflege wird behindert durch das Privateigentum, das nur dem Privatinteresse dient, genauer: dem Egoismus. Das Privatinteresse muss natürlich hinter das Gemeinwohl zurücktreten. Deshalb konnte der Gesetzgeber in das Gesetz schreiben: „Eigentümer und Besitzer von Kulturdenkmalen haben diese im Rahmen des Zumutbaren zu erhalten und pfleglich zu behandeln" (§ 6 Satz 1 bawüDSchG). Der Eigentümer muss also in Vorlage treten und im Streitfalle darlegen, dass ihm die Erhaltung nicht zugemutet werden konnte. Was das bedeuten kann, zeigt ein rheinland-pfälzischer Denkmalschutz-Fall, den das Bundesverfassungsgericht (E 100, 222, 230) 1999 entschieden hat. In diesem Fall waren die jährlichen Unterhaltskosten für eine schöne, aber unpraktische denkmalgeschützte Villa so hoch, dass der zuständige Landkreis das Gebäude nicht einmal geschenkt haben wollte. Aber der Eigentümer sollte sie weiter unterhalten. In der Regel wird der Eigentümer das auch tun, weil er keine Alternative hat.

Politisch bedenklicher als die strukturelle Ausbeutung der Privateigentümer ist freilich, dass die Gleichungen „Gemeinwohl gleich Altruismus" und „Privatinteresse gleich Egoismus" zwei grundlegende Fragen verschleiern, die Frage nach dem Sinn des Denkmalschutzes und die Frage nach dem Sinn des Eigentums. Dass der Denkmalschutz dem Gemeinwohl dient, wird allseitig akzeptiert, obwohl es alles andere als selbstverständlich ist. Eigentlich liegt der Denkmalschutz quer zur Funktionalisierung und Modernität der Gesellschaft. Wenn die Gesellschaft auf allen Gebieten unablässig ein „schneller, weiter, höher" verlangt, kann man zum Beispiel kaum erklären, warum die Alte Universität in Heidelberg, ein einfacher Profanbau von 1711, nicht einem modernen Hochhaus weichen soll. Ich weiß auch nicht, ob sich die Philosophen des Denkmalschutzes jemals mit Schumpeters (Kapitalismus S. 134) Idee der schöpferischen Zerstörung auseinandergesetzt haben. Was Deutsche türkischer Herkunft und muslimischen Glaubens von deutscher kultureller Selbstvergewisserung halten, ist auch erst noch zu klären. Hermann Lübbe (Zeit-Verhältnisse S. 18) meint jedenfalls, der Denkmalschutz solle die belastenden Erfahrungen eines Vertrautheitsschwundes kompensieren, der aus der Dynamik der zivilisatorischen Evolution folge. Angesichts des vielen Neuen also ein trotziges Festhalten am Alten, weil es alt ist, aus keinem anderen Grund. Das ist etwas wenig für die Rechtfertigung von Eingriffen in das wichtige subjektive Recht des Eigentums. Aber mehr kann ich zur Zeit auch nicht bieten. Deshalb bleiben wir einfach dabei: Denkmalschutz ist eine Gemeinwohlaufgabe von hohem Rang.

III. Kritik des Privateigentums

Die zweite Frage nach dem Sinn des Eigentums ist auch ungleich wichtiger. Das Gegensatzpaar „Privatinteresse und Gemeinwohl" verweist in der Übersetzung „Egoismus und Altruismus" auf die bekannte aufklärerische Kritik am Privateigentum. Wenn wir die Kritik verstehen wollen, müssen wir bei einer Frage ansetzen, die bis heute nicht beantwortet ist: Was hält die Gesellschaft zusammen? Das Mittelalter hatte geantwortet: Gott. Die Reformation hat aber das Verhältnis zwischen Gott und Mensch individualisiert und damit die Berufung auf eine vorgegebene göttliche Ordnung ausgeschlossen. Deshalb antwortete die Aufklärung: die gute Natur des Menschen. Die gute Natur konnte indessen nicht erklären, warum es permanent zu Unfrieden zwischen den Menschen kam. Rousseau sah die Erklärung im Eigentum. Der Zweite Teil des Diskurses über die Ungleichheit beginnt mit dem berühmten Satz: „Der erste, der ein Stück Land eingezäunt hatte und es sich einfallen ließ zu sagen: dies ist mein, und der Leute fand, die einfältig genug waren, ihm zu glauben, war der wahre Gründer der [verdorbenen] bürgerlichen Gesellschaft". Die Konsequenz, dass eine Abschaffung des Privateigentums zur klassenlosen Gesellschaft mit ewigem Frieden führen müsse, hat aber erst Karl Marx gezogen. Rousseau hatte sich noch damit begnügt, eine Umerziehung des Volkes zu propagieren. Das politische Scheitern des Marxismus hat die philosophische Diskussion erheblich vereinfacht, dem Problem aber nicht den moralischen Stachel genommen. „Dass ein Stück unseres Planeten einem einzelnen Menschen in derselben Weise eigen sein soll wie ein Regenschirm oder ein Guldenzettel, ist ein kulturfeindlicher Widersinn", empörte sich der des Linksradikalismus völlig unverdächtige Otto von Gierke in einem berühmten Vortrag über „Die soziale Aufgabe des Privatrechts" von 1889.

Die Aufklärung hat freilich nicht nur eine Kritik, sondern auch eine Rechtfertigung des Privateigentums geliefert, den Satz: Eigentum macht frei. Manche führen den Satz auf Hegel zurück, allein zu unrecht. In die heutige Verfassungsdogmatik hat er in der Form Eingang gefunden, die ihm das Bundesverfassungsgericht im Mitbestimmungs-Urteil (E 50, 290, 339) gegeben hat: „Geschichtlich und in ihrer heutigen Bedeutung ist diese [die Eigentumsgarantie] ein elementares Grundrecht, das im engen inneren Zusammenhang mit der persönlichen Freiheit steht. Ihr kommt im Gesamtgefüge der Grundrechte die Aufgabe zu, dem Träger des Grundrechts einen Freiheitsraum im vermögensrechtlichen Bereich zu sichern und ihm dadurch eine eigenverantwortliche Gestaltung seines Lebens zu ermöglichen". Leider passen diese Überlegungen nicht zu der Idee der gleichen Würde und Freiheit aller Menschen. Dass Freiheit vom Eigentum abhängt, galt im Mittelalter. Heute wissen wir, dass auch ein armer Mann ein freier Mann ist. Schon das Märchen vom „Hans im Glück" kann uns lehren, dass die Eigentumsgarantie gerade nicht in engem inneren Zusammenhang mit der persönlichen Freiheit steht. Eigentum kann erheblich belasten. Außerdem wird es erworben, indem man es bezahlt. Freiheit ist indessen weder übertragbar noch bezahlbar, es sei denn, man versteht sie als Freizeit. Aber ein Freizeitpark soll die Bundesrepublik nicht sein. Und bezahlen kann man Freiheit nicht, weil alle Menschen die gleiche individuelle, persönliche Freiheit haben und haben sollen. Eigentum wird aber ungleich zugeteilt, und zwar nicht uneigentlich oder versehentlich, sondern systembedingt und gewollt. Die ungleiche Verteilung von Haben und Nichthaben erzeugt die Spannung, aus der der Gütertausch seine Kraft bezieht. Allein der Gütertausch ermöglicht Arbeitsteilung und allein die Arbeitsteilung schafft Wohlstand, wie wir seit Adam Smith wissen. Gütertausch findet aber nicht statt, wenn es kein Vorteilsgefälle gibt. Eine Wirtschaftspolitik, die um der Gleichheit willen Leistungen ohne Gegenleistung in das Volk pumpt, ruiniert daher schon mittelfristig die Wirtschaft, weil sie dem Tauschverkehr die Kraft nimmt. Privateigentum darf deshalb weder als Aufhebung noch als Begründung von Freiheit verstanden werden. Aber als was dann?

Schlagen wir noch einmal bei Hegel nach. Hegel (Rechtsphilosophie § 41 Zusatz) weist den Gedanken, das Eigentum solle dem Einzelnen eine eigenverantwortliche Gestaltung seines Lebens ermöglichen, ausdrücklich zurück: „Das Vernünftige des Eigentums liegt nicht in der Befriedigung der Bedürfnisse, sondern darin, dass sich die bloße Subjektivität der Persönlichkeit aufhebt". Wie immer bei Hegel erschließt sich die Bedeutung des Satzes erst im Gesamtzusammenhang der Darstellung. Hegel beginnt die Darstellung des Rechtssytems mit dem abstrakten Recht. Das abstrakteste Recht ist die Person als Subjekt: die Rechtsfähigkeit. Die Rechtsfähigkeit verlangt bereits Achtung und deckt die Wahrnehmung von Interessen, ist aber noch ganz äußerlich und formell, gleichsam unverbindlich. Verbindlich wird die Person als Subjekt erst, wenn sie sich nach außen wendet, wenn sie Verantwortung für Sachen: Eigentum übernimmt. Ihre Verantwortung kann die Person dann dadurch bewähren, dass sie Verträge über Sachen schließt und so zum Netzwerk des geltenden Rechtes beiträgt. Eigentum ist für Hegel also nicht Befreiung, sondern Belastung, eine sozial notwendige Begrenzung und Bestimmung der Person. Der Eigentümer ist kein „Hans im Glück", der sein Gold zur Befriedigung seiner Bedürfnisse weggeben darf. Hegel hätte das Märchen wahrscheinlich als Erzählung von der Regression eines Eigentümers zur abstrakten Person und damit als schlechte Philosophie interpretiert. Eigentum ergänzt die persönliche Freiheit nur insofern, als es sie verpflichtet und ihr Halt gibt.

IV. Die Entlastung des Sacheigentums von Ansprüchen der Allgemeinheit

Ich halte auch die Eigentumslehre Hegels für ein geniales Stück Philosophie. Aber wie die meisten tiefen Wahrheiten lässt sie sich nicht unmittelbar in positives Recht und Politik umsetzen. Deshalb wähle ich einen einfacheren und direkteren Weg, die heutige Bedeutung des Privateigentums zu zeigen: seine historische Entwicklung, in der Hoffnung, dass uns die Geschichte mindestens lehrt, welche Schwierigkeiten wir hinter uns gelassen haben. Als Paradigma wähle ich das Eigentum an Grund und Boden. An ihm kann man die Wandlungen am deutlichsten erkennen. Bewegliche Sachen sind immer etwas anders behandelt worden. Mit ihnen wurde Handel getrieben und das verlangte zum Teil einfachere, zum Teil kompliziertere Regeln.

Beim Eigentum an Grundstücken muss man zwei Beziehungen unterscheiden. Einmal die Beziehungen des Eigentümers nach außen zu Dritten, also die Einordnung der Grundstücke in die Gesellschaft, und zum anderen die Beziehungen des Eigentümers zur Sache selbst, das Innenverhältnis. Wichtig ist, dass beide Beziehungen nach heutigem Verständnis anfänglich nicht privat, sondern öffentlich-politisch verstanden wurden. Die moderne Unterscheidung zwischen öffentlich und privat hat sich erst nach der Reformation entwickelt. Paradoxerweise ging es bei der Befugnis, über Land zu verfügen, primär nicht um Land, sondern um Menschen. Der Grund war einfach: es gab genug Land, aber eigentlich nicht genug Menschen. Ohne Menschen konnte man Land nicht bebauen. Deshalb war es ohne Menschen wertlos. Spekulationen über die Entwicklung von Landnahmen wie im Wilden Westen der USA mag es bei den Römern gegeben haben, bei den Germanen sicher nicht, weil sie keine Zivilisation im Hintergrund hatten.

Ich versuche zunächst, die Entwicklung der politisch-öffentlichen Seite des Grundbesitzes zu skizzieren, also die Einordnung des Eigentums in die Gesellschaft. Wir dürfen davon ausgehen, dass der übliche Grund für den ersten Landerwerb Eroberungen waren. Der siegreiche Fürst oder Feldherr legte seine Hand auf die eroberten Grundstücke und verteilte sie zum größten Teil an seine Mitstreiter, natürlich in der Erwartung, sich ihre Hilfe zu erhalten. Deutschland ging einen Sonderweg. In Deutschland nahm zwar der germanische Stamm der Franken seit etwa 500 n.Chr. eine führende Rolle ein. Aber die Kriege, die die Franken gegen die anderen germanischen Stämme führten, endeten weniger in Eroberungen als vielmehr in Bündnissen. Dadurch entstanden bei den unterworfenen Stämmen zwei Arten von Rechten. Einmal gab es Güter und Grundstücke, die den Stammesangehörigen von jeher gehörten und die man Eigen oder fränkisch Allod nannte. Darüber konnten die „Eigentümer" nach den Regeln des Stammes verfügen. Zum anderen gab es Güter und Grundstücke, die der Fürst oder der König seinen Gefolgsleuten aus den unterschiedlichsten Gründen leihweise zur Verfügung stellte, in der Regel in der Erwartung von Gegenleistungen, meist von Kriegsdiensten. Wenn der Dienstmann nicht mehr dienen konnte, fielen die Lehen theoretisch an den Herrn zurück, praktisch aber immer weniger, weil die Lehen auch die Familien versorgen mussten. Wirtschaftlich waren die wichtigsten Güter und Grundstücke also mit Kriegsdienstverpflichtungen belastet. Die Belastungen bedeuteten, dass sich die Besitzverhältnisse eigentlich nicht ändern konnten, allenfalls durch Änderung der Machtverhältnisse, also mit einem völlig unangemessenen Aufwand.

Andererseits waren Lehensgüter zugleich Wirtschaftsfaktoren und mussten verkehrsfähig, das heißt, verrechtlicht und formalisiert werden. Das aber war schwer. Man konnte Lehensverpflichtungen nicht einfach in Geldleistungen umwandeln, nicht nur wegen der vorherrschenden Naturalwirtschaft und wegen fehlenden Kapitals, sondern weil man Soldaten und Bedienstete in Natur benötigte, nicht in Geld. Die Verrechtlichung näherte aber das Lehen dem Allod an. Gegen Ende des Alten Reiches wurden Eigen und Lehnsgüter praktisch austauschbar. Man konnte Lehnsgüter in Eigen verwandeln – das nannte man allodifizieren – und umgekehrt. Das Preußische Allgemeine Landrecht von 1794 regelt die Allodifikation noch ausgiebig. Es hat das Modell des Eigen zugrunde gelegt und dann einen Eigentumsbegriff geschaffen, unter den man Lehen subsumieren konnte. Das Ergebnis war das berühmte geteilte Eigentum des Allgemeinen Landrechts mit seiner Unterscheidung zwischen Ober- und Untereigentum. Der Lehnsherr wurde Obereigentümer.

In unserer zweiten Perspektive, dem Innenverhältnis des Eigentümers zu seiner Sache, zeigt sich eine ähnliche Entwicklung. Bei Grundbesitz unterschied man ursprünglich zwischen dem Recht an der Sache, das man proprietas nannte, und dem Recht an den Menschen, die auf dem Grundstück saßen, das man dominium nannte. Da das Land vor allem wegen der Menschen wichtig war, konnten das Recht an der Sache und das Recht an den Menschen ineinander übergehen bis zur Verschmelzung. Bezogen auf Grund und Boden konnte so die Gewalt des Herrschers über Menschen zu Eigentum und konnte das Eigentum zur Gewalt über die Menschen werden, die auf dem Grund und Boden saßen. Das bedeutete nicht, dass der Herr mit seiner Sache frei schalten konnte. Im Gegenteil. Die Menschen wurden nicht zu Sachen, sondern die Grundstücke wurden zu Organisationsgrenzen und in diesem Sinne menschlich. Wir denken noch ganz ähnlich, wenn wir heute Menschen im Staatsgebiet der Staatsgewalt unterwerfen. Damals wurde die Herrschaft über die Sache so stark in die soziale Ordnung eingebunden, dass sie als Teil des politischen Apparates erschien. So wurde Eigentum an Grund und Boden vielfach zum Territorium mit Rechten und Pflichten gegenüber dem Reich, aber auch gegenüber den Menschen, die zum Territorium gehörten. Das ist der Ursprung der Guts- und Grundherrschaft, die noch das Allgemeine Landrecht eingehend regelt.

Diese Vermischung von Sach- und Personalherrschaft forderte im 18. Jahrhundert immer schärfere Proteste heraus. Die Vermischung wurde zunehmend als willkürlich empfunden, auch wegen der faktischen wirtschaftlichen Belastungen, aber vor allem, weil sie die Souveränität des Individuums verletzte. Die Proteste gipfelten in der Forderung nach Abschaffung der Leibeigenschaft. Merkwürdigerweise begann gleichzeitig im christlichen Abendland der Handel mit Negersklaven zu blühen. Vielleicht hängt beides zusammen. Die Leibeigenschaft war Bestandteil des Wirtschafts- und Finanzierungssystems und hätte durch Kapitalströme abgelöst werden müssen. Kapital gab es jedoch nicht. Außerdem erhielten sich besonders auf dem Land persönliche Abhängigkeitsverhältnisse, die so weit vom Geld und von Verfügungsrechten entfernt waren, dass man sie mit der Kategorie des Eigentums nicht beschreiben konnte. Sie erschienen auch wirtschaftlich notwendig, weil man sich nicht vorstellen konnte, dass aus Mägden und Knechten Landarbeiter werden könnten, die man wie Fabrikarbeiter bezahlte. Deshalb wollte man diese Treueverhältnisse erhalten.

Aber die Französische Revolution und die napoleonischen Kriege, besonders die vernichtende Niederlage Preußens bei Jena und Auerstedt 1806 räumten mit feudalen Vorurteilen gründlich auf. Das Edikt über die Bauernbefreiung vom Oktober 1807 hob die wichtigsten Einschränkungen für den Grundstücksverkehr auf und bewirkte damit wirtschaftlich, dass die landwirtschaftlichen Grundstücke unter dem Gesichtspunkt der Rentabilität verwertet werden, dass sie zum Beispiel beliehen werden konnten. Damit wurde ein Anreiz für Investoren geschaffen, wie man heute sagen würde. Gesellschaftspolitisch hob das Edikt praktisch die altständische Ordnung auf, die ja dadurch definiert war, dass grundsätzlich niemand den Stand verlassen konnte, in den er geboren worden war. Jetzt konnte ein Bauer oder ein Bürger Rittergutsbesitzer und ein Rittergutsbesitzer Kaufmann werden. Diese Großzügigkeit fiel dem preußischen König und seiner Regierung allerdings umso leichter, als sie von den Bauern ohnehin nicht mehr viel hatten. Die Franzosen hielten den größten Teil Preußens besetzt.

Aber noch sind wir nicht bei unserem heutigen Eigentumsbegriff. Das Edikt über die Bauernbefreiung hatte rechtsdogmatisch nicht Ordnung, sondern Chaos geschaffen. Wie sollte man mit dem geteilten Eigentumsbegriff des Allgemeinen Landrechts umgehen? Klar war, dass er vereinfacht werden musste, weil es die Vielfalt von Rechten und Pflichten, die an einer Sache hängen konnten, einfach nicht mehr gab. Am Anfang des 19. Jahrhunderts neigte man deshalb dazu, das Eigentum „als unbeschränkte und ausschließliche Herrschaft einer Person über eine Sache“ zu beschreiben (Savigny, Puchta). Diesem pandektistischen Eigentumsbegriff schien allerdings die soziale Wirklichkeit zu widersprechen, der Schutzwaldungen und Festungsrayons, Duldungspflichten und Erhaltungsgebote, städtische Fluchtlinien und ländliche Teilungsverbote wohlvertraut waren. Aber der Pandektist Bernhard Windscheid hatte die treffende Antwort bereit. Eigentum sei zwar schrankenlos, meinte er, aber es vertrage Beschränkungen. Wie heute § 903 BGB zeigt, hat sich der pandektistische Eigentumsbegriff durchgesetzt. Mit Recht. Er allein verschafft allen Wirtschaftsgütern jene universale Verkehrsfähigkeit, die für einen modernen, umfassenden Güteraustausch unerlässlich ist. Güter mit politischen Pflichten zu belasten, schreckt Investoren ab und ist das Aus für den internationalen Handel.

Wenn man sich die Entwicklung des modernen Eigentumsbegriffes vergegenwärtigt, versteht man das Scheitern des kommunistischen Wirtschaftssystems besser. Der Kommunismus hat zwischen Privateigentum und sozialistischem Eigentum an Produktionsmitteln unterschieden. Das Eigentum an Produktionsmitteln sollte der „sozialistischen ökonomischen Integration“ dienen, wie es in Art. 9 der DDR-Verfassung hieß. Die Produktionsmittel wurden also wie im Mittelalter mit nichtwirtschaftlichen Zielen belastet. Damit wurden ausgerechnet sie dem Tauschverkehr weitgehend entzogen. In der DDR konnte niemand mehr investieren, selbst nicht DDR-Bürger, nur die Politik. Und für die Infrastruktur war niemand zuständig. Die Folge war der Verbrauch der Substanz. Das alles war und ist Ihnen bekannt. Ich wollte es Ihnen in Erinnerung rufen, weil ich aus bekannten Erfahrungen Schlüsse ziehen möchte, die nicht der herrschenden Lehre entsprechen.

V. Sozialpflichtigkeit des Eigentums?

Am auffälligsten an meiner Geschichte ist, dass ausgerechnet der Aspekt des Eigentums nicht vorkommt, der heute am meisten diskutiert wird: die Sozialpflichtigkeit. Das ist kein Zufall. Sozialpflichtigkeit ist eine politische Belastung von Sachen, und die sollte die historische Entwicklung gerade abbauen. Nicht nur die Menschen, auch die Sachen sollten frei werden. In der europäischen Geschichte gibt es nur ein Beispiel, das heutigen Vorstellungen von Sozialpflichtigkeit sehr nahe kam. Das war die Verantwortung des Grundherrn gegenüber seinen Untertanen. Aber dieses Sozialmodell ist mit dem Feudalismus verschwunden. Heute gibt es in der sozialen Realität keine Fürsorgepflicht für Personen mehr, die aus der Befugnis folgt, über eine Sache zu verfügen. Die polizeiliche Sicherheit des Eigentums ist ein anderer Fall. Es gibt nur Sachherrschaft und fremdgesetzte Schranken. Tertium non datur. Bernhard Windscheid hat es schon festgestellt. Was in Art. 14 Abs. 2 GG steht, soll nur dem Staat Entschädigungskosten sparen und wäre nicht erforderlich gewesen, weil stets klar war, dass Entschädigung für die Aufopferung von Eigentum nur auf angemessenen Ausgleich geht. Die deutschen Verfassungen des 19. Jahrhunderts sind denn auch ohne Nennung der Sozialpflichtigkeit ausgekommen.

Damit leugne ich selbstverständlich nicht, dass caritativ motivierte Verfügungen über Sachen häufig vorkommen. Man darf auch die Spendenfreudigkeit der Deutschen in Katastrophenfällen loben. Aber der caritative Umgang mit Eigentum bedeutet für das Funktionieren der westlichen Gesellschaft so viel wie Eine-Welt-

Läden für den Wohlstand von Entwicklungsländern. Er ist ein Symbol des guten Willens. Das kann angesichts der Geschichte des Eigentumsbegriffes auch nicht anders sein. Seine Entwicklung hatte gerade den Sinn, die Sachen von allen ethischen, politischen, sozialen und religiösen Bindungen zu befreien. Im Mittelalter konnte ein Eigentümer noch dadurch die ewige Seligkeit gewinnen, dass er sein Vermögen den Armen schenkte. Seit der evangelischen Kritik an der Werkgerechtigkeit ist das nicht mehr möglich. Wer heute ein Auto kauft, nicht, weil das Auto gut ist, sondern, weil die Herstellerfirma gut zu ihren Mitarbeitern ist, der lebt in einer anderen Welt, nicht in der westlichen Moderne. Hier weiß jeder normale Mensch, dass er die soziale Relevanz von eigenem oder fremdem Eigentum oder von Eigentum überhaupt bei seinen individuellen Entscheidungen schon deshalb nicht berücksichtigen kann, weil er sie nicht kennt.

VI. Die Funktionalität und Modernität des Privateigentums

In der Loslösung der Sachherrschaft aus konkreten politischen und sozialen Verhältnissen liegt sicher ein Verlust an unmittelbarer Orientierungssicherheit. Aber diesen Verlust kann man vernachlässigen im Vergleich zu den Gestaltungsmöglichkeiten, die die Abstraktion der Sachherrschaft zum Privateigentum eröffnet. Denn weil die Sachen von allen Bindungen und Verpflichtungen entlastet wurden, können sie heute sachgerecht und problemadäquat belastet werden. Ich nenne fünf Beispiele. Erstens, die Eigentümer können uneingeschränkt und persönlich nach den konkreten Umständen für den Zustand ihrer Sachen verantwortlich gemacht werden. Einzelheiten kann man dem Polizei- und Steuerrecht entnehmen. Zweitens, die Sachen können uneingeschränkt dem Wirtschaftsverkehr zugeführt und im Sinne des größtmöglichen Nutzens verwendet werden. Drittens, der Gegenstand des Eigentums kann von konkreten Sachen gelöst und auf geistige Einheiten erweitert werden. Beispiel ist das Urheberrecht. Viertens, die Sachen können zweckgenau gebunden und – sehr wichtig – die Zwecke können geändert werden. Die Neutralisierung des Eigentums ermöglicht es, beliebig viele Ordnungen zu entwickeln, denen die Sachen angepasst werden müssen, von technischen Normen bis zu Bauordnungen. Wer zum Beispiel ein Grundstück in einer Reihenhaussiedlung besitzt, kann sich durch einen Blick über den Zaun selbst belehren, dass er auf diesem Grundstück keinen Wolkenkratzer bauen darf und daher keine Entschädigung erwarten kann, wenn ihm ein Antrag auf Genehmigung eines Wolkenkratzers abgelehnt wird. Fünftens, das Privateigentum wirkt wie ein Stück gesellschaftlicher Gewaltenteilung. Es bremst die Politik, Sachen zu verschwenden oder zu missbrauchen.

Die religiöse, moralische, politische und traditionale Neutralisierung des Eigentums im Privateigentum bedeutet also nicht, dass der Eigentümer tatsächlich mit seiner Sache nach Belieben verfahren darf. Vielmehr gilt: Weil der Eigentümer mit seiner Sache nach Belieben verfahren darf, ist es überhaupt möglich, den Einsatz seiner Sache sach- und problemgerecht zu regeln. In diesem Sinne behindert

Privateigentum den Denkmalschutz nicht, es ermöglicht ihn erst, politisch wie juristisch. Wer Denkmalschutz will, muss aber nicht nur aus organisatorischen Gründen Privateigentum wollen. Privateigentum ist gewiss ein grundlegendes gesellschaftliches Organisations- und Verteilungsprinzip. Aber es ist zugleich eine unwahrscheinliche kulturelle Errungenschaft. Denn es bedeutet, dass eine ganze Kultur von allen ihren Angehörigen verlangt, sich von den eigenen Sachen zu distanzieren und dadurch als selbständige und verantwortliche Personen zu konstituieren. Diese Distanz spiegelt die Verantwortung gegenüber Sachen wider, die Hegel von Personen eingefordert hat. Sie gebietet zugleich Zuwendung zur und Nichtidentifikation mit der Sache. In dieser Spannung scheint mir die objektive Vernunft des Privateigentums zu bestehen. Sie ist die Spannung, die Kultur reifen lässt.

Der Stand des verfassungsrechtlichen Eigentumsschutzes

Hans-Jürgen Papier

I. Einleitung

Der Stand des verfassungsrechtlichen Eigentumsschutzes in der Rechtsprechung des Bundesverfassungsgerichts ist heute in zentralen Grundpositionen ein sehr viel anderer als noch vor wenigen Jahren und hat insoweit über die Jahre eine denkwürdige Entwicklung vollzogen: Der erste große Einschnitt in diesem Prozess erfolgte im Juli 1981, als durch zwei Entscheidungen innerhalb von nur zwei Tagen nahezu sämtliche bis dahin zu Art. 14 GG entwickelten Maßstäbe in Frage gestellt wurden: Während der sog. „Nassauskiesungs"-Beschluss vom 15. Juli 1981 den Begriff der Enteignung und damit den Anwendungsbereich der Enteignungsentschädigung radikal einschränkte, wurde im „Pflichtexemplar"-Beschluss vom 14. Juli 1981 die Möglichkeit aufgezeigt, auch im Rahmen einer Inhalts- und Schrankenbestimmung Entschädigung zu gewähren. Allerdings blieb insbesondere im Hinblick auf den Enteignungsbegriff und die Voraussetzungen einer Entschädigung im Rahmen einer Inhalts- und Schrankenbestimmung vieles unklar, so dass die letzten beiden Jahrzehnte insoweit von rechtlicher Unsicherheit geprägt waren. Zudem war ein vehementer Verteidigungskampf des Bundesgerichtshofs sowie generell der für Entschädigungsfragen zuständigen Zivilrechtsjudikatur zu beobachten, die durch die genannten Entscheidungen nichts von ihrem „angestammten Territorium" einbüßen wollte.

Seit kurzem kann nun allerdings diese Unklarheit im Umfeld von Art. 14 GG als weitestgehend beseitigt betrachtet werden, da das Bundesverfassungsgericht in neueren Entscheidungen einerseits den Enteignungsbegriff noch einmal reduziert und damit wieder mit deutlichen Konturen versehen und andererseits festgelegt hat, wann im Rahmen einer Inhalts- und Schrankenbestimmung Entschädigung zu gewähren ist. Diese beiden Entwicklungen, welche die für den heutigen Stand des verfassungsrechtlichen Eigentumsschutzes wohl bedeutendsten Grundfragen betreffen, sollen im Folgenden untersucht werden.

II. Ablösung und Renaissance des „klassischen“ Enteignungsbegriffs

Art. 14 Abs. 3 GG, der sich mit der Enteignung befasst, enthält keine Regelungen über Begriff und Inhalt der Enteignung und über die Abgrenzung zur (entschädigungslosen) Sozialbindung des Eigentums. Er normiert allein bestimmte Zulässigkeitsvoraussetzungen der Enteignung: Eine Enteignung darf nur zum Wohle der Allgemeinheit vorgenommen werden (Satz 1). Sie darf ferner nur durch Gesetz oder aufgrund Gesetzes erfolgen, das Art und Ausmaß der Entschädigung regelt (Satz 2, sog. „Junktim-Klausel“). Die Entschädigung ist schließlich unter gerechter Abwägung der Interessen der Allgemeinheit und der Beteiligten zu bestimmen (Satz 3). Wegen des Schweigens der Verfassung in Ansehung von Begriff und Inhalt der Enteignung gehört die Frage nach den konstitutiven Enteignungsmerkmalen und nach der Abgrenzung der Enteignung von der Sozialbindung nach wie vor zu den umstrittensten Themen im Anwendungsbereich des Art. 14 GG. Die Rechtsprechung, vornehmlich die für Entschädigungsfragen zuständige Zivilrechtsjudikatur, hatte die vom Reichsgericht vollzogene Lösung vom „klassischen“ Enteignungsbegriff und die „Öffnung“ oder „Erweiterung“ des Enteignungsbegriffs ohne Zögern übernommen. Dies ist aber nur durch „Abkehr von rechtlicher Klarheit“ (Leisner) möglich gewesen. Dass die Enteignung i.w.S. von der Sozialbindung nicht mehr mit einer griffigen „Großformel“ abgegrenzt werden konnte, war eine Erkenntnis, die sich mittlerweile durchgesetzt hatte.

1. Der „klassische“ Enteignungsbegriff

Der „klassische Enteignungsbegriff“ wurde im 19. Jahrhundert entwickelt. Enteignung war lediglich die „ganze oder teilweise Entziehung von Grundeigentum oder von Rechten an solchem zur Durchführung eines dem öffentlichen Wohle dienenden Unternehmens“ (Hofacker). Die Enteignung qualifizierte sich nach diesem „klassischen“ Verständnis durch den von der Verwaltung vorgenommenen (Teil)-Entzug von Grundeigentum oder beschränkten dinglichen Rechten daran zugunsten eines Unternehmens des öffentlichen Wohls, verbunden mit der Überführung des entzogenen Gutes auf das begünstigte Unternehmen. Die Enteignung stellte also im Gegensatz zur (entschädigungsfreien) Eigentumsbindung einen „Güterbeschaffungsvorgang“ dar.

2. Die Auflösung des „klassischen“ Enteignungsbegriffs

Die „Öffnung des Enteignungstatbestandes“ in der Weimarer Zeit setzte auf drei Ebenen ein. Der Enteignungsbegriff wurde erstens vom Grundeigentum gelöst. Nachdem die Lehre die Erweiterung des Eigentumsschutzes auf alle vermögenswerten Rechte des Bürgers gefordert hatte, schwenkte auch die Rechtsprechung des RG auf diesen weiten Eigentumsbegriff ein. Der BGH hat diese Konstituierung des verfassungsrechtlichen Eigentumsbegriffs schon 1952 mit folgender Begründung ausdrücklich gebilligt: Da der Staat heute nach allen vermögenswerten Rechten der Bürger greife, müsse auch der verfassungsrechtliche Eigentumsschutz in diesem umfassenden Sinne gelten. Die zweite Modifikation setzte am Enteignungseingriff an: Die klassische Enteignung war eine Enteignung aufgrund Gesetzes durch Einzelakt. Nunmehr wurde auch eine Enteignung durch Gesetz anerkannt. Als Enteignung galt jetzt der Eigentumseingriff der öffentlichen Gewalt in das Eigentum ungeachtet seiner jeweiligen Form. An die Stelle der formalen Einzelaktstheorie (Enteignung nur durch Verwaltungsakt) trat die „modifizierte Einzelaktstheorie". Der enteignungsbestimmende Einzelakt konnte auch in der Form eines Gesetzes erfolgen. Der Einzeleingriff konnte also jetzt nicht mehr nach der eindeutig ermittelbaren Rechtsform, sondern nur noch nach seinem Inhalt bestimmt werden. Die dritte Durchbrechung des klassischen Enteignungsbegriffs bestand in dem Verzicht auf die Rechtsübertragung. Nicht nur der Voll- oder Teilentzug von Eigentumsrechten zugunsten von Unternehmungen des öffentlichen Wohls, auch Beschränkungen des Eigentums konnten nach dem neuen Enteignungsverständnis der Weimarer Zeit eine Enteignung darstellen. Vor allem diese Ausweitung hat den Anwendungsbereich der (entschädigungsfreien) Sozialbindung erheblich eingeschränkt und ein weiteres formales, leicht handhabbares Abgrenzungskriterium preisgegeben. An die Stelle des eindeutig feststellbaren, staatlich verfügten Rechtsträgerwechsels oder Güterbeschaffungsvorgangs traten „unsichere Abgrenzungsformeln", die die Grenzlinie zwischen den Sozialbindungen des Eigentums und den enteignenden Eigentumsbeschränkungen zu markieren hatten. Auf der anderen Seite wurde auch diese Erweiterung des Enteignungsbegriffs als Antwort auf die Vielfältigkeit der modernen Gefährdungen des Privateigentums durch die öffentliche Gewalt angesehen.

3. Die schrittweise Rückkehr zum klassischen Enteignungsbegriff

Die Rechtsprechung des Bundesverfassungsgerichts geht seit einiger Zeit dahin, den in der zivilgerichtlichen Rechtsprechung „ausgeuferten" Enteignungsbegriff wieder zu reduzieren und damit einer schärferen Konturierung zu unterwerfen. Diese Tendenz wurde im Grundsatz begrüßt, wenngleich im Hinblick auf die Einzelfragen der enteignungsrechtlichen Begriffsbestimmung auch kritische Anmerkungen gegenüber der Judikatur des Bundesverfassungsgerichts vorgebracht wurden. Das Bundesverfassungsgericht hat beginnend mit der Entscheidung zum Kleingartenrecht über die Entscheidungen etwa zur Nassauskiesung, zum Fischereirecht, in Sachen Boxberg, Straßenlärm, Vorkaufsrecht und Denkmalschutz bis hin zur Entscheidung vom 22. Mai 2001 (Baulandumlegung) den verfassungsrechtlichen Enteignungsbegriff wieder erheblich eingeschränkt und zum großen Teil auf seinen klassischen Gehalt zurückgeführt. Wesensmerkmal der Enteignung im verfassungsrechtlichen Sinne ist nach dieser Rechtsprechung des Bundesverfassungsgerichts vor allem der staatliche Zugriff auf das Eigentum des Einzelnen, der zur Erfüllung bestimmter öffentlicher Aufgaben auf die vollständige oder teilweise Entziehung konkreter subjektiver Rechtspositionen gerichtet ist, die durch

Art. 14 Abs. 1 S. 1 GG geschützt sind. Mit der in dem Beschluss vom 22. Mai 2001 erfolgten ausdrücklichen Beschränkung der Enteignung auf Fälle, in denen Güter hoheitlich beschafft werden, mit denen ein konkretes öffentliches Vorhaben durchgeführt werden soll, wird deutlich, dass im Wesentlichen – d.h. ungeachtet des weiteren Eigentumsbegriffes – die Rückkehr zum klassischen Enteignungsbegriff vollzogen ist.

4. Die Enteignung als Rechtsentzug

Nach der seit der Nassauskiesungs-Entscheidung geltenden Rechtsprechung des Bundesverfassungsgerichts ist das Wesensmerkmal der Enteignung im verfassungsrechtlichen Sinne der staatliche Zugriff auf das Eigentum des Einzelnen, der zur Erfüllung bestimmter öffentlicher Aufgaben auf die vollständige oder teilweise Entziehung konkreter subjektiver Rechtspositionen gerichtet ist, die durch Art. 14 Abs. 1 S. 1 GG geschützt sind. Die Enteignungen im verfassungsrechtlichen und damit im eigentlichen oder engeren Sinne weisen – insoweit in Abgrenzung zu den aufopferungsrechtlichen Tatbeständen des enteignungsgleichen und enteignenden Eingriffs – auf der Ebene des Eigentumseingriffs eine starke Formalisierung auf. Enteignungen im Sinne des Art. 14 Abs. 3 GG setzen einen (normativ-abstrakten oder exekutiv-einzelfallbezogenen) Regelungsakt der öffentlichen Gewalt, also eine einseitige, verbindliche, rechtsfolgebegründende Ordnung von Lebenssachverhalten voraus. Konstitutives Element eines dem Art. 14 Abs. 3 GG unterfallenden Enteignungseingriffs ist mithin der Charakter als finaler, zielgerichtet gegen das Eigentum gewendeter Rechtsakt. Eigentumseinwirkungen durch Realakte der öffentlichen Gewalt stellen keine Enteignungen im Sinne des Art. 14 Abs. 3 GG dar, und zwar gleichgültig, ob sie gezielt gegen das Eigentum gerichtet sind oder nicht.

5. Die Enteignung als Entzug konkreten Eigentums

Das Bundesverfassungsgericht hat darüber hinaus den Enteignungsbegriff noch weiter eingeschränkt: Es umschreibt die Enteignung als den – völligen oder teilweisen – Entzug konkreten Eigentums, wobei die besondere Spielart der Legalenteignung darin gesehen wird, dass „einem bestimmten oder bestimmbaren Personenkreis" konkrete Eigentumsrechte entzogen werden. Dem werden die Regelungen nach Art. 14 Abs. 1 S. 2 GG gegenübergestellt, die als generelle und abstrakte Festlegungen von Rechten und Pflichten in Ansehung des Eigentums bezeichnet werden. Nach dem von der zivilgerichtlichen Judikatur entwickelten und lange praktizierten erweiterten Enteignungsbegriff konnten Enteignungen demgegenüber nicht nur in einem Voll- oder Teilentzug von Eigentumsrechten zugunsten von Unternehmungen des öffentlichen Wohls, sondern auch in hoheitlichen Beschränkungen des Privateigentums gesehen werden, soweit jene dem Bürger ein besonders schweres bzw. ein Sonderopfer abverlangten und damit die Schwelle bloßer Sozialbindungen überschritten. Dass das Bundesverfassungsgericht dagegen, wie dies bereits älteren Vorschlägen entsprach, im Wesentlichen ein Zurück zum „klassischen" Enteignungsbegriff einleitete, war zunächst nicht eindeutig. So hieß es in der Entscheidung zum Kleingartenrecht zur Umschreibung der Legalenteignung, diese sei dadurch gekennzeichnet, dass das Gesetz selbst individuelle Rechte entziehe oder beschneide bzw. dass subjektive Rechte entzogen oder gemindert würden. Nichts anderes besagte aber diesbezüglich auch der erweiterte Enteignungsbegriff, nach dem eine Enteignung nicht nur im Rechtsentzug, sondern ebenso in der Beschränkung des Privateigentums bestehen konnte. Auch in der Entscheidung vom 30. November 1988 (Verkehrslärm) hieß es vorsichtiger und einschränkend, ob die Anwendung von Art. 14 Abs. 3 GG dann in Betracht kommen könne, wenn eine inhaltsbestimmende Regelung die Nutzung des geschützten Rechts praktisch schlechthin unmöglich mache und das Recht damit völlig entwertet würde, bedürfe keiner weiteren Prüfung, da ein solcher Fall nicht vorläge. In der Entscheidung vom 9. Januar 1991 (Vorkaufsrecht) hieß es dann allerdings sehr lapidar, Art. 14 Abs. 3 GG sei dann nicht unmittelbar anwendbar, wenn der Gesetzgeber im Zuge der generellen Neugestaltung eines Rechtsgebiets bestehende Rechte abschaffe, für die es im neuen Recht keine Entsprechung gebe. Das Bundesverfassungsgericht gesteht aber auch für diese Fälle zu, dass unter bestimmten Voraussetzungen Art. 14 Abs. 3 GG sinngemäß zu gelten habe und dem das Eigentum regelnden Gesetzgeber Regelungsschranken und Regelungsdirektiven auferlegen könne.

6. Die Enteignung als Güterbeschaffungsvorgang

Ein wesentlicher Unterschied dieser Judikatur zum „klassischen" Enteignungsbegriff schien allerdings darin zu bestehen, dass ein „Güterbeschaffungsvorgang" nicht vorzuliegen brauchte. Nachdem allerdings ein Wiederaufgreifen dieses Tatbestandsmerkmales bereits im Schrifttum diskutiert worden war und die Nähe zu diesem Merkmal durch das vom Bundesverfassungsgericht mehrfach beiläufig erwähnte Erfordernis unterstrichen wurde, der Entzug einer konkreten Eigentumsposition müsse „zur Erfüllung bestimmter öffentlicher Aufgaben" erfolgen, definiert das Bundesverfassungsgericht nunmehr in dem Beschluss vom 22. Mai 2001 betreffend die Baulandumlegung die Enteignung von vornherein als den staatlichen Zugriff auf das Eigentum des Einzelnen, der auf „die vollständige oder teilweise Entziehung konkreter, subjektiver, durch Art. 14 Abs. 1 S. 1 GG gewährleisteter Rechtspositionen zur Erfüllung bestimmter öffentlicher Aufgaben gerichtet" sei; die Enteignung setze den Entzug konkreter Rechtspositionen voraus, aber nicht jeder Entzug sei eine Enteignung im Sinne von Art. 14 Abs. 3 GG. Diese sei beschränkt auf solche Fälle, in denen Güter hoheitlich beschafft werden, mit denen ein konkretes, der Erfüllung öffentlicher Aufgaben dienendes Vorhaben durchgeführt werden soll. Ist mit dem Entzug bestehender Rechtspositionen der Ausgleich privater Interessen beabsichtigt, könne es sich nur um eine Inhalts- und Schrankenbestimmung des Eigentums handeln. Damit ist im Wesentlichen – abgesehen von dem unverändert weiten Eigentumsbegriff – die Rückkehr zum klassischen Enteignungsbegriff vollzogen.

7. Die verbleibende Relevanz der früheren Abgrenzungsmaßstäbe

Die tradierten „Sozialbindungsklauseln" oder „Schwellentheorien" – z.B. die Sonderopfer- oder die Privatnützigkeitstheorie – sind vor allem deswegen noch von gewisser Bedeutung, weil sie zur Bestimmung zulässiger Inhalts- und Schrankenbestimmungen des Eigentums herangezogen werden können. Auch wenn sie auf der Grundlage des neuen, engeren Enteignungsbegriffs nicht der Begriffsbestimmung der Enteignung dienen, so können sie doch für die Bestimmung jener Grenzen, die der verfassungsgemäßen, entschädigungslosen Inhalts- und Schrankenbestimmung gezogen sind, hilfreich sein. Mit der Reduktion des verfassungsrechtlichen Enteignungsbegriffs haben zwar die Inhalts- und Schrankenbestimmungen des Eigentums i.S. des Art. 14 Abs. 1 S. 2 GG eine erhebliche begriffliche Erweiterung erfahren, das bedeutet aber noch nicht, dass damit auch die gesetzgeberischen Zugriffsmöglichkeiten auf das Eigentum des Bürgers in der Sache erweitert worden sind. Auch wenn es mittlerweile fest steht, dass Inhalts- und Schrankenbestimmungen des Eigentums nicht in eine (entschädigungspflichtige) Enteignung umschlagen können, so unterliegen sie doch eigenen sachlichen Grenzen, die zu einem gewissen Teil mit Hilfe der tradierten Sozialbindungsklauseln bestimmt werden können. Inhalts- und Schrankenbestimmungen des Eigentums durch die Gesetzgebung können nämlich wegen unverhältnismäßiger Einschränkung der privatnützigen Verwend- und Verfügbarkeit des Eigentums als verfassungswidrig zu erachten sein. Sie können jedoch dem Verdikt der verfassungswidrigen Inhalts- und Schrankenbestimmung andererseits unter Umständen dadurch entgehen, dass der Gesetzgeber jenen Zugriff auf das Eigentum nur unter „Abfederung" durch eine primär anzuwendende Härtefallklausel und/oder eine geldwerte Ausgleichs- oder Entschädigungsleistung gestattet. Dieser Gesichtspunkt führt zu dem hoch umstrittenen Komplex der Entschädigung im Rahmen der Sozialbindung.

III. Entschädigung im Rahmen der Sozialbindung

1. Das Dogma der Entschädigungslosigkeit der Sozialbindungen

Sozialbindung des Eigentums sind diejenigen Eigentumsbeschränkungen durch staatlichen Hoheitsakt, die nicht als Enteignung zur Entschädigung verpflichten (Leisner), mithin sämtliche Eigentumsbeschränkungen, die nicht dem engen, im Wesentlichen auf Güterbeschaffungsmaßnahmen beschränkten verfassungsrechtlichen Enteignungsbegriff zuzuordnen sind. Art. 14 Abs. 1 S. 2 GG konstituiert einen gesetzgeberischen Gestaltungsraum, in dem grundsätzlich keine verfassungsrechtlichen Entschädigungsverpflichtungen entstehen. Einen Vermögensschutz gewährt Art. 14 GG nur in seinem Abs. 3. Die dem Art. 14 Abs. 1 GG eigene Bestandsgarantie des konkreten Eigentums verwandelt sich nur unter den Voraussetzungen einer zulässigen Enteignung in eine (bloße) Eigentumswertgarantie. Jede den Eigentümer belastende oder beschwerende Inhalts- und Schrankenbestimmung einer Rechtsposition stellt sich hinsichtlich der allgemeinen (Gesamt-) Vermögenslage des betroffenen Rechtsinhabers als eine Vermögensminderung oder als einen (teilweisen) Vermögensentzug dar. Art. 14 Abs. 1 S. 2 GG lässt aber grundsätzlich derartige Inhalts- und Schrankenbestimmungen subjektiver Rechte entschädigungslos zu. Es gibt keine Bestands- oder Bestandswertgarantie in Ansehung des Gesamtvermögens des Einzelnen.

2. Entschädigungspflichtige Sozialbindungen?

In der Literatur mehrten sich in den 80er Jahren die Stimmen, die das klassische eigentumsrechtliche Dogma „entweder entschädigungslose Sozialbindung oder entschädigungspflichtige Enteignung“ in Zweifel zogen. Es wurde teilweise die Auffassung vertreten, dass die Grenzen entschädigungslos zulässiger Eigentumsbeschränkungen nicht identisch seien mit der Tatbestandsabgrenzung der Enteignung. Stellte sich eine Eigentumsbeschränkung als Inhalts- und Schrankenbestimmung i.S. des Art. 14 Abs. 1 S. 2 dar, so soll in einem zweiten Schritt zu prüfen sein, ob die mit der „Freiheitsbeeinträchtigung verbundene Wertbeeinträchtigung des Eigentums mit den vom Gesetzgeber zu beachtenden Grundsätzen des Übermaßverbotes und des Gleichheitssatzes vereinbar ist“ (Osterloh). Sei das nicht der Fall, dann sei die betreffende Inhalts- und Schrankenregelung verfassungswidrig. Diesen Verfassungsverstoß könne der Gesetzgeber nur durch Gewährung von Ausgleichsansprüchen vermeiden.

3. Die verfassungsrechtliche Anerkennung von Ausgleichsansprüchen

Hinter diesen Überlegungen steckt ohne Zweifel ein richtiger Ansatz: Eine gesetzgeberische Sozialbindung greift im Allgemeinen weniger stark in das betroffene Eigentum ein, wenn sie mit einer Kompensation der erlittenen Vermögenseinbuße verknüpft ist. Die Entschädigungspflicht (auch) im Vorfeld der Enteignung könnte nach diesen gedanklichen Ansätzen allerdings zu einer allgemeinen Forderung des Übermaßverbotes bzw. des Erforderlichkeitsprinzips werden. Eine gruppenspezifische Eigentumsbeschränkung könnte ferner immer dann schon als gegen Art. 3 Abs. 1 GG verstoßend erscheinen, wenn die Sonderbelastungen durch Gewährung von Entschädigungen kompensierbar wären. Das Bundesverfassungsgericht stellte ähnliche Erwägungen erstmals in dem zunächst wenig beachteten „Pflichtexemplar“-Beschluss vom 14. Juli 1981 an. Nach den darin entwickelten, mehrfach bestätigten und präzisierten Grundsätzen ist es dem Gesetzgeber nicht verwehrt, eigentumsbeschränkende Maßnahmen, die er im öffentlichen Interesse für geboten hält, auch in Härtefällen durchzusetzen, wenn er durch kompensatorische Vorkehrungen unverhältnismäßige oder gleichheitswidrige Belastungen des Eigentümers vermeidet und schutzwürdiges Vertrauen angemessen berücksichtigt. Unter der Kurzbezeichnung „ausgleichspflichtige Inhaltsbestimmung“ fand diese Figur starke Resonanz. Das Denkmalschutz- und Naturschutzrecht gelten als Hauptanwendungsfälle des Instituts. Vor allem die Fachgerichte beriefen sich auf den neuen

Ausgleichsanspruch, obwohl im Schrifttum auch darauf hingewiesen wurde, dass die verfassungsrechtliche Judikatur noch keineswegs gesichert sei.

4. Einwände und Unsicherheiten

a) Die exzessive Rezeption der Figur durch die Fachgerichte

In der Rechtsprechung des Bundesgerichtshofs erscheint die ausgleichspflichtige Inhaltsbestimmung weithin als Institut, das die Aufrechterhaltung der überkommenen Rechtsprechung zum enteignungsgleichen Eingriff ohne inhaltliche Modifikationen unter neuen Vorzeichen ermöglicht. Demgegenüber betonte das Bundesverfassungsgericht, eine verfassungswidrige Inhaltsbestimmung stelle keinen enteignenden Eingriff im verfassungsrechtlichen Sinne dar und könne auch nicht in einen solchen umgedeutet werden. Dies gelte selbst dann, wenn eine Inhaltsbestimmung wegen der Intensität der den Rechtsinhaber treffenden Belastung mit dem Grundgesetz nur dann in Einklang stünde, wenn sie durch die Einführung eines Ausgleichsanspruchs abgemildert würde. Kompliziert wurde die Situation auch dadurch, dass sowohl der Bundesgerichtshof als auch das Bundesverwaltungsgericht über Jahre hinweg ihren jeweiligen Rechtsweg für Ausgleichsansprüche im Rahmen der Inhaltsbestimmung des Eigentums als eröffnet ansahen. Der Gesetzgeber hat diese Frage nunmehr in § 40 Abs. 2 S. 1 HS. 2 VwGO zugunsten der Verwaltungsgerichte entschieden.

b) Grundsätzliche Einwände

Gegen die Annahme zweier verschiedener Entschädigungsnormen im Anwendungsbereich des Art. 14 GG, einer aus Art. 14 Abs. 3 GG und einer aus Art. 14 Abs. 1 S. 2 GG, wurden demgegenüber auch grundsätzliche Bedenken vorgetragen. In der Tat kann die Heranziehung des Übermaßverbotes und des Gleichheitssatzes, die allgemein sicherlich auch den inhalts- und schrankenbestimmenden Gesetzgeber binden, jedenfalls nicht zu einer generellen, gar verfassungsunmittelbaren Entschädigungspflicht bei Eigentumsbeschränkungen führen.

c) Ausnahmecharakter von Ausgleichsleistungen bei Inhaltsbestimmungen

Es darf nicht übersehen werden, dass Art. 14 Abs. 1 S. 2 GG den Gesetzgeber ohne ausdrückliches Entschädigungsgebot ermächtigt, Inhalt und Schranken des Eigentums zu bestimmen und damit auch auf bestehende Eigentumsrechte gestaltend einzuwirken. Diese Ermächtigung dient vorrangig dazu, die verfassungsrechtlich bestimmte Sozialpflichtigkeit des Eigentumsgebrauchs (Art. 14 Abs. 2 GG) geltend zu machen. Sie weist deutliche Unterschiede zur Enteignungsermächtigung des Art. 14 Abs. 3 GG auf, die eine Entschädigungsregelung ausdrücklich und ausnahmslos vorsieht. Aus diesen systematischen Zusammenhängen wird deutlich, dass Art. 14 Abs. 1 S. 2 GG keine allgemeine Vermögensgarantie enthält und dass die Sozialbindung sich nicht nur auf die Eigentumsnutzungs-, sondern auch auf die Eigentumswertbeschränkungen oder -beschneidungen erstrecken soll. Diese Grundsatzentscheidung des Verfassungsgebers darf nicht dadurch unterlaufen werden, dass allgemein mit Hilfe des Grundsatzes des milderen Eingriffs und/oder der Gleichbehandlung im Rahmen des Art. 14 Abs. 1 S. 2 GG Entschädigungspflichten angenommen werden. Der sozialgestalterischen Gesetzgebung im Anwendungsbereich des Art. 14 Abs. 1 S. 2 GG würden damit Fesseln angelegt werden, die in der Verfassung nicht vorgesehen und die in dieser Allgemeinheit ausdrücklich nur für die Enteignung bestimmt sind. Es muss ferner berücksichtigt werden, dass die – nach Art. 14 Abs. 1 S. 2 GG prinzipiell mögliche. – entschädigungslose Sozialbindung nicht derart mit einer durch Entschädigungsleistungen „abgefederten“ Sozialbindung verglichen werden kann, dass letztere vom Übermaßverbot stets gefordert wäre. Denn aus der Sicht des die Sozialpflichtigkeit des Eigentums konkretisierenden Gesetzgebers handelt es sich im Allgemeinen nicht um gleich geeignete Eingriffsmittel. Eine ausgleichspflichtige Sozialbindung kann wegen der öffentlichen Belastungen regelmäßig nicht in gleicher Weise den Gemeinwohlzielen des Art. 14 Abs. 2 GG dienen. Das Argument des geringstmöglichen Eingriffs, das stets gleich geeignete Eingriffsmittel voraussetzt, versagt also bei dieser Betrachtung vielfach.

d) Die Klärung durch das Bundesverfassungsgericht

Diese Ausführungen schließen zwar nicht aus, dass unter besonderen Voraussetzungen gesetzlich vorgesehene Ausgleichsleistungen an den Eigentümer ein mögliches Mittel darstellen, um die verfassungsrechtliche Zulässigkeit einer Inhalts- und Schrankenbestimmung zu begründen. Den Ausnahmecharakter der finanziellen Kompensation im Rahmen einer Inhalts- oder Schrankenbestimmung verdeutlichte das Bundesverfassungsgericht in seinem Beschluss vom 2. März 1999 zum rheinland-pfälzischen Denkmalschutzgesetz. Darin erklärte das Gericht zugleich Ausgleichsregelungen für unzulässig, die den Grundsatz der Verhältnismäßigkeit in besonderen Härtefällen wahren sollen, wenn sie sich darauf beschränken, dem Betroffenen einen Entschädigungsanspruch zuzubilligen. Die Bestandsgarantie des Art. 14 GG verlange vielmehr, dass zunächst Vorkehrungen getroffen werden, die eine unverhältnismäßige Belastung des Eigentümers real vermeiden und die Privatnützigkeit des Eigentums weitmöglichst erhalten. Diesen Anforderungen genüge das rheinland-pfälzische Denkmalschutzgesetz nicht. Zwar führe die Anwendung des denkmalschutzrechtlichen Beseitigungsverbotes im Regelfall zu keiner unverhältnismäßigen Belastung des Eigentümers. Anders liege es aber, wenn im Einzelfall von dem Baudenkmal kein vernünftiger Gebrauch gemacht und es praktisch auch nicht veräußert werden könne. In diesem Fall werde seine Privatnützigkeit nahezu vollständig beseitigt. Die Verfassungswidrigkeit des Gesetzes folge insoweit bereits daraus, dass es unverhältnismäßige Belastungen des Eigentümers nicht ausschließe und keinerlei Vorkehrungen zur Vermeidung derartiger Eigentumsbeschränkungen enthalte.

Daran ändere sich auch nichts durch die salvatorische Entschädigungsklausel des Denkmalschutzgesetzes, wonach ein Anspruch auf eine angemessene Entschädigung bestand, wenn eine auf das Denkmalschutzgesetz gestützte Maßnahme im Einzelfall enteignend wirkte. Eine solche Generalklausel genüge nicht den Anforderungen, die an eine zulässige Ausgleichsregelung zu stellen seien. Inhalt und Schranken des Eigentums zu bestimmen, sei grundsätzlich Sache des Gesetzgebers. Art. 14 Abs. 1 S. 1 GG verlange, dass in erster Linie – etwa durch Übergangsregelungen, Ausnahme- und Befreiungsvorschriften – eine unverhältnismäßige Belastung des Eigentümers vermieden und die Privatnützigkeit des Eigentums so weit wie möglich erhalten werde. Nur wenn ein solcher Ausgleich im Einzelfall nicht oder nur mit unverhältnismäßigem Aufwand möglich sei, könne dem Eigentümer ein finanzieller Ausgleich oder ein Anspruch auf Übernahme durch die öffentliche Hand zum Verkehrswert eingeräumt werden. Der Gesetzgeber habe seine materiellrechtlichen Ausgleichsregelungen in diesem Fall durch verfahrensrechtliche Vorschriften zu ergänzen, die sicherstellen, dass mit dem die Eigentumsbeschränkung aktualisierenden Verwaltungsakt zugleich über den dem belasteten Eigentümer gegebenenfalls zu gewährenden Ausgleich entschieden werde; bei finanzieller Kompensation sei zumindest dem Grunde nach über das Bestehen des Anspruchs zu entscheiden. Fehlten solche Regelungen, so sei es daher künftig unzulässig, ohne Prüfung der materiellen Zulässigkeit der Inhalts- und Schrankenbestimmung Entschädigung zu gewähren und als Kriterien für eine solche „Ausgleichspflicht" unverändert auf jene Gesichtspunkte (Sonderopfertheorie, Schweretheorie) zurückzugreifen, die früher zur Abgrenzung der Inhaltsbestimmung von der Enteignung herangezogen wurden.

IV. Ausblick

Die Entscheidungen zum rheinland-pfälzischen Denkmalschutzgesetz vom 2. März 1999 und zur Baulandumlegung vom 22. Mai 2001 bringen nach fast 20 Jahren einen Prozess der Neubestimmung der Eigentumsgarantie zum Abschluss, der im Juli 1981 mit den Entscheidungen zur Nassauskiesung und zu den Pflichtexemplaren seinen Ausgang genommen hatte und der auch in den Aussagen des Bundesverfassungsgerichts nicht immer geradlinig verlaufen ist. Wie immer man diese Entwicklungen verfassungspolitisch – insbesondere mit Blick auf den Grundrechtsschutz – beurteilen mag, jedenfalls ist nicht zu leugnen, dass diese jüngsten Entscheidungen des Gerichts eine gewisse Konsolidierung bewirkt haben, so dass der Stand des verfassungsrechtlichen Eigentumsschutzes nunmehr in sehr viel deutlicheren Konturen erkennbar ist als noch vor wenigen Jahren. Der Anwendungsbereich der Enteignungsentschädigung ist nunmehr im Wesentlichen wieder auf die ursprünglich gemeinten staatlichen Güterbeschaffungsvorgänge beschränkt, alle sonstigen Beschränkungen des Eigentums sind nach den Maßstäben einer Inhalts- und Schrankenbestimmungen zu beurteilen. Die bestehenden salvatorischen Entschädigungsklauseln dürften allesamt als überholt und gegenstandslos anzusehen sein und werden derzeit in Bayern daher auch durchgehend aufgehoben. Künftig wird es also nicht mehr verfassungsrechtlich zulässig sein, erhebliche Eingriffe in das Eigentum zuzulassen und deren Rechtmäßigkeit pauschal mit salvatorischen Klauseln sicher zu stellen. Die Zulässigkeit von Ausgleichsleistungen bei der Bestimmung von Inhalt und Schranken des Eigentums bleibt zwar als Mittel anerkannt, um in bestimmten Ausnahmefällen die Zulässigkeit einer Inhalts- und Schrankenbestimmung zu begründen. Die Entscheidung hierüber wird jedoch wie die gesamte Verantwortung für die Gewährleistung einer rechtmäßigen Bestimmung von Inhalt und Schranken des Eigentums auf den Gesetzgeber zurück verlagert. Insgesamt werden damit die ursprüngliche Verantwortlichkeit, zugleich aber auch die originären Gestaltungsmöglichkeiten des parlamentarischen Gesetzgebers wieder hergestellt.

V. Zusammenfassende Thesen

1. Der Prozess der Neuinterpretation der Eigentumsgarantie, der im Juli 1981 durch den „Nassauskiesungs"-Beschluss (BVerfGE 58, S. 300 ff.) und den „Pflichtexemplar"-Beschluss (BVerfGE 58, S. 137 ff.) des Bundesverfassungsgerichts eingeleitet wurde, hat mit den Entscheidungen zum rheinland-pfälzischen Denkmalschutzgesetz vom März 1999 und zur Baulandumlegung vom Mai 2001 seinen Abschluss gefunden. Die zu Recht vielfach beklagten Unklarheiten im Umfeld von Art. 14 GG sind damit weitestgehend beseitigt.
2. Die Entwicklung der Rechtsprechung zu Art. 14 Abs. 3 GG lässt sich als Renaissance des „klassischen" Enteignungsbegriffs charakterisieren, der als Enteignung lediglich staatliche Güterbeschaffungsvorgänge ansieht. Die zuvor in der Rechtsprechung der Fachgerichte vollzogene Auflösung des „klassischen" Enteignungsbegriff, meist als „Öffnung" oder „Erweiterung" verteidigt, wurde durch „Abkehr von rechtlicher Klarheit" erkauft. Das Bundesverfassungsgericht hingegen sucht den Enteignungsbegriff wieder schärfer zu konturieren.
3. Die Entscheidung zur Baulandumlegung (BVerfGE 104, S. 1 ff.) führt den verfassungsrechtlichen Enteignungsbegriff weitgehend auf seinen klassischen Gehalt zurück. Wesensmerkmal der Enteignung ist demnach der staatliche Zugriff auf das Eigentum des Einzelnen, mit dem ein konkretes öffentliches Vorhaben durchgeführt werden soll.
4. Nach dem „Pflichtexemplar"-Beschluss vom Juli 1981 ist es dem Gesetzgeber nicht verwehrt, eigentumsbeschränkende Maßnahmen, die er im öffentlichen Interesse für geboten hält, auch in Härtefällen durchzusetzen, wenn er durch kompensatorische Vorkehrungen unverhältnismäßige oder gleichheitswidrige Belastungen des Eigentümers vermeidet. Unter der Kurzbezeichnung „ausgleichspflichtige Inhaltsbestimmung" fand diese Figur starke Resonanz und eine bisweilen exzessive Rezeption durch die Fachgerichte.
5. Der Beschluss zum rheinland-pfälzischen Denkmalschutzgesetz (BVerfGE 100, S. 226 ff.) bestätigt zwar die grundsätzliche Zulässigkeit von Ausgleichsleistungen bei Inhaltsbestimmungen, verdeutlicht jedoch deren Ausnahmecharakter. Künftig ist es insbesondere nicht mehr zulässig, die Rechtmäßigkeit erheblicher Eingriffe in das Eigentum pauschal mit salvatorischen Klauseln abzufedern.

6. Bestehende salvatorische Entschädigungsklauseln dürften damit als überholt und rechtlich gegenstandslos anzusehen sein. Die tradierten „Sozialbindungsklauseln“ hingegen können weiterhin zur Bestimmung zulässiger Inhalts- und Schrankenbestimmungen des Eigentums hilfreich sein.
7. Die neue Rechtsprechung des Bundesverfassungsgerichts verlagert die Verantwortung für die Gewährleistung einer rechtmäßigen Bestimmung von Inhalt und Schranken des Eigentums und die Auferlegung von Ausgleichspflichten der öffentlichen Hand zurück auf den Gesetzgeber und stellt dessen originäre Gestaltungsmöglichkeiten wieder her.

Das Bild des Eigentums in der öffentlichen Meinung

Renate Köcher

Die Entwicklung der Akzeptanz einer Wirtschafts- und Eigentumsordnung hängt nicht nur von den politischen und gesetzlichen Rahmenbedingungen ab, sondern in hohem Maße von den sozialen Verhältnissen, der Vermögensverteilung und den Werten und Leitideen einer Gesellschaft. Ludwig Erhard hat immer wieder darauf hingewiesen, welche Bedeutung einer breiten Vermögensbildung für die Akzeptanz eines freien Wirtschaftssystems zukommt. Ein Volk von Eigentümern, so seine feste Überzeugung, wird weitgehend dagegen gefeit sein, eine freie Wirtschafts- und Eigentumsordnung in Frage zu stellen. Heute ist die Bevölkerung trotz wirtschaftlicher Stagnation und weit verbreiteter Ängste, durch die Sozialstaatsreform Wohlstandsverluste zu erleiden, in einer Breite Eigentümer wie nie zuvor. Die kontinuierlichen Bestandsaufnahmen von Besitz, seien es Immobilien, Barvermögen oder die Ausstattung der Haushalte, zeigen eine eindrucksvolle Besitz- und Wohlstandsvermehrung, die keineswegs auf Minderheiten in der Bevölkerung beschränkt ist: Heute besitzen 55 Prozent der gesamten Bevölkerung ab 16 Jahre Immobilien, in Westdeutschland 58 Prozent, in Ostdeutschland 42 Prozent. Die Ausstattung der Haushalte mit Pkws, modernen Haushaltsgeräten und Kommunikationstechnologien ist auf beeindruckendem und in seiner auffallenden Diskrepanz zu früheren Jahrzehnten kaum noch reflektiertem Niveau. 81 Prozent der Bevölkerung verfügen heute in ihrem Haushalt über einen oder mehrere Pkws, Anfang der fünfziger Jahre waren es 5 Prozent, Anfang der sechziger Jahre 32 Prozent. Ein Telefon besaßen Anfang der sechziger Jahre 21 Prozent der Bevölkerung (Anfang der fünfziger Jahre 10 Prozent), heute 95 Prozent; über einen PC verfügen mittlerweile 59 Prozent der Haushalte. Technische Innovationen, die die Bevölkerung interessieren, finden heute binnen kürzester Frist Eingang in die privaten Haushalte – ebenfalls Ausdruck des durchaus beachtlichen Spielraums der Mehrheit der Bevölkerung, über Wirtschaftsgüter zu disponieren.

Nur 22 Prozent der Bevölkerungskreise, die von Alterseinkünften leben, sind ausschließlich auf die staatliche Rente verwiesen (West: 16 Prozent; Ost: 42 Prozent). Der Anteil, der parallel auf eigenes Vermögen zurückgreifen kann, nimmt kontinuierlich zu. Die Mehrheit der Bevölkerung zieht subjektiv auch durchaus die Bilanz, dass sich ihre Besitzverhältnisse positiv von der der Eltern und Großeltern abheben. 51 Prozent der gesamten Bevölkerung ziehen für die eigene Familie in der Langfristperspektive die Bilanz, dass sie über die letzten drei Generationen hinweg wohlhabender geworden sind, nur 14 Prozent konstatieren Wohlstandseinbußen. Solche Erfahrungen von Besitz- und Wohlstandsmehrung beeinflussen die Grundhaltung zu Eigentum positiv. Eigener Besitz ist nicht Voraussetzung für eine positive Bewertung von Eigentum, befestigt jedoch die Überzeugung von dem individuellen wie gesellschaftlichen Nutzen des Eigentums. So sind in Westdeutschland knapp 60 Prozent der Immobilienbesitzer überzeugt, dass Eigentum dem Wohl des Einzelnen wie dem Gemeinwohl dient, dagegen nur 41 Prozent der Bevölkerungskreise ohne Immobilienbesitz. 56 Prozent der Immobilienbesitzer betonen, dass Besitz den Grad an individueller Freiheit erhöht, dagegen nur 40 Prozent der Bevölkerungskreise ohne Immobilienbesitz. In Ostdeutschland, wo erst allmählich eine Eigentumskultur wie in Westdeutschland entsteht, sind die Unterschiede zwischen Besitzern und Nicht-Besitzenden schwächer, in der Tendenz jedoch ähnlich.

Die Grundhaltung der Gesellschaft zu Besitz ist außerordentlich positiv. Nähert man sich diesem Thema zunächst mit Wort-Sympathie-Tests, mit denen die spontane Reaktion auf bestimmte Schlüsselbegriffe überprüft wird, so gibt es wenig Begriffe, auf die die Bevölkerung spontan derartig positiv reagiert wie auf ‚Eigentum'. 92 Prozent der Bevölkerung reagieren auf den Begriff ‚Eigentum' positiv – lediglich ‚Freiheit' und ‚Sicherheit' erzielen eine vergleichbar einheitlich positive Resonanz. 80 Prozent der Bevölkerung bekennen sich unbefangen dazu, dass ihnen Eigentum und Besitz Freude bereiten, nur 10 Prozent bestreiten die Freude am Eigentum. Eigentum gehört auch zu den wichtigsten Quellen individueller Sicherheit – wenn auch nur eine Minderheit der Bevölkerung auf die Frage, was zu dem persönlichen Sicherheitsgefühl beiträgt, Eigentum nennt. Gleichzeitig benennt die überwältigende Mehrheit jedoch konkrete Synonyme für Eigentum, an der Spitze eigene Ersparnisse (84 Prozent), die Mehrheit auch Immobilienbesitz, dagegen nur 43 Prozent Eigentum. So positiv der Begriff Eigentum besetzt ist, gehört er für die Bevölkerung doch zu den abstrakten Begriffen, die außerhalb ihrer sehr konkret gefassten Alltagsrhetorik liegen. Festzuhalten bleibt jedoch, dass das konkret gefasste Eigentum, eigenes Geldvermögen und eigener Immobilienbesitz an der Spitze der Quellen individuellen Sicherheitsgefühls rangieren.

Auch auf der Ebene der für weite Kreise der Bevölkerung abstrakten Eigentumsrhetorik zeigen sich Entwicklungslinien, die auf eine wachsende Akzeptanz von Eigentum auch abseits der konkreten persönlichen Besitzerfreude hindeuten. Das individuelle und gesellschaftliche Potential, die positiven Auswirkungen von Eigentum werden von der Bevölkerung zunehmend akzeptiert und betont. So hat die Überzeugung, dass Eigentum dem Wohl des Einzelnen wie dem Gemeinwohl dient, in den letzten fünf Jahren von 43 auf 50 Prozent zugenommen, die Überzeugung, dass von Eigentum Leistungsmotivation ausgeht, von 47 auf 55 Prozent. Parallel wächst die Überzeugung, dass die Sicherung des Eigentums eine der wichtigsten Aufgaben des Staates ist.

Nichts hat sich jedoch stärker verändert als die Betonung der Verantwortung, die aus Eigentum erwächst. Die Forderung des Grundgesetzes „Eigentum verpflichtet. Sein Gebrauch soll zugleich dem Wohle der Allgemeinheit dienen“ wurde 1998 nur von einem Drittel, heute von knapp der Hälfte der Bevölkerung unterstützt. Die überwältigende Mehrheit zweifelt allerdings daran, dass dieser Verpflichtungscharakter in der Breite und speziell von den wohlhabenden Schichten wirklich angenommen wird. Die Kampfansagen an das private Eigentum, die teilweise die ideologischen Auseinandersetzungen der siebziger Jahre in Westdeutschland und die Erfahrungen der ostdeutschen Bevölkerung unter dem sozialistischen Regime bestimmten, gehören zunehmend der Vergangenheit an. Sätze wie: „Eigentum ist Diebstahl" leuchten heute gerade einmal knapp 2 Prozent der Bevölkerung ein, in Ostdeutschland knapp 4 Prozent. Den Satz von Karl Marx, das kapitalistische Eigentum sei die Quelle der Ausbeutung und der Entfremdung der Arbeiter, halten heute noch 16 Prozent der Bevölkerung für zutreffend, in Ostdeutschland immerhin 34 Prozent. Der Zeitvergleich zeigt jedoch, dass diese Einstellung in den neuen Ländern kontinuierlich an Unterstützung verliert. Vor fünf Jahren hielten immerhin noch 40 Prozent der ostdeutschen Bevölkerung Karl Marx' Analyse für zutreffend.

Die große Mehrheit der Bevölkerung hat heute keinen Zweifel, dass der private Besitz an Produktivkapital dem Staatseigentum überlegen ist. 71 Prozent der gesamten Bevölkerung sind davon überzeugt, nur 8 Prozent glauben an die Überlegenheit des staatlichen Eigentums an Produktivkapital. Allerdings zeigen sich auch hier große Unterschiede zwischen alten und neuen Bundesländern. Zwar hält auch in Ostdeutschland nur eine Minderheit Staatseigentum an Produktivkapital für überlegen (21 Prozent); die Überzeugung, dass Privatbesitz an Produktivvermögen in der Regel dem Staatsbesitz vorzuziehen ist, ist jedoch weitaus schwächer ausgeprägt als in Westdeutschland: 77 Prozent der westdeutschen Bevölkerung halten Privateigentum an Produktivvermögen grundsätzlich für überlegen, aber nur 44 Prozent der ostdeutschen Bevölkerung. Nach wie vor stehen weite Kreise der ostdeutschen Bevölkerung dieser Wirtschaftsordnung fremd gegenüber – nicht feindlich, aber unsicher und distanziert. Der Glaube an das alte System ist verloren, das Vertrauen in die Marktwirtschaft bisher aber nur begrenzt gewachsen. Doch die Einstellungen sind in Bewegung. So ist die Überzeugung von der Überlegenheit des Privateigentums gegenüber staatlichem Eigentum an Produktivkapital in den letzten fünf Jahren von 38 auf 44 Prozent angestiegen, die Überzeugung von der grundsätzlichen Überlegenheit des Staatseigentums immerhin von 32 auf 21 Prozent gesunken. Die Prägungen aus Jahrzehnten unter einem sozialistischen Regime sitzen jedoch tief und werden, wenn auch abgeschwächt, noch in zwanzig Jahren sichtbar sein. Der Übergang in eine andere Wirtschafts- und Gesellschaftsordnung ist ein langwieriger Prozess. Das gilt nicht nur für Ostdeutschland, sondern ließ sich genauso in Westdeutschland während der fünfziger und sechziger Jahre beobachten. Auch die westdeutsche Bevölkerung hatte noch in den fünfziger Jahren ausgeprägte Vorbehalte gegenüber einer freien Wirtschaftsordnung und hielt Ludwig Erhard anfangs für einen Hasardeur.

Die damalige Entwicklung wie die heutigen Unterschiede zwischen alten und neuen Bundesländern zeigen, welche Verantwortung der Staat für die Entwicklung der Bewusstseinslage der Bevölkerung hat. Die Rahmenbedingungen, die der Staat schafft, haben eminenten Einfluss auf die Vorstellungen der Bevölkerung, was des Staates und was des Bürgers ist, welche Rahmenbedingungen einen besseren ökonomischen Erfolg, mehr Wohlfahrt für die Bürger und eine gerechtere

Gesellschaft generieren, wie auch auf das Vertrauen der Bürger in ihre eigenen Kräfte. Bis heute traut sich die ostdeutsche Bevölkerung weniger zu als die westdeutsche, fühlt sich abhängiger vom Staat und definiert auch das Verhältnis Bürger/Staat anders als die westdeutsche Bevölkerung, ohne dass dies allein mit einer objektiv größeren Abhängigkeit aufgrund von höherer Arbeitslosigkeit und geringeren Vermögensbeständen erklärlich wäre. Die deutsche Teilung lässt sich auch als ein Dokument der Prägungen von Menschen in einem unterschiedlichen politischen und wirtschaftlichen System lesen. Da, wo in Ost und West völlig gegensätzliche Wege eingeschlagen wurden, sind bis heute erhebliche Unterschiede im Bewusstsein der ostdeutschen und westdeutschen Bevölkerung festzustellen. Dies gilt für die Bewertung von Privateigentum an Produktionsmitteln, es gilt eingeschränkt auch für die Idealvorstellungen des Verhältnisses von Eigenverantwortung und staatlicher Fürsorge.

Die Rahmenbedingungen in Ost- und Westdeutschland waren auch hier verschieden, jedoch keineswegs so grundsätzlich als Antipoden angelegt wie bei privatem und staatlichem Eigentum an Produktivkapital. Die Entwicklung des Sozialstaates in Westdeutschland hatte in Teilen durchaus Züge des staatlichen Omnipotenzanspruches angenommen, wie er der ostdeutschen Bevölkerung als Grundkonzept des Staates vertraut war. Die Rückwirkungen eines ausgreifenden Staates auf das Bewusstsein der Bürger und ihr Selbstvertrauen in die eigenen Kräfte sind auch in Westdeutschland nur zu sichtbar. Auch wenn dieses Ausgreifen sicher oft mit den besten Absichten geplant und durchgeführt wurde, war es in seinem Ausmaß Ergebnis einer Hybris, die den Staat wie die Bürger heute zu schmerzhaften Anpassungen und einer grundlegenden Neuorientierung zwingt. Wenn die Mehrheit der westdeutschen Bevölkerung bis vor kurzem überzeugt war, dass ein ausgreifender Staat, der die Bürger umfassend sozial absichert und zugleich bei ökonomischen Problemen jederzeit in die Wirtschaft eingreift, nicht nur mehr Gerechtigkeit und Gleichheit herstellt, sondern auch einen höheren Wohlstand garantiert, so zeigt dies, dass sich auch in Westdeutschland ein Bewusstsein herausgebildet hatte, das staatlichen Einkommensgarantien und Transferzahlungen mehr zutraute als der eigenständigen Ansammlung und Verwaltung von Eigentum durch die Bürger.

Der durch die Mittelknappheit erzwungene partielle Rückzug des Staates, die Neudefinition des Verhältnisses von Bürger und Staat in der sozialen Sicherung werden daher bisher nur begrenzt als Freiheitsgewinn gesehen, primär als Gefahr für das erreichte Wohlstandsniveau. Dies kann kaum überraschen: Da der Staat die Eigenverantwortung der Bürger erst als Leitidee entdeckt hat, als die eigene Leistungsfähigkeit an ihre Grenze kam, müssen die Reformen zwangsläufig primär als Leistungskürzung angelegt werden. Man darf den Bürger hier auch nicht unterschätzen: Er begreift durchaus, dass die Eigenverantwortung des Bürgers als Notmaßnahme zur Abwendung eines Konkurses der staatlichen Sicherungssysteme entdeckt wurde, und konzentriert von daher seine Aufmerksamkeit zunächst auf die drohenden finanziellen Einbußen und Risiken und weniger auf die Freiheitsgewinne, die dieser gesellschaftspolitische Prozess ermöglichen kann.

Mit dem Rückzug des Staates und dem Transfer von Verantwortung auf die Bürger verbindet die Bevölkerung vor allem zur Zeit die Erwartungen, dass die finanziellen Risiken von Krankheit und Alter erheblich wachsen, die Planungssicherheit abnimmt und die sozialen Unterschiede zunehmen. Nur eine Minderheit, 24 Prozent der Bevölkerung, assoziiert mit dem Rückzug des Staates größere Dispositions- und Entscheidungsfreiheit für die Bürger. Die wachsende grundsätzliche Akzeptanz der partiellen Verlagerung von staatlichen Sicherungsgarantien auf private Vorsorge und Eigentumsbildung rührt daher weniger aus der Hoffnung auf größere Freiheitsspielräume als aus der Kapitulation der Hoffnungen in unerschöpfliche staatliche Ressourcen und auch aus dem Leidensdruck, der zunehmend aus der Steuer- und Abgabenlast erwächst. In dieser Hinsicht hat die Bevölkerung einen Lernprozess vollzogen. Bis weit in die neunziger Jahre hinein war die Mehrheit überzeugt, dass ein Staat seine Bürger umfassend absichern kann, ohne sie gleichzeitig mit hohen Steuern und Abgaben zu belasten. Die fast kontinuierlichen Einkommens- und Vermögenszuwächse trübten teilweise den Blick auf die Entwicklung der Kosten der staatlichen Absicherung. Heute ist der Mehrheit durchaus bewusst, dass ein hohes Niveau an staatlicher Absicherung auf der anderen Seite auch hohe Steuern und Abgaben bedingt. Gleichzeitig ist die Bereitschaft, diese hohen Steuern und Abgaben zu akzeptieren, gesunken.

Seit der Mitte der neunziger Jahre hat sich der Anteil der Bevölkerung, der grundsätzlich eine umfassende staatliche Absicherung unter Inkaufnahme hoher Steuern und Abgaben präferiert, von 42 auf 32 Prozent vermindert, der Anteil der Bevölkerung, der geringere Steuern und Abgaben und dafür mehr eigenverantwortliche Vorsorge vorzieht, von 32 auf 43 Prozent erhöht. Damit haben sich die Mehrheitsverhältnisse in der Bevölkerung praktisch umgekehrt. Nur bei den unteren Sozialschichten überwiegt noch die Präferenz für hohe Abgaben und eine umfassende staatliche Absicherung, aus naheliegenden Gründen. Es ist die größte Herausforderung bei der Umgestaltung des Sozialstaats, die Absicherung der wirklich Bedürftigen weiterhin zu garantieren und ihn dort zu beschneiden, wo eigene Kräfte die Sicherung genauso oder sogar besser leisten können als der Staat. Die zur Zeit laufenden Reformprozesse werden einerseits den gesellschaftlichen Stellenwert von Eigentum erhöhen, bergen jedoch auf der anderen Seite gerade auch für die Akzeptanz des Eigentums erhebliches Konfliktpotential. Je mehr ein Staat mit einer freien Wirtschafts- und Eigentumsordnung Ernst macht, desto größer muss auch die Bereitschaft sein, soziale Unterschiede zu akzeptieren – nicht im Sinne der Bildung einer Armutsschicht, die ein prosperierender freier Wirtschaftsstaat durchaus verhindern kann, sehr wohl aber in der Spreizung der Einkommens- und Vermögensverhältnisse. Paul Kirchhof hat dazu angemerkt: „Wer diese freiheitlich hergestellte Verschiedenheit nicht ertragen kann, verweigert sich letztlich dem Freiheitsgedanken."

Diese Akzeptanz des Zusammenhangs zwischen einer freiheitlichen Ordnung und sozialer Differenzierung ist jedoch im Bewusstsein der Bevölkerung bisher wenig verankert. Zu lange wurden nicht nur in der deutschen, sondern auch in der europäischen Geistesgeschichte Freiheit und Gleichheit als komplementäre Ziele behandelt, als dass Konsens bestehen könnte, dass in Freiheit gebildetes Eigentum zwangsläufig soziale Unterschiede schafft und die Begrenzung sozialer Differenzierung auch eine Begrenzung von Freiheitsspielräumen bedeutet. Entsprechend schafft soziale Differenzierung auch immer Legitimierungsprobleme in einer Gesellschaft, in der Gleichheitsideale nach wie vor eine beachtliche Rolle spielen. Dies gilt besonders für die neuen Bundesländer. Wenn Freiheit und Gleichheit als konkurrierende Ziele gegeneinandergehalten werden, entscheidet sich die Mehrheit der westdeutschen Bevölkerung dafür, im Konflikt der persönlichen Freiheit den Vorrang vor Gleichheitsidealen zu geben, die Mehrheit der ostdeutschen Bevölkerung favorisiert dagegen die vorrangige Orientierung an Gleichheitsidealen und die Verminderung sozialer Unterschiede, auch wenn dies eine Minderung von Freiheitsspielräumen bedeutet.

Der Begriff ‚Gleichheit' hat jedoch nicht nur für die ostdeutsche, sondern auch für die westdeutsche Bevölkerung einen überwiegend positiven Klang, während die Mehrheit auf Begriffe wie ‚Ungleichheit' und ‚soziale Unterschiede' mit spontanem Ressentiment reagiert. Die überwältigende Mehrheit ist überzeugt, dass die soziale Differenzierung wächst und weiter wachsen wird, und dass der Staat ein wesentlicher Motor dieser Entwicklung ist. Obwohl viele politische Maßnahmen der letzten Jahrzehnte auf Eindämmung der sozialen Differenzierung und Umverteilung ausgerichtet waren und sind, attestieren nur 10 Prozent der Bevölkerung der Politik einen Beitrag zur Milderung sozialer Unterschiede, während drei Viertel überzeugt sind, dass die politischen Programme und Maßnahmen überwiegend zu einer Vergrößerung der sozialen Unterschiede beitragen. Nach den Vorstellungen der großen Mehrheit trennt heute nichts die Menschen in der Gesellschaft mehr als die materiellen Verhältnisse. Befragt, was in Deutschland heute die eigentlichen Gegensätze und Unterscheidungsmerkmale ausmacht, nennt die große Mehrheit vor allem die soziale Schicht, Einkommen und Besitz und die genossene Schul- und Ausbildung. Alle anderen Faktoren sind nach Einschätzung der Mehrheit von minderer Bedeutung, ob es religiöse oder politische Orientierung ist, die landsmannschaftliche Zugehörigkeit, Unterschiede zwischen Stadt und Land oder die Orientierung an Werten und Prinzipien. Umso bemerkenswerter ist es, dass die Akzeptanz von Ungleichheit langsam wächst, vor allem die entschiedene Vertretung von Gleichheitsidealen in den letzten Jahren deutlich zurückgegangen ist. Ende der neunziger Jahre war noch eine relative Mehrheit der Bevölkerung überzeugt, dass sich ein Land besser entwickelt, wenn es keine größeren Unterschiede bei den Einkommen und Vermögen gibt. Der Anteil der Bevölkerung, der dieser Auffassung anhängt, hat sich seither von 41 auf 30 Prozent verringert, der Anteil, der überzeugt ist, dass soziale Differenzierung eine Facette eines prosperierenden Landes ist, gegenläufig erhöht. Alte und neue Bundesländer trennen hier allerdings noch Welten. In den neuen Bundesländern überwiegt klar die Überzeugung, dass sich ein Land besser entwickelt, wenn die Unterschiede bei Einkommen und Besitz so gering wie nur möglich gehalten werden. Jeder vierte Westdeutsche, aber 43 Prozent der Ostdeutschen sind davon überzeugt. Auch hier zeigen sich jedoch in den alten wie neuen Bundesländern deutliche Unterschiede zwischen den Bevölkerungskreisen, die über eigenen Immobilienbesitz verfügen, und der übrigen Bevölkerung. Die Frage, wieweit die wachsende soziale Differenzierung, die sich in Zukunft auch zwangsläufig durch Vermögensbildung und Erbschaften verstärken wird, die Akzeptanz des Eigentumsgedankens beeinträchtigt, wird daher wesentlich davon abhängen, wie sich die Eigentumssituation der unteren Schichten in Zukunft entwickelt.

Auch wenn die grundsätzliche Akzeptanz sozialer Unterschiede zur Zeit wächst, finden Maßnahmen zur Begrenzung sozialer Unterschiede teilweise beachtliche Unterstützung. Die Bevölkerung unterstützt beispielsweise die Absenkung der Steuersätze für niedrige Einkommen weitaus mehr als die für mittlere Einkommen und diese wiederum weitaus mehr als die Absenkung des Spitzensteuersatzes. Bei der Vermögenssteuer stehen sich in der Bevölkerung nahezu gleich große Lager gegenüber: Knapp 40 Prozent der Bevölkerung sprechen sich für eine Vermögenssteuer aus, 37 Prozent dagegen. Interessanterweise ist nur in der Gruppe der Selbstständigen und freiberuflich Tätigen eine klare Mehrheit gegen die Vermögenssteuer gegeben, während unter leitenden Angestellten und höheren Beamten, die heute in der Regel auch in einer durchaus guten Vermögenssituation leben, das Meinungsbild völlig gespalten ist. Die Unterstützung für beträchtliche Erbschaftssteuern nimmt langsam, aber kontinuierlich zu. Nach wie vor spricht sich die überwältigende Mehrheit der Bevölkerung gegen hohe Erbschaftssteuern aus. Der Anteil der Gegner hat sich jedoch innerhalb des letzten Jahrzehnts von 83 auf 64 Prozent vermindert, die Unterstützung für hohe Erbschaftssteuern von 8 auf 20 Prozent erhöht. Besonders in den neuen Bundesländern ist das Meinungsbild heute grundlegend anders als vor einem knappen Jahrzehnt: Damals sprachen sich 82 Prozent der ostdeutschen Bevölkerung gegen hohe Erbschaftssteuern aus, heute nur noch 48 Prozent. Zur Zeit geht eine wachsende grundsätzliche Akzeptanz zunehmender sozialer Unterschiede mit einem steigenden Unbehagen gegenüber einer aus der Sicht eines Teils der Bevölkerung bereits zu großen Spreizung einher. Knapp die Hälfte der Bevölkerung unterstützt die Forderung, dass der Staat durch Steuern dafür zu sorgen hat, dass die sozialen Unterschiede, auch die Einkommensunterschiede in der Gesellschaft nicht zu groß werden.

Die wachsenden sozialen Unterschiede sind daher dazu angetan, die Akzeptanz des Eigentumsgedankens auf eine Probe zu stellen, umso mehr, als es kaum möglich ist, in der Gesellschaft einen vernünftigen Konsens über Angemessenheit und Gerechtigkeit herzustellen. Zu sehr prägt die eigene Einkommens- und Vermögenssituation die Maßstäbe, als dass es gelingen könnte, über Grenzen der sozialen Differenzierung einen tragfähigen Kompromiss zu finden. Während die Umverteilung der Aufgaben von staatlicher Fürsorge zu verstärkter Eigenverantwortung der Bürger geeignet ist, trotz vieler Ängste, die sich mit dieser Entwicklung verbinden, den Eigentumsgedanken in der Bevölkerung zu stärken, ist aus meiner Sicht völlig offen, wie sich die wachsende soziale Differenzierung mittel- und langfristig auswirken wird. Entscheidenden Einfluss wird dabei die Wohlstandsentwicklung der Unterschicht und unteren Mittelschicht haben, wie der Umgang der wachsenden vermögenden Schichten mit ihren Ressourcen. Eine befriedigende materielle Situation der unteren Sozialschichten und die Entwicklung einer Verantwortungsethik im Umgang mit Eigentum in Übereinstimmung mit der Forderung des Grundgesetzes wären die besten Garanten für eine weiter wachsende Akzeptanz von Eigentum mit all seinen Konsequenzen.

Der Schutz des Eigentums im europäischen Recht

Doris König

I. Einführung

In Europa sind neben dem Eigentumsschutz durch das nationale Verfassungsrecht zwei weitere Rechtsebenen von maßgeblicher Bedeutung, nämlich das dem regionalen Völkerrecht zuzuordnende Schutzsystem der Europäischen Konvention zum Schutze der Menschenrechte und Grundfreiheiten vom 4. November 1950 (im Folgenden: EMRK) und der dazugehörigen Zusatzprotokolle einerseits und das supranationale europäische Gemeinschaftsrecht – man könnte auch vom Europarecht i.e.S. sprechen – andererseits. Dementsprechend untergliedern sich die folgenden Ausführungen in zwei Teile: Im ersten Teil werden die Grundstrukturen des Eigentumsschutzes nach der EMRK und dem Ersten Zusatzprotokoll anhand einiger grundlegender Entscheidungen der Europäischen Kommission für Menschenrechte und des Europäischen Gerichtshofs für Menschenrechte in Straßburg (im Folgenden: EKMR und EGMR) erläutert. Im zweiten Teil werden die grundlegenden Elemente des Eigentumsschutzes im europäischen Gemeinschaftsrecht dargelegt, wie sie durch die Rechtsprechung des EuGH in Luxemburg entwickelt worden sind. Abschließend sollen in einem Resümee Gemeinsamkeiten und Unterschiede zwischen beiden Schutzebenen sowie Schutzdefizite aufgezeigt werden.

II. Eigentumsschutz nach dem Ersten Zusatzprotokoll zur EMRK

1. Entstehungsgeschichte

Bei der Aushandlung des Vertragstextes der EMRK konnten sich die damals beteiligten Staaten nicht darauf verständigen, den Schutz des Eigentums zu garantieren. Wegen der engen Verbindung des Eigentumsschutzes mit der Ausgestaltung der Wirtschafts- und Sozialordnung gab es zwischen ihnen zunächst unüberbrückbare ideologische Unterschiede, die sich vor allem an der Frage der Entschädigungspflicht bei Enteignungen entzündeten. Erst 1952 gelang es, das Recht auf Achtung des Eigentums in Art. 1 des Ersten Zusatzprotokolls zu verankern, ohne die Frage der Entschädigung zu regeln. Art. 1 ZP 1 lautet: „Jede natürliche oder juristische Person hat das Recht auf Achtung ihres Eigentums. Niemandem darf sein Eigentum entzogen werden, es sei denn, dass das öffentliche Interesse es verlangt, und nur unter den durch Gesetz und durch die allgemeinen Grundsätze des

Völkerrechts vorgesehenen Bedingungen. Absatz 1 beeinträchtigt jedoch nicht das Recht des Staates, diejenigen Gesetze anzuwenden, die er für die Regelung der Benutzung des Eigentums im Einklang mit dem Allgemeininteresse oder zur Sicherung der Zahlung der Steuern oder sonstigen Abgaben oder von Geldstrafen für erforderlich hält."

2. Struktur des Art. 1 ZP 1

Die Konventionsorgane, also die Kommission bis zum Inkrafttreten des 11. Zusatzprotokolls am 1.11.1998 und der Gerichtshof, haben sich bei der Strukturierung dieser Bestimmung eng an den Wortlaut des Art. 1 ZP 1 angelehnt. Danach enthält das Recht auf Achtung des Eigentums drei sog. Regeln bzw., treffender ausgedrückt, drei voneinander zu unterscheidende Grundaussagen: In Absatz 1 Satz 1 ist als allgemeine Regel die Garantie des Eigentumsrechts verankert, während die beiden folgenden Regeln Beschränkungen des Eigentumsrechts ermöglichen. In Absatz 1 Satz 2 ist – der Vorschrift zur Enteignung in Art. 14 Abs. 3 GG vergleichbar – der Eigentumsentzug geregelt; in Absatz 2 ist – der Inhalts- und Schrankenbestimmung in Art. 14 Abs. 1 Satz 2 GG vergleichbar – die Ermächtigung zur Regelung der Eigentumsnutzung enthalten. Diese Bestimmung ist – um die vertraute deutsche Terminologie zu benutzen – Ausdruck der Sozialbindung des Eigentums.

Anfangs schienen diese Grundaussagen in der Rechtsprechung der Konventionsorgane unverbunden nebeneinander zu stehen und ihren eigenen Gesetzlichkeiten zu folgen. So schien der Gerichtshof nach einer missverständlichen Aussage im Handyside-Urteil von 1976, bei dem es um die Konfiskation eines Schülerhandbuchs wegen Verstoßes gegen das britische Gesetz über obszöne Veröffentlichungen ging, zunächst jegliche Kontrolle staatlicher Benutzungsregelungen anhand des Verhältnismäßigkeitsprinzips abzulehnen. In späteren Entscheidungen machten Kommission und Gerichtshof aber deutlich, dass sowohl die Enteignungsbestimmung in Absatz 1 Satz 2 als auch die Sozialbindungsklausel in Absatz 2 im Lichte der allgemeinen Eigentumsgarantie ausgelegt und entsprechende Eingriffe einer Verhältnismäßigkeitsprüfung unterzogen werden müssten. Es liegt nahe, hier eine gewisse Orientierung an der Rechtsprechung des Bundesverfassungsgerichts zu vermuten.

3. Der Schutzbereich

Die Rechtsprechung der Konventionsorgane zum Eigentumsschutz ist naturgemäß stark kasuistisch geprägt und hat inzwischen eine Fülle unterschiedlicher Vermögenspositionen in den Schutzbereich des Art. 1 ZP 1 einbezogen. Verallgemeinernd lässt sich feststellen, dass der Begriff „Eigentum" (engl.: possessions; franz.: biens), den der EGMR autonom und damit unabhängig von der jeweils betroffenen nationalen Rechtsordnung auslegt, genauso wie in Art. 14 GG nur das bereits Erworbene umfasst, nicht dagegen die bloße Aussicht auf den Erwerb. Dennoch ist der Eigentumsbegriff weiter als derjenige des Grundgesetzes. Neben dem klassischen privatrechtlichen Mobiliar- und Immobiliareigentum und vollstreckbaren Forderungen zählen dazu auch Vermögenswerte, bei denen der Einzelne eine „berechtigte Erwartung“ hat, in deren effektiven Genuss zu kommen. Der folgende Überblick über die Rechtsprechung der Konventionsorgane beschränkt sich auf einige Punkte, die die Besonderheiten des Eigentumsschutzes nach der EMRK aufzeigen sollen. Dabei geht es erstens um Enteignungen vor Inkrafttreten der EMRK für den jeweiligen Vertragsstaat, zweitens um den Schutz geistigen Eigentums und drittens um die Einbeziehung sozialversicherungsrechtlicher Ansprüche in den Schutzbereich.

a) Enteignungen vor Inkrafttreten der EMRK

Bei der Frage, ob Enteignungen – z.B. Enteignungen als Folge des Zweiten Weltkriegs –, die vor Inkrafttreten der EMRK für den jeweiligen Vertragsstaat durchgeführt worden sind, am Maßstab des Art. 1 ZP 1 überprüft werden können, kommt es nach der ständigen Rechtsprechung der Konventionsorgane auf folgendes an: Der Betroffene muss entweder noch über Eigentumsrechte verfügen oder er muss zumindest eine „berechtigte Erwartung“ haben, wieder in den Genuss der Eigentumsrechte zu kommen. Instruktiv ist hier das Urteil des EGMR in dem Fall Prinz Hans-Adam II von Liechtenstein gegen Deutschland aus dem Jahr 2001, in dem es um die Klage auf Herausgabe eines kostbaren Gemäldes ging, das dem Vater des Beschwerdeführers (Bf.) gehört hatte. Dessen im Gebiet des heutigen Tschechien befindliches Eigentum einschließlich des Gemäldes war 1946 aufgrund des Beneš-Dekrets Nr. 12 enteignet worden. Nachdem das Gemälde 1991 als Leihgabe nach Deutschland gelangt war, machte der Bf. vor deutschen Gerichten eine Herausgabeklage anhängig. Die Klage wurde in allen Instanzen mit dem Argument als unzulässig abgewiesen, dass die deutsche Gerichtsbarkeit durch den Vertrag zur Regelung aus Krieg und Besatzung entstandener Fragen vom 23.10.1954 (sog. Überleitungsvertrag) ausgeschlossen worden sei. Das Gemälde wurde daraufhin an Tschechien zurückgegeben. Vor dem EGMR rügte der Bf. zum einen eine Verletzung seines Rechts auf Zugang zu einem Gericht gemäß Art. 6 Abs. 1 EMRK und zum anderen einen Verstoß gegen die Eigentumsgarantie aus Art. 1 ZP 1.

Der EGMR kam zu der Auffassung, dass beide Rechte nicht verletzt worden seien. Mit Blick auf das hier allein interessierende Eigentum begründete er seine Auffassung unter Hinweis auf vorangegangene Entscheidungen damit, dass er über die Wirksamkeit der Enteignung im Jahre 1946 – also vor Inkrafttreten der EMRK und des Ersten Zusatzprotokolls – ratione temporis nicht entscheiden könne. Auch eine noch andauernde Eigentumsverletzung, die der Bundesrepublik Deutschland zugerechnet werden könne, liege nicht vor. Daraus schloss der EGMR, dass der Bf. sein Eigentumsrecht an dem Gemälde verloren habe. Folglich habe er auch keinen Herausgabeanspruch gegenüber der Bundesrepublik Deutschland gehabt, der eine „berechtigte Erwartung“ auf den tatsächlichen Genuss dieses Vermögensrechts verkörpert habe. Dieses Urteil ist im Schrifttum harsch kritisiert worden. Der Kritik ist insoweit zuzustimmen, als der EGMR die Beurteilung der „berechtigten Erwartung" auf Realisierung des Herausgabeanspruchs vor deutschen Gerichten aus der Sicht der tschechischen und nicht der deutschen Rechtsordnung vorgenommen hat. Es erscheint zumindest möglich, dass die deutschen Gerichte in der Sache zu dem Ergebnis gelangt wären, dass die entschädigungslose Enteignung des liechtensteinischen Bf. durch die damalige Tschechoslowakei völkerrechtswidrig gewesen wäre, damit gegen den deutschen „ordre public" verstoßen hätte und folglich nicht anerkannt worden wäre. Der eigentliche Grund für die Verneinung einer „berechtigten Erwartung" ist mithin die vom EGMR nicht beanstandete Rechtsauffassung der deutschen Gerichte, nach Art. 3 Abs. 3 des Überleitungsvertrages für entsprechende Klagen nicht zuständig zu sein.

Mit ähnlicher Argumentation sind mehrere Beschwerden von Alteigentümern abgewiesen worden, deren Eigentum in den ehemaligen sozialistischen Staaten im Zuge von politisch motivierten Enteignungen entschädigungslos entzogen oder als Strafe für Republikflucht konfisziert worden war. Auch hier konnten die Konventionsorgane die Rechtmäßigkeit der Enteignungen nicht überprüfen, weil sie vor dem Inkrafttreten der EMRK vorgenommen worden waren. Die Frage, ob nach dem Ende des Sozialismus geltend gemachte Restitutionsansprüche den Beschwerdeführern zumindest eine „berechtigte Erwartung" auf Rückgabe ihres ehemaligen Eigentums vermittele, beantworteten Kommission und Gerichtshof unter Rückgriff auf das jeweilige nationale Recht. Erfüllten die Beschwerdeführer eine der erforderlichen Voraussetzungen nicht, hatten sie z.B. die Staatsbürgerschaft des betreffenden Staates verloren, oder sah das nationale Recht lediglich eine geringe Entschädigung in Geld oder durch Ersatzland vor, so wurde das Vorliegen einer „berechtigten Erwartung" auf den Genuss des Eigentums und damit eines vermögenswerten Rechts verneint. Auf diese Weise haben die Konventionsorgane den betreffenden Staaten die freie, souveräne Entscheidung darüber belassen, ob und wie sie das durch rechtsstaatswidrigen Eigentumsentzug geschehene Unrecht wiedergutmachen wollen. Hat sich ein Vertragsstaat allerdings für die Rückgabe des früheren Eigentums entschieden, so müssen die einschlägigen nationalen Rechtsvorschriften im Lichte der Konvention ausgelegt und angewandt werden.

Anders hat der EGMR jüngst im Fall Jahn u.a. gegen Deutschland entschieden, in dem er eine Verletzung des Eigentumsrechts durch die Bundesrepublik Deutschland feststellte. In diesem Fall ging es um den vererbten Grundbesitz der sog. Neubauern. Die fünf Bf. hatten in der ehemaligen DDR gelegene Grundstücke geerbt, die ihren Familien im Gefolge der nach 1945 durchgeführten Bodenreform zugeteilt worden waren. Sie stammten aus den umfänglichen Enteignungen, die von bzw. auf Betreiben der sowjetischen Besatzungsmacht zwischen 1945 und 1949 durchgeführt worden waren. Diese Grundstücke mussten später in die Landwirtschaftlichen Produktionsgenossenschaften (LPGs) eingebracht werden, wobei sie jedoch formal im Eigentum der Neubauern verblieben, und unterlagen weitreichenden Verfügungsbeschränkungen. Sie waren zwar vererblich, mussten aber nach dem Recht der DDR in den staatlichen Bodenfonds zurückgeführt werden, wenn die Erben sie nicht selbst landwirtschaftlich nutzten. Die Rückführungsverpflichtung wurde allerdings in vielen Fällen – so auch in den Fällen der Bf. – nicht durchgesetzt. Mit dem sog. Modrow-Gesetz von 16. März 1990 wurden sämtliche die Bodenreformgrundstücke betreffenden Verfügungsbeschränkungen aufgehoben. Damit erwarben die Bf. unbeschränktes Eigentum, welches mit dem Einigungsvertrag Eingang in die bundesdeutsche Rechtsordnung fand. Nach der Wiedervereinigung wurden die Bf. durch das Zweite Vermögensrechtsänderungsgesetz von 1992 dazu verpflichtet, ihre Grundstücke entschädigungslos auf den Fiskus des jeweils betroffenen Bundeslandes zu übertragen, auf dessen Gebiet das Grundstück lag. Nur diejenigen, die am 15. März 1990 selbst in der Land- oder Forstwirtschaft oder in der Nahrungsmittelindustrie arbeiteten oder dort in der Zeit davor zehn Jahre lang gearbeitet hatten, durften die Bodenreformgrundstücke behalten. Begründet wurde diese Regelung damit, dass das Modrow-Gesetz eine offensichtlich planwidrige Regelungslücke enthalten habe. Es habe angesichts der lückenhaften Durchsetzung der Rückführungsverpflichtung dazu geführt, dass es von dem zufällig entfalteten Eifer der DDR-Behörden abgehangen habe, ob den Erben das Bodenreformeigentum verblieb oder nicht. Die bundesdeutschen Rechtsvorschriften verfolgten den Zweck, diese Regelungslücke zu schließen und die vom Gesetzgeber als ungerecht angesehenen Auswirkungen des Modrow-Gesetzes rückgängig zu machen. Das BVerfG hatte die Verpflichtung zur entschädigungslosen Übergabe der Bodenreformgrundstücke an die neuen Bundesländer für verfassungsgemäß erklärt. Eine Enteignung i.S.v. Art. 14 Abs. 3 GG liege nicht vor; vielmehr handele es sich um eine Inhalts- und Schrankenbestimmung gemäß Art. 14 Abs. 1 S. 2 GG, bei deren Ausgestaltung der Gesetzgeber angesichts der Schwierigkeiten bei der Überführung der sozialistischen Rechts- und Eigentumsordnung in das bundesdeutsche Rechtssystem einen weiten Gestaltungsspielraum gehabt habe. Den Verhältnismäßigkeitsgrundsatz sah das BVerfG als gewahrt an, weil die Betroffenen lediglich so gestellt worden waren, wie sie gestanden hätten, wenn das DDR-Recht seinerzeit korrekt vollzogen worden wäre.

Der EGMR sah in diesem Fall den Schutzbereich des Art. 1 ZP 1 ohne weiteres als eröffnet an, weil die Bf. zum Zeitpunkt der Auflassungsverpflichtung ein unbeschränktes Eigentumsrecht nach deutschem Recht besessen hatten. Dass die deutschen Staatsorgane diese Eigentumsposition im Nachhinein als illegitim ansahen, weil die Erben das Land – entgegen den Anforderungen des DDR-Rechts – nicht selbst landwirtschaftlich genutzt hatten, könne die Legalität der durch das Modrow-Gesetz herbeigeführten und in das bundesdeutsche Recht übernommenen unbeschränkten Eigentumsrechte der Bf. nicht in Zweifel ziehen. Der Unterschied zu den zuvor geschilderten Fällen und den sog. „Alteigentümerfällen", in denen im Einigungsvertrag Restitutionsansprüche ausdrücklich ausgeschlossen worden waren, liegt darin begründet, dass die Erben der sog. Neubauern zum Zeitpunkt des Eingriffs auf der Grundlage des Zweiten Vermögensrechtsänderungsgesetzes eine im bundesdeutschen Recht anerkannte unbeschränkte Eigentümerposition innehatten.

Als Fazit bleibt festzuhalten, dass sich die Konventionsorgane nach ständiger Rechtsprechung ratione temporis daran gehindert sehen, vor dem Inkrafttreten der EMRK und des Ersten Zusatzprotokolls vorgenommene Enteignungen auf ihre Rechtmäßigkeit zu überprüfen. Zudem wird die Enteignung als einmaliger abgeschlossener Vorgang („instantaneous act") betrachtet, der im Regelfall keine bis in die Gegenwart andauernden Folgen zeigt und somit die Zuständigkeit ratione temporis doch noch begründen könnte. Mit dem Argument, dass der frühere Eigentümer – unabhängig von der nicht zu überprüfenden Rechtmäßigkeit der Enteignung – jedenfalls über lange Zeit seine Eigentumsrechte nicht ausüben konnte, wird das Vorliegen „bestehenden Eigentums" verneint. Schließlich wird die mit einem Herausgabe- oder Restitutionsanspruch verbundene Hoffnung, die Enteignung werde nicht anerkannt oder rückgängig gemacht, nicht als „berechtigte Erwartung" der Realisierung einer vermögenswerten Position bewertet. Damit ist der Schutzbereich des Art. 1 ZP 1 sowohl bei Enteignungen als Folge des Zweiten Weltkriegs als auch bei rechtsstaatswidrigen Enteignungen in den ehemals sozialistischen Vertragsstaaten regelmäßig nicht betroffen.

b) Geistiges Eigentum

Immaterialgüterrechte (Urheber-, Marken- und Patentrechte u.ä.) fallen unter den Begriff des Eigentums i.S.v. Art. 1 ZP 1, weil es sich um vermögenswerte Rechte handelt, die dem Einzelnen als ausschließliche Rechte zugeordnet sind und über die er in der Regel frei verfügen kann. Der Schutz des geistigen Eigentums hat allerdings in der Rechtsprechung der Konventionsorgane bisher kaum eine Rolle gespielt. Die EKMR konstatierte in dem Fall Smith Kline and French Laboratories Ltd. gegen Niederlande, in dem es um die Erteilung einer Zwangslizenz auf ein Patent der Bf. ging, dass ein Patent zur Herstellung von Arzneimitteln unter den Eigentumsbegriff des Art. 1 ZP 1 fällt. Zur Begründung verwies die Kommission darauf, dass das Patent nach niederländischem Recht als persönliches Eigentum angesehen werde, welches übertragbar und verpfändbar sei. Demgegenüber sah die Kommission in dem Fall British American Tobacco Co. gegen Niederlande, in dem sich die Bf. gegen die Verweigerung der Erteilung eines Patents zur Herstellung von Tabakprodukten wandte, den Schutzbereich des Art. 1 ZP 1 als nicht betroffen an. Da das Patent noch nicht erteilt worden sei, liege kein vermögenswertes Recht vor, in das hätte eingegriffen werden können. Leitentscheidungen des EGMR zu den Immaterialgüterrechten stehen noch aus.

c) Sozialversicherungsrechtliche Ansprüche

Die Konventionsorgane haben – wie auch das BVerfG in seiner Rechtsprechung zu Art. 14 GG – unter bestimmten Voraussetzungen subjektive öffentliche Rechte, insbesondere sozialversicherungsrechtliche Ansprüche, in den Schutz des Eigentums einbezogen. Die EKMR stellte dafür allerdings zunächst strenge Voraussetzungen auf: Es durfte sich nicht um eine reine Fürsorgeleistung des Staates handeln. Vielmehr musste der Anspruch auf eigenen Leistungen des Anspruchsinhabers beruhen. Zudem musste – anders als im deutschen Recht – eine direkte

Verbindung zwischen der Höhe der Beitragsleistung und der Höhe des Pensions- oder Rentenanspruchs in der Weise vorliegen, dass dem Anspruchsinhaber ein identifizierbarer Anspruch auf einen bestimmten Anteil am Versicherungsfonds zustehen musste. Beruhte die Pensionsanwartschaft dagegen auf dem Solidaritätsprinzip, so war mangels Anspruchs auf einen bestimmbaren Anteil am Versicherungsfonds kein „Eigentum" i.S.d. Art. 1 ZP 1 vorhanden. Der EGMR stellt demgegenüber weitaus weniger strenge Anforderungen an die Charakterisierung öffentlich-rechtlicher Ansprüche als „vermögenswertes Recht (pecuniary right)". In dem Fall Gaygusuz gegen Österreich von 1996, in dem es vorrangig um einen Verstoß gegen das Diskriminierungsverbot aus Art. 14 EMRK ging, beschäftigte er sich erstmals mit dieser Frage. Dem arbeitslos gewordenen Bf. war aufgrund seiner türkischen Staatsangehörigkeit ein Pensionsvorschuss in Form einer Notstandshilfe nach dem österreichischen Arbeitslosenversicherungsgesetz versagt worden. Voraussetzung für einen solchen Anspruch war – neben der österreichischen Staatsangehörigkeit – die Zahlung von Beiträgen zur Arbeitslosenversicherung. Die Notstandshilfe selbst wurde erst im Anschluss an den Bezug von Arbeitslosengeld an besonders bedürftige Personen geleistet und teils aus den Beiträgen zur Arbeitslosenversicherung, teils aus staatlichen Zuschüssen finanziert. Der Gerichtshof ließ die Koppelung des Anspruchs auf Notstandshilfe an die Zahlung von Beiträgen zur Arbeitslosenversicherung ausreichen, um dieses subjektive öffentliche Recht in den Schutzbereich des Art. 1 ZP 1 einzubeziehen. Dies hätte zumindest einer eingehenden Begründung bedurft, weil es sich bei der Notstandshilfe – anders als beim Arbeitslosengeld – um eine reine Fürsorgeleistung des Staates handelte.

Diese weitreichende Einbeziehung sozialrechtlicher Ansprüche bestätigte der EGMR in dem Fall Willis gegen Vereinigtes Königreich von 2002, in dem einem Witwer wegen seines Geschlechts die Zahlung eines Witwengeldes und eines Zuschusses für verwitwete Mütter verweigert worden war. Auch hier sah der Gerichtshof den Schutzbereich der Eigentumsgarantie als betroffen an, weil beide Sozialleistungen aus dem Nationalen Versicherungsfonds (National Insurance Fund) finanziert wurden, in den alle unselbständig und selbständig Beschäftigten – und damit auch die berufstätige Ehefrau des Bf. – Beiträge einzahlen mussten. Die Verknüpfung sozialrechtlicher Ansprüche mit der Zahlung von Sozialversicherungsbeiträgen reicht mithin aus, um das Vorliegen eines „vermögenswerten Rechts" zu bejahen. In der kürzlich ergangenen Kammerentscheidung Koua Poirrez gegen Frankreich (2003) ging der EGMR noch einen Schritt weiter. Der Bf., ein Staatsbürger der Elfenbeinküste, machte einen Verstoß gegen Art. 14 EMRK i.V.m. Art. 1 ZP 1 geltend, weil ihm Frankreich aufgrund seiner ausländischen Staatsangehörigkeit eine Sozialleistung für Behinderte verweigert hatte. In diesem Fall verzichtete die Kammer sogar auf die Verknüpfung der begehrten Sozialleistung mit vorangegangenen Beitragszahlungen an die staatlichen Sozialversicherungssysteme. Damit geht der EGMR in seiner Rechtsprechung zum Schutz sozialrechtlicher Ansprüche erheblich über die vom BVerfG aufgestellten Voraussetzungen hinaus. Diese Entwicklung greift spürbar in die Souveränität der Vertragsstaaten bei der Ausgestaltung ihrer Sozialleistungen ein. Angesichts der Tatsache, dass der Gerichtshof bisher keine überzeugende Begründung für diese erstaunliche Ausweitung des Eigentumsbegriffs gegeben hat, sollte er seine bisherige Rechtsprechung kritisch überprüfen und korrigieren. Zum Leistungsumfang hat der EGMR mehrfach entschieden, dass Art. 1 ZP 1 zwar die Zahlung von Sozialleistungen an Personen garantiert, die Beiträge in eine Versicherungskasse eingezahlt haben, dass diesen damit aber kein Recht auf Zahlung in einer bestimmten Höhe zusteht.

4. Eingriffe in das Eigentum

Die Konventionsorgane unterscheiden drei Arten von Eingriffen in das Eigentumsrecht: erstens Enteignungen gemäß Absatz 1 Satz 2; zweitens Nutzungsregelungen gemäß Absatz 2 und drittens die ungenannte Kategorie der „sonstige[n] Eingriffe“, die in Absatz 1 Satz 1 angesiedelt werden und eine Auffangfunktion haben. Bei Enteignungen wird – anders als nach der neueren Rechtsprechung des BVerfG zu Art. 14 GG – zwischen formellen und de facto-Enteignungen unterschieden. Die formelle Enteignung setzt eine Eigentumsübertragung zugunsten des Staates oder Dritter voraus und entspricht im wesentlichen dem formalen Enteignungsbegriff des BVerfG. Eine de facto-Enteignung liegt vor, wenn die Wirkungen staatlicher Nutzungsbeschränkungen einem Entzug des Eigentums gleichkommen. Diese Argumentation erinnert an den früher von BGH und BVerwG vertretenen materiellen Enteignungsbegriff, dem zufolge eine Inhalts- und Schrankenbestimmung bei einer besonderen Intensität der Eigentumsbeschränkung im Einzelfall in eine Enteignung „umschlagen“ konnte. Im oben erwähnten „Neubauern-Fall“ sah der EGMR die Verpflichtung zur Auflassung der Bodenreformgrundstücke an den Fiskus – anders als das BVerfG – nicht als Nutzungsregelungen, sondern als Eigentumsentzug i.S.v. Art. 1 Abs. 1 S. 2 ZP 1 an, weil die Erben ihre zuvor erlangte Eigentümerposition vollständig aufgeben mussten.

Nutzungsregelungen sind staatliche Maßnahmen, die einen bestimmten Gebrauch des Eigentums gebieten oder untersagen. Sie sind den Inhalts- und Schrankenbestimmungen gemäß Art. 14 Abs. 1 S. 2 GG vergleichbar. Die Abgrenzung zur de facto- Enteignung ist schwierig; es dürfte darauf ankommen, ob die Substanz des Eigentums noch erhalten bleibt. Schließlich hat der Gerichtshof im Fall Sporrong und Lönnrath gegen Schweden aus dem Jahr 1982 eine dritte Kategorie von Eingriffen aus Art. 1 Absatz 1 Satz 1 hergeleitet, zu denen er alle Maßnahmen zählt, die weder Enteignung noch Nutzungsregelung sind. Ob diese Dreiteilung der Eingriffe wirklich sinnvoll ist, mag man zu Recht bezweifeln; der Gerichtshof jedenfalls hält bis in die jüngste Zeit daran fest.

5. Rechtfertigung der Eingriffe in das Eigentum

Im Laufe der Zeit haben die Konventionsorgane für alle drei Eingriffskategorien drei Voraussetzungen aufgestellt, bei deren Vorliegen ein Eingriff in das Eigentumsrecht gerechtfertigt ist. Zwei Erfordernisse ergeben sich bereits aus dem Wortlaut des Art. 1 ZP 1, nämlich das Vorliegen eines öffentlichen bzw. Allgemeininteresses einerseits und der Grundsatz der Gesetzmäßigkeit – im deutschen Recht dem Gesetzesvorbehalt vergleichbar – andererseits. Hinzu kommt das ungeschriebene Erfordernis der Verhältnismäßigkeit des Eingriffs. In der Praxis erfolgt die Prüfung in zwei Schritten: Im ersten Schritt wird die Gesetzmäßigkeit, im zweiten die Verhältnismäßigkeit überprüft.

In der neueren Rechtsprechung des Gerichtshofs steht – wie auch sonst bei Eingriffen in andere Freiheitsrechte – die Überprüfung der Gesetzmäßigkeit im Vordergrund. Die gesetzliche Grundlage für Eingriffe in das Eigentum muss mit der Verfassung und der übrigen innerstaatlichen Rechtsordnung des betroffenen Vertragstaates übereinstimmen. Außerdem müssen die innerstaatlichen Rechtsvorschriften hinreichend zugänglich, bekannt und vorhersehbar sein. Die Kompetenz des EGMR, die staatlichen Maßnahmen auf Übereinstimmung mit dem innerstaatlichen Recht zu überprüfen, ist allerdings eingeschränkt. Denn es ist in erster Linie Aufgabe der staatlichen Gerichte, diese Prüfung vorzunehmen. Der Gerichtshof tritt deshalb erst in eine Prüfung ein, wenn Anhaltspunkte dafür vorliegen, dass die staatlichen Behörden oder Gerichte die einschlägigen Rechtsvorschriften offenkundig falsch angewendet haben oder zu willkürlichen Ergebnissen gelangt sind.

Im Rahmen der Verhältnismäßigkeitsprüfung wird bei Eingriffen in die Konventionsrechte zunächst immer geprüft, ob die staatliche Maßnahme einen legitimen Zweck verfolgt. Im Fall des Art. 1 ZP 1 stellt sich hier die Frage, ob die Maßnahme dem öffentlichen Interesse – so die Formulierung in Absatz 1 Satz 2 – bzw. dem Allgemeininteresse – so die Formulierung in Absatz 2 – dient. Beide Begriffe werden von den Konventionsorganen weitgehend synonym verwendet. Bei der Bestimmung des öffentlichen Interesses gewähren die Konventionsorgane den Vertragsstaaten einen weiten Einschätzungsspielraum (margin of appreciation). Folglich kann das Vorliegen eines öffentlichen Interesses ausnahmsweise nur dann verneint werden, wenn die Maßnahme offensichtlich jeder vernünftigen Grundlage entbehrt. Es findet also lediglich eine Evidenzkontrolle statt. Begründet wird dies zum einen damit, dass die nationalen Organe aufgrund ihrer unmittelbaren Kenntnis der gesellschaftlichen Bedürfnisse die Frage besser beurteilen könnten. Zum anderen weist der EGMR darauf hin, dass die staatlichen Gesetzgeber bei der Ausgestaltung der nationalen Sozial-, Wirtschafts- und Finanzpolitik „natürlicherweise einen weiten Beurteilungsspielraum“ haben müssten. Dieser Respekt vor der Souveränität der Vertragsstaaten ist typisch für ein internationales Gericht, das noch mehr als nationale Gerichte auf die Akzeptanz seiner Urteile angewiesen ist.

Strenger fällt die Überprüfung der Verhältnismäßigkeit aus. Die Konventionsorgane verzichten zwar auf eine gesonderte Prüfung der Geeignetheit und Erforderlichkeit der staatlichen Maßnahme. Sie verlangen aber bei der Prüfung der Verhältnismäßigkeit i.e.S., dass ein „gerechter Ausgleich (fair balance)“ zwischen dem Allgemeininteresse und dem Schutz der Grundrechte des Einzelnen hergestellt werden muss. Das heißt, dass zwischen den angewandten Mitteln und dem verfolgten Ziel ein angemessenes Verhältnis bestehen muss. Auch wenn den Vertragsstaaten wiederum ein weiter Einschätzungsspielraum zugebilligt wird, findet hier eine Abwägung der betroffenen Interessen unter Beachtung der gesamten Umstände des Einzelfalls statt. Dabei können Unklarheiten bei der Formulierung oder Anwendung der gesetzlichen Grundlage oder auch unzureichende Rechtsschutzmöglichkeiten gegenüber den staatlichen Eingriffen in die Gesamtbewertung einfließen und sich zugunsten des Bf. auswirken.

Schließlich noch eine Anmerkung zur Entschädigung bei Eigentumsentziehungen: Da sich die Vertragsstaaten über diese Frage nicht einigen konnten, fehlt in Art. 1 ZP 1 eine ausdrückliche Entschädigungsgarantie. Nach der ständigen Rechtsprechung der Konventionsorgane enthält auch der Verweis auf die „allgemeinen Grundsätze des Völkerrechts" in Absatz 1 Satz 2 keine Verpflichtung zur Entschädigung, soweit Inländer von einer Enteignung betroffen sind. Denn die allgemeinen Regeln des Völkerrechts verpflichten den Staat nur im Fall einer Ausländerenteignung zur Zahlung einer, der Höhe nach umstrittenen, Entschädigung. Um diese Lücke zu schließen, haben die Konventionsorgane in juristisch kreativer Weise die Frage der Entschädigung sozusagen in die Verhältnismäßigkeitsprüfung „eingebaut". Sie haben nämlich aus dem Gesamtcharakter der Eigentumsgarantie und dem Verhältnismäßigkeitsgrundsatz hergeleitet, dass im Regelfall eine Eigentumsentziehung in einem Rechtsstaat nur verhältnismäßig sein könne, wenn eine Entschädigung vorgesehen sei. Aus diesem Grund sah der EGMR im bereits erwähnten „Neubauern-Fall" die Verpflichtung der Erben, dem Fiskus die Bodenreformgrundstücke entschädigungslos zu überlassen, als unverhältnismäßig an. Ein Eigentumsentzug ohne Entschädigung könne nur unter völlig außergewöhnlichen Umständen ausnahmsweise gerechtfertigt sein. Zwar seien die mit der deutschen Wiedervereinigung zusammenhängenden Umstände außergewöhnlich; dennoch könne der Gerichtshof das von der deutschen Regierung angeführte Konzept des „illegitimen" Eigentums der Erben nicht teilen. Diese hätten schließlich mit dem Modrow-Gesetz, das der Umwandlung einer sozialistischen in eine privatrechtliche Eigentumsordnung gedient habe, eine unbeschränkte Eigentumsposition erlangt. In diesem Zusammenhang erinnerte der Gerichtshof daran, dass die Frage der Legitimität ohnehin heikel sei, weil man das von den Alteigentümern, denen das Land vor der Bodenreform gehört habe, erlittene Unrecht nicht außer Betracht lassen könne.

Die Höhe der Entschädigung hängt von den Umständen des Einzelfalls ab. Verallgemeinernd lässt sich feststellen, dass der EGMR bei einer individuellen Enteignung grundsätzlich vom vollen Wertersatz ausgeht, während im Falle der Nationalisierung eines Industriezweigs oder einer sozialstaatlich motivierten Umgestaltung der vormaligen Rechtsverhältnisse auch eine geringere Entschädigung angemessen sein kann. Hierbei wird den Vertragsstaaten wiederum ein weiter Einschätzungsspielraum zugestanden. Im „Neubauern-Fall" deutete der EGMR an, dass die Tatsache, dass das Land zuvor den Alteigentümern entschädigungslos entzogen worden sei, bei der Höhe der Entschädigung eine Rolle spielen könne.

Daraus lässt sich schließen, dass eine angemessene Entschädigung (adequate compensation) aufgrund der besonderen Umstände der Bodenreform und ihrer Behandlung nach der Wiedervereinigung den Verkehrswert der Grundstücke durchaus unterschreiten kann.

III. Eigentumsschutz im Recht der Europäischen Union

Das Recht auf Schutz des Eigentums ist im Recht der EG/EU – wie die übrigen Grundrechte auch – als allgemeiner Rechtsgrundsatz anerkannt. Der EuGH hat die Grundrechte im Wege der Rechtsfortbildung in das Primärrecht eingeführt, wobei er sich mittels der Methode einer wertenden Rechtsvergleichung auf die gemeinsamen Verfassungstraditionen der Mitgliedstaaten und auf die EMRK gestützt hat. Exemplarisch hierfür ist das grundlegende Urteil in der Rechtssache Hauer aus dem Jahr 1979, in der eine gemeinschaftsrechtliche Eigentumsgarantie erstmals ausdrücklich anerkannt wurde. Seit dem Jahr 2000 ist die Eigentumsgarantie in Art. 17 der noch nicht rechtsverbindlichen Grundrechte-Charta der Union verankert. Der Wortlaut ähnelt zwar demjenigen in Art. 1 ZP 1, sieht aber darüber hinaus ausdrücklich eine Verpflichtung zu rechtzeitiger angemessener Entschädigung vor und bezieht den Schutz des geistigen Eigentums explizit ein.

1. Die Bedeutung des Vorbehalts zugunsten der Eigentumsordnung der Mitgliedstaaten in Art. 295 EG

Zunächst bedarf es der Klärung, welche Bedeutung Art. 295 EG im Gemeinschaftsrecht zukommt, der lautet: „Dieser Vertrag lässt die Eigentumsordnung in den verschiedenen Mitgliedstaaten unberührt.“ Trotz dieser klaren Formulierung ist die Bedeutung des Art. 295 EG umstritten. Im Schrifttum werden hierzu im wesentlichen zwei Auffassungen vertreten: Nach der weiten Auslegung umfasst der Begriff „Eigentumsordnung“ alle mitgliedstaatlichen Vorschriften, die Bestand und Ausübung der Eigentumsrechte betreffen. Zur Lösung des unvermeidlichen Spannungsverhältnisses zu den übrigen Vorschriften des Vertrages, insbesondere den Grundfreiheiten und den Wettbewerbsbestimmungen, werden unterschiedliche Vorschläge unterbreitet, auf die hier nicht näher eingegangen werden soll. Teilweise nähern sie sich dem Ergebnis der engen Auslegung stark an. Nach der engen Auslegung wird der Begriff „Eigentumsordnung“ mit dem Begriff „Eigentumszuordnung“ gleichgesetzt. Demzufolge bleibt lediglich das Recht der Mitgliedstaaten unberührt, im Zuge der Ausgestaltung ihrer Wirtschaftsordnung frei über Verstaatlichungen oder Privatisierungen von Unternehmen zu entscheiden. Für die enge Auslegung sprechen insbesondere die Entstehungsgeschichte des Art. 295 EG und die nachfolgende Praxis der Mitgliedstaaten bei der Sekundärrechtsetzung (z.B. Regelung der Netzzugangsrechte im Telekommunikations- und Energieversorgungsrecht). Auch der EuGH folgt der engen Auslegung. In einigen neueren Urteilen, z.B. zu den sog. „Goldenen Aktien“, die den Mitgliedstaaten bestimmte Sonderrechte in bezug auf grundlegende unternehmerische Entscheidungen einräumen, und zur Tabakrichtlinie, hat er deutlich gemacht, dass Art. 295 EG lediglich die Befugnis der Mitgliedstaaten zur Festlegung der Eigentumsordnung anerkenne. Dagegen verbiete er nicht jede Gemeinschaftsmaßnahme, die sich auf die Ausübung eines Eigentumsrechts auswirke. Selbst bei Privatisierungen öffentlicher Unternehmen gesteht der EuGH den Mitgliedstaaten zwar ein Interesse daran zu, einen gewissen Einfluss auf die privatisierten Unternehmen zu behalten, wenn diese Dienstleistungen von allgemeinem Interesse oder von strategischer Bedeutung erbringen. Aber auch in diesen Fällen kann die Berufung auf Art. 295 EG – so der EuGH entgegen der deutlichen Kritik des Generalanwalts Colomer – nicht dazu führen, dass die Grundprinzipien des Vertrages, insbesondere die hier einschlägige Kapitalverkehrs- und Niederlassungsfreiheit, keine Anwendung finden. Somit bleibt den Mitgliedstaaten nur noch die Entscheidung über das „Ob“ einer Verstaatlichung oder Privatisierung, während das „Wie“ den Vorschriften des Gemeinschaftsrechts und der Kontrolle durch den EuGH unterliegt. Folglich ist Art. 295 EG kein „Bollwerk“ gegenüber den Auswirkungen des Gemeinschaftsrechts auf die mitgliedstaatlichen Eigentumsordnungen.

2. Schutzbereich der Grundrechts auf Eigentum

Eine allgemein anerkannte Definition des Eigentumsbegriffs gibt es im Gemeinschaftsrecht ebenso wenig wie im Konventionsrecht. Vielmehr ist es auch hier erforderlich, anhand der Rechtsprechung des EuGH einige grundlegende Strukturen aufzuzeigen. Obwohl der EuGH auf die Eigentumsgarantie in Art. 1 ZP 1 und die dazu ergangene Rechtsprechung der Konventionsorgane zurückgreift, unterscheiden sich Schutzbereiche und Rechtfertigungsmöglichkeiten – den unterschiedlichen Zielen der jeweiligen Vertragssysteme entsprechend – voneinander. Die Gewährleistung der Grundrechte muss sich nach der ständigen Rechtsprechung des EuGH „in die Struktur und die Ziele der Gemeinschaft einfügen“. Dennoch gibt es eine Gemeinsamkeit mit der Rechtsprechung des EGMR und des BVerfG, nämlich den Grundsatz, dass von der Eigentumsgarantie nur das bereits Erworbene, nicht dagegen die bloße Erwerbschance geschützt wird. Ebenso werden wirtschaftliche Vorteile, die – wie die Zuteilung von Milchquoten – „weder aus dem Eigentum noch aus der Berufstätigkeit des Betroffenen herrüh[ren]“, nicht unter den Eigentumsbegriff gefasst. Positiv gewendet, fallen in den Schutzbereich alle vermögenswerten Positionen, die entweder das Ergebnis des Einsatzes von Kapital oder Arbeitskraft darstellen und dem Einzelnen in einer dem Sacheigentum vergleichbaren Weise rechtlich zugeordnet sind. Aus der umfangreichen Rechtsprechung des EuGH können hier holzschnittartig nur drei Punkte herausgegriffen werden, nämlich erstens der Schutz unternehmerischer Positionen, zweitens der Schutz geistigen Eigentums und drittens der Schutz sozialversicherungsrechtlicher Ansprüche.

a) Der Schutz von Unternehmen

Wie das BVerfG hat auch der EuGH die Frage, ob das Recht am eingerichteten und ausgeübten Gewerbebetrieb von der Eigentumsgarantie umfasst wird, bisher offengelassen. Im Wege einer Negativabgrenzung des Schutzbereichs lässt sich zumindest feststellen, dass Angaben über ein bestimmtes Herstellungsverfahren wie „Champagnerverfahren", die vor dem Erlass eines gemeinschaftsrechtlichen Verbots von allen Herstellern verwendet werden konnten, ungeachtet der erheblichen Bedeutung für den Absatz der Produkte eines Unternehmens nicht geschützt sind. Hier fehlt es einer ausschließlichen rechtlichen Zuordnung der Herstellungsangabe zu dem betroffenen Unternehmen und damit an einem Eigentumsrecht. Außerdem hat der EuGH mehrfach deutlich gemacht, dass kaufmännische Interessen am Erhalt der für ein Unternehmen günstigen Rechts- oder Wirtschaftslage nicht von der Eigentumsgarantie erfasst sind, weil die Änderung der Verhältnisse zum normalen unternehmerischen Risiko gehört. Bedenklich ist jedoch, dass der Gerichtshof auch dann eine Verletzung des Eigentumsrechts verneint, wenn sich Produktionsbeschränkungen so negativ auf die Geschäftstätigkeit eines Unternehmens auswirken, dass dessen Existenz gefährdet wird. Gleiches gilt, wie das im deutschen Schrifttum scharf kritisierte „Bananenmarkt-Urteil" von 1994 gezeigt hat, für Marktanteile und wirtschaftliche Vorteile, die ein Unternehmen vor Einführung einer neuen Marktordnung nutzen konnte. Die Schutzwürdigkeit solcher Positionen wird insbesondere mit dem Argument verneint, dass kein Unternehmer ein berechtigtes Vertrauen auf die Beibehaltung einer bestimmten, für ihn günstigen Lage geltend machen könne. Zwar stimmt diese Aussage – für sich genommen – mit der Rechtsprechung des BVerfG zu Art. 14 GG überein. Hier hätte der EuGH sich aber der Frage zuwenden müssen, ob nicht durch die erheblichen, teils existenzgefährdenden wirtschaftlichen Auswirkungen der Bananenmarktordnung auf den Bestand bestimmter Unternehmen der Schutzbereich der Eigentumsgarantie ausnahmsweise doch betroffen sei. Das Interesse am Bestand der Unternehmen, der zweifelsohne das Ergebnis des Einsatzes von Kapital und Arbeitsleistung ist, hätte sich ohne weiteres unter den gemeinschaftsrechtlichen Eigentumsbegriff fassen lassen. Diesen Gedanken hat der EuGH schließlich in einer späteren Entscheidung zumindest insoweit aufgegriffen, als er feststellte, dass die Gemeinschaftsorgane zum Erlass von Härtefallregelungen verpflichtet seien, „wenn beim Übergang zur gemeinsamen Marktorganisation die gemeinschaftlich geschützten Grundrechte bestimmter Marktbeteiligter, etwa das Eigentumsrecht und das Recht auf freie Berufsausübung, beeinträchtigt werden". Dessen ungeachtet, schwächt die mangelnde Bereitschaft des Gerichtshofs, selbst im Falle von Existenzgefährdungen eine Verletzung des Eigentumsrechts in Betracht zu ziehen, tendenziell den eigentumsrechtlichen Schutz von Unternehmen in der Union.

b) Der Schutz geistigen Eigentums

Nach der Rechtsprechung des EuGH fallen Rechte zum Schutz des „gewerblichen und kommerziellen" Eigentums – wie es in Art. 30 EG heißt – unter den gemeinschaftsrechtlichen Eigentumsbegriff, soweit sie dem Rechtsinhaber nach der jeweiligen mitgliedstaatlichen Rechtsordnung ausschließlich zugeordnet sind. Hierzu zählen insbesondere Patentrechte, Marken-, Warenzeichen- und Geschmacksmusterrechte sowie Urheberrechte. Zwar bestimmt sich der Bestand dieser Schutzrechte nach den nationalen Rechtsordnungen; sie unterliegen aber, was ihre Ausübung betrifft, dem Gemeinschaftsrecht, und hier wiederum vor allem dem Diskriminierungsverbot, den Grundfreiheiten und den Wettbewerbsbestimmungen. Da es sich bei dem Eigentumsbegriff um einen autonomen Begriff des Gemeinschaftsrechts handelt, greift der EuGH nicht einfach auf das nationale Recht zurück, sondern arbeitet den spezifischen Gegenstand des in Frage stehenden Rechts unabhängig von nationalen Besonderheiten heraus. Geschützt wird sozusagen nur das gemeinschaftsrechtliche Substrat des nationalen Rechts.

Ein Spannungsverhältnis besteht insbesondere zur Warenverkehrsfreiheit. Dem trägt der EG-Vertrag in Art. 30 Rechnung. Beschränkungen des Warenverkehrs sind u.a. zum Schutz des gewerblichen und kommerziellen Eigentums gerechtfertigt, solange diese nicht willkürliche Diskriminierungen oder verschleierte Handelsbeschränkungen darstellen. Da es sich bei Art. 30 EG um eine Ausnahme zu dem zentralen Grundsatz der Warenverkehrsfreiheit handelt, wird diese Bestimmung vom EuGH eng ausgelegt. Damit setzt sich der Schutz des geistigen Eigentums nur dann durch, wenn den persönlichen und wirtschaftlichen Interessen des Einzelnen, deren Schutz die angegriffene mitgliedstaatliche Maßnahme dient, ausnahmsweise der Vorrang vor dem Gemeinschaftsinteresse an der ungehinderten Ausübung der Grundfreiheiten zukommt.

c) Sozialversicherungsrechtliche Ansprüche

Der EuGH hat – anders als EGMR und BVerfG – sozialversicherungsrechtliche Ansprüche bisher nicht als vermögenswerte Rechte im Rahmen der Eigentumsgarantie anerkannt. In der Rechtssache Testa aus dem Jahr 1980, in der es um den Entzug eines Anspruchs auf Arbeitslosengeld ging, ließ der Gerichtshof die Frage, ob der Anspruch auf Leistungen der sozialen Sicherheit vom Schutz des Eigentums erfasst würde, ausdrücklich offen. In der Rechtssache Rönfeldt aus dem Jahr 1991, in der sich ein deutscher Staatsangehöriger gegen die Nichtberücksichtigung von Sozialversicherungszeiten in Dänemark bei der Berechnung seiner Altersrente wehrte, stellte Generalanwalt Darmon in seinen Schlussanträgen gar apodiktisch fest, dass die Situation desjenigen, dessen Eintritt in das Rentenalter bevorstehe, keinesfalls der eines Eigentümers gleichgestellt werden könne. Der EuGH selbst ging auf eine Verletzung der Eigentumsgarantie nicht ein. Er prüfte die Frage vielmehr – wie schon in der Sache Testa – am Maßstab der Bestimmungen zur Arbeitnehmerfreizügigkeit. Im Ergebnis lässt sich festhalten, dass der Schutz sozialversicherungsrechtlicher Ansprüche im Recht der EG/EU bisher nicht im Rahmen der grundrechtlichen Eigentumsgarantie, sondern im Zusammenhang mit den einschlägigen Grundfreiheiten gewährleistet wird.

3. Eingriffe in das Eigentum

In Anlehnung an den Wortlaut des Art. 1 ZP 1 hat der EuGH im „Hauer"-Urteil zwischen zwei Arten von Eingriffen differenziert, nämlich zwischen Ausübungsbeschränkungen einerseits und dem Eigentumsentzug andererseits. Im Wege der wertenden Rechtsvergleichung hat der Gerichtshof aus Art. 1 Abs. 2 ZP 1 und den entsprechenden Verfassungsbestimmungen der Mitgliedstaaten hergeleitet, dass Beschränkungen der Ausübung von Eigentumsrechten der „sozialen Funktion" des Eigentums Ausdruck verleihen und daher grundsätzlich zulässig sind. Dies entspricht der Rechtsprechung des BVerfG zu den Inhalts- und Schrankenbestimmungen, in denen die Sozialbindung des Eigentums ihre Ausgestaltung findet. Bei der Abgrenzung von Ausübungsbeschränkungen und Eigentumsentzug stellte der Gerichtshof im „Hauer"-Urteil darauf ab, ob die Maßnahme darauf gerichtet war, dem Eigentümer sein Recht zu entziehen oder lediglich dessen Ausübung zu beschränken. Entscheidend ist folglich die Zielsetzung der Maßnahme. Damit scheint der EuGH – ebenso wie das BVerfG und anders als der EGMR – einen formalen Enteignungsbegriff zu verwenden. Dafür spricht auch, dass er es, wie bereits erwähnt, bei Ausübungsbeschränkungen in der Regel ablehnt, auf die Schwere des Eingriffs im Einzelfall einzugehen. Hier ist noch vieles unklar, weil der Eigentumsentzug in der Rechtsprechung des EuGH bisher keine nennenswerte Rolle gespielt hat. Deshalb sollen im Folgenden nur noch Ausführungen zur Rechtfertigung von Ausübungsbeschränkungen gemacht werden.

4. Rechtfertigung der Ausübungsbeschränkungen

Zunächst bedarf auch im Gemeinschaftsrecht jeder Eingriff der öffentlichen Gewalt in die Rechtssphäre der Bürger einer Rechtsgrundlage. Diese besteht in der Regel in einer Verordnung oder in einer mitgliedstaatlichen Rechtsvorschrift, die eine Richtlinie umsetzt; folglich muss letztere unter Beachtung der gemeinschaftsrechtlichen Grundrechte ausgelegt und angewendet werden. Dem Grundsatz der Gesetzmäßigkeit bzw. des Gesetzesvorbehalts hat der EuGH in seiner bisherigen Rechtsprechung zur Eigentumsgarantie – anders als der EGMR – keine große Beachtung geschenkt. Das wird darauf zurückzuführen sein, dass diese Frage in den bisher entschiedenen Fällen unproblematisch war. Das Schwergewicht der Prüfung liegt auf den drei materiellen Voraussetzungen, die eine Maßnahme der Gemeinschaftsorgane oder der Mitgliedstaaten erfüllen muss, um mit dem gemeinschaftsrechtlichen Grundrecht auf Eigentum vereinbar zu sein: Sie muss erstens ein „dem Gemeinwohl dienendes Ziel der Gemeinschaft" verfolgen, sie muss zweitens verhältnismäßig sein, und sie darf drittens den Wesensgehalt des Eigentumsrechts nicht antasten. „Dem Gemeinwohl dienende Ziele der Gemeinschaft" sind alle Ziele, die der Aufgabenerfüllung der Gemeinschaft, insbesondere der Schaffung des Binnenmarkts, dienen. In den meisten der bisher vom EuGH entschiedenen Fälle ging es um die Ziele der gemeinsamen Agrarpolitik. In keinem einzigen Fall hat der Gerichtshof die vom Gemeinschaftsgesetzgeber verfolgten Zwecke für illegitim erachtet. Diese Voraussetzung stellt mithin – wie im Übrigen auch in der Rechtsprechung des EGMR und des BVerfG zum öffentlichen bzw. Allgemeininteresse – keine wirkliche Hürde für den Gemeinschaftsgesetzgeber dar.

Die Prüfung der Verhältnismäßigkeit fällt im Vergleich zur Rechtsprechung des BVerfG und des EGMR regelmäßig sehr knapp aus. Sie beschränkt sich häufig auf die Elemente der Geeignetheit und Erforderlichkeit der Maßnahme. Dabei wird dem Gemeinschaftsgesetzgeber unter Hinweis auf seine politische Verantwortung ein weiter Ermessenspielraum zugestanden. Nur dann sind Beschränkungen des Eigentumsrechts unverhältnismäßig, wenn sie zur Erreichung des Gemeinschaftsziels offensichtlich ungeeignet oder offensichtlich nicht erforderlich sind. Eine Abwägung der miteinander im Konflikt stehenden Interessen wird – wenn überhaupt – eher kursorisch vorgenommen. Dabei berücksichtigt der Gerichtshof zwar die von der Maßnahme betroffenen Individualinteressen, beschränkt sich aber auf eine generalisierende Betrachtung, die auf den Normalfall abstellt und atypische Einzelfälle unbeachtet lässt. Gerade hier wäre es aber, vor allem im Fall von Existenzgefährdungen bestimmter, besonders betroffener Unternehmen, geboten, eine strengere Verhältnismäßigkeitsprüfung durchzuführen. In diesem Zusammenhang könnte man gegebenenfalls auf die im deutschen Verfassungsrecht entwickelte Rechtsfigur der ausgleichspflichtigen Inhaltsbestimmung zurückgreifen, um in Härtefällen die Verhältnismäßigkeit durch einen finanziellen Ausgleich sicherzustellen. Auch die Wahrung des Wesensgehalts stellt kein eigenständiges wirksames Korrektiv dar. Den wenigen Ausführungen des EuGH hierzu lässt sich entnehmen, dass mit dem Begriff „Wesensgehalt" ein Kernbestand des Eigentumsrechts erfasst wird. Dieser wird nicht angetastet, wenn dem Eigentümer noch irgendwie geartete Nutzungsmöglichkeiten verbleiben. Kurzum, solange eine Maßnahme nicht unverhältnismäßig und untragbar ist, verletzt sie den Wesensgehalt nicht.

Der Gerichtshof begründete seine eingeschränkte Verhältnismäßigkeitskontrolle im „Bananenmarkt"-Urteil damit, dass er seine Beurteilung nicht an die Stelle derjenigen des Gemeinschaftsgesetzgebers setzen könne. Diese richterliche Selbstbeschränkung auf eine Evidenzkontrolle ist aber – zumindest aus deutscher Sicht – unbefriedigend. Denn sie führt im Vergleich zur Rechtsprechung des BVerfG tendenziell zu einer Verkürzung des Eigentumsschutzes im Gemeinschaftsrecht. Möglicherweise bahnt sich allerdings eine vorsichtige Änderung der Rechtsprechung des EuGH an. In einem im Juli 2003 ergangenen Urteil, in dem es um die Auswirkungen nicht entschädigungspflichtiger tierseuchenrechtlicher Maßnahmen auf die klagenden Fischzüchter ging, überprüfte der EuGH sorgfältig die mit der einschlägigen Richtlinie verfolgten Ziele und die Frage der Zumutbarkeit. Dabei kam er – wie auch das BVerfG in ähnlich gelagerten Fällen – zu dem Ergebnis, dass seuchenpolizeiliche Maßnahmen selbst dann keine Verletzung des Eigentumsrechts darstellen, wenn sie ohne Entschädigung vorgenommen werden. Die weitere Entwicklung der Rechtsprechung des EuGH im Bereich des Eigentumsschutzes bleibt also spannend.

IV. Resümee

Beim Schutz des Eigentums im EMRK-System und im Gemeinschaftsrecht lassen sich folgende Gemeinsamkeiten aufzeigen: Beide Rechtssysteme definieren den Eigentumsbegriff autonom und erfassen – bei allen Unterschieden im Detail – vermögenswerte Rechte, die dem Einzelnen zur Nutzung und Verfügung ausschließlich zugeordnet sind und auf eigener Leistung beruhen. Folglich fallen auch die Rechte zum Schutz des geistigen Eigentums darunter. Über die Reichweite des Schutzes sozialversicherungsrechtlicher Ansprüche besteht dagegen noch weitgehend Unklarheit. Als Eingriffe in das Eigentumsrecht sind im wesentlichen die Eigentumsentziehung einerseits und Nutzungsregelungen bzw. Ausübungsbeschränkungen andererseits anerkannt. Letztere sind Ausdruck der Sozialbindung des Eigentums. Zur Rechtfertigung von Eingriffen müssen die folgenden drei Voraussetzungen vorliegen: Der Eingriff muss erstens auf einer Rechtsgrundlage erfolgen, er muss zweitens dem öffentlichen bzw. dem Allgemeininteresse dienen; und er muss drittens verhältnismäßig sein. Im Ergebnis hat sich in bezug auf die dogmatische Struktur der Eigentumsgarantie ein gemeineuropäischer Standard herausgebildet, der weitgehend demjenigen des BVerfG entspricht.

Bei der Anwendung dieses Standards fällt allerdings ein gravierender Unterschied zwischen der Rechtsprechung des EGMR in Straßburg und des EuGH in Luxemburg ins Auge: Der EGMR führt in der Regel im Rahmen der Verhältnismäßigkeitsprüfung eine Abwägung zwischen öffentlichem Interesse einerseits und dem Individualinteresse am Schutz des Eigentums andererseits durch. Dabei stellt er naturgemäß auf die jeweils betroffenen Individualinteressen des zu entscheidenden Einzelfalls ab. Demgegenüber beschränkt sich der EuGH, der in der Regel Rechtsvorschriften der Gemeinschaft zu überprüfen hat, auf eine Evidenzkontrolle. Dabei gesteht er dem Gemeinschaftsgesetzgeber einen großen Ermessenspielraum zu und reduziert die Verhältnismäßigkeitsprüfung auf offensichtliche Ermessensfehler. Zwar belässt auch der EGMR den Vertragsstaaten aus Achtung vor deren Souveränität einen weiten Einschätzungsspielraum. Dennoch hat er die Kontrolldichte im Lauf der Zeit immer weiter verstärkt, um einen effektiven Eigentumsschutz zu gewährleisten. Dem EuGH scheint es dagegen – der Zielsetzung der EG-Vertrages entsprechend – in erster Linie darauf anzukommen, dass sich die Grundrechte „in die Struktur und die Ziele der Gemeinschaft einfügen". Der Fokus liegt damit mehr auf dem reibungslosen Funktionieren des Binnenmarktes als auf dem Schutz individueller Rechte im Einzelfall. Zudem ist die Grundrechtsdogmatik im Gemeinschaftsrecht im Vergleich zu derjenigen im deutschen Verfassungsrecht generell ausbau- und entwicklungsfähig. Vielleicht kann die – jetzt allerdings in weitere Ferne gerückte – Verankerung der Grundrechte-Charta im Recht der EG/EU zu einer Stärkung des Grundrechtsschutzes beitragen. Kurz und gut: Der Eigentumsschutz auf Gemeinschaftsebene ist zur Zeit unbefriedigend. Es bleibt daher eine lohnende Aufgabe der Rechtswissenschaft, im kritischen Dialog mit dem EuGH auf eine Effektivierung des Grundrechtsschutzes im Allgemeinen und des Eigentumsschutzes im besonderen hinzuwirken. Dies gilt, wenn auch in abgeschwächter Form, ebenso für den Dialog mit dem EGMR.

Der Schutz des Eigentums im Völkerrecht

Jörn Axel Kämmerer

Pragmatismus ist der Schlüssel zur Effizienz des völkerrechtlichen Eigentumsschutzes. Vor dem Hintergrund, dass weder der Begriff des Eigentums noch der geforderte Schutzstandard gewohnheitsrechtlich verfestigt sind und ein multilaterales materiellrechtliches Normengeflecht nur in Rudimenten vorliegt, gibt sich der Eigentumsschutz verfahrensorientiert, individualbezogen, flexibel und scheinbar ideologiefrei. Den Globus umspannt ein dicht gewobenes Netz aus bilateralen Investitionsschutzverträgen – mittlerweile rund 2200 an der Zahl –, deren Zuschnitt den spezifischen Bedürfnissen der Investorstaaten Rechnung trägt. Rechtsschutz leisten vornehmlich Schiedsgerichte, gruppiert um das multilaterale ICSID als zentrale Säule; sie judizieren meist nach rechtlichen, mitunter aber auch nach Billigkeitsmaßstäben. Wie kaum sonst im Völkerrecht hat sich der Private von seinem Heimatstaat emanzipiert, ist „immediatisiert" worden, indem ihm eigene Ausgleichsansprüche zugestanden werden, vor allem aber Parteifähigkeit vor internationalen Spruchkörpern. Transnationale Unternehmen, die gleich Planetoiden durch den Staatenkosmos kreisen und an Einzelstaaten nur formal angebunden sind, tun es den Staaten nach und schließen Investitionsschutzverträge oftmals auch selbst; auf solche Verträge werden völkerrechtliche Regeln – zumindest entsprechend – angewandt.

Die hohe Zahl der Investitionsschutzvereinbarungen korrespondiert der wirtschaftlichen Bedeutung grenzüberschreitender Investitionen, deren Gesamtwert sich im Jahr 2000 auf 1,4 Bill. US-$ summierte, aus konjunkturellen Gründen bis 2002 dann jedoch auf 650 Mrd. $ absank. Der größte Teil dieser Investitionen wurde zwischen Industriestaaten getätigt, kaum ein Viertel des Gesamtwertes floss den Entwicklungsländern zu. Umgekehrt proportional hierzu verhalten sich der Dichtegrad vertraglicher Regeln und die Relevanz der Gewohnheitsrechtssätze betreffend den Schutz der Investitionen: Ihre Bedeutung beschränkt sich weitgehend auf die Entwicklungsländer.

I. Grundlagen des Eigentumsschutzes im Völkerrecht

1. Fremdenrechtliche Wurzeln

Eigentumsschutz im Völkerrecht wurzelt vornehmlich im Fremdenrecht und wird von Schutzmechanismen des humanitären Völkerrechts und des Menschenrechtsschutzes nur flankiert. Eigentum wird danach geschützt, weil es dem Ausländer zugeordnet ist, nicht etwa als Unterpfand würdigen Daseins oder freier Persönlichkeitsentfaltung. Das tradierte Fremdenrecht sieht den Ausländer außerhalb der auch als Schicksalseinheit begriffenen nationalen Rechtsgemeinschaft. So wenig er die Vorzüge dieser Zugehörigkeit genießt, so wenig soll er von ihren Nachteilen berührt werden. Die Ubiquität transnationaler Unternehmen mit nur noch formaler Staatszugehörigkeit, die mähliche Universalisierung individualrechtlicher Positionen, aber auch die Annäherung zwischen In- und Ausländerstatus in den großen regionalen Wirtschaftsräumen verleihen dieser Erklärung etwas Archaisches. Tatsächlich tritt beim Eigentumsschutz die Personalhoheit der souveränen Staaten, funktionales Herzstück des Fremdenrechts, und mit ihm die Mediatisierung des Einzelnen so weit zurück wie fast nirgends sonst in der Völkerrechtsordnung: Zahlreiche Staatenverträge räumen dem Fremden das Recht ein, Entschädigungsansprüche gegen den Empfängerstaat vor internationalen Streitbeilegungsinstanzen selbst durchzusetzen. Soweit diese Schiedsgerichte nach völkerrechtlichen Maßstäben urteilen, muss der Investor als Inhaber eines völkerrechtlichen Anspruchs und damit in prozessualer wie materiellrechtlicher Hinsicht als partielles Völkerrechtssubjekt angesehen werden. Für die fremdenrechtstypische Geltendmachung zwischenstaatlicher Ansprüche im Wege diplomatischen Schutzes ist praktisch kaum noch Raum. Solche systemischen Brüche verdeutlichen, dass sich der völkerrechtliche Eigentumsschutz von der fremdenrechtlichen Plattform gelöst hat. Erleichtert wurde diese Loslösung dadurch, dass das Fremdenrecht immer mehr kooperativen und integrativen völkerrechtlichen Strukturen weicht, die den vormals Fremden in nationale wie supranationale Rechtsgemeinschaften (etwa als „Unionsbürger“) status- bzw. partizipationsrechtlich einbinden. Insoweit mag man dem Eigentumsschutz im Völkerrecht noch eine fremdenrechtliche Genese zusprechen; die auf ihn heute wirkenden Gravitationskräfte sind jedoch anderer, vorwiegend welthandelsrechtlicher Art.

2. Menschenrechtlicher Ansatz

Die überkommene Lehre vom internationalen Mindeststandard, der zufolge der Empfängerstaat dem Fremden einen Grundbestand von Rechten einzuräumen hat, wird Parallelen zwischen Fremden- und Menschenrechten nicht leugnen können und wollen. Nach der hier vertretenen Ansicht ist die menschenrechtliche Prägung des völkerrechtlichen Eigentumsschutzes gleichwohl nur schwach. Demgegenüber sucht ein Teil der Lehre zwischen Fremdenrecht und Menschenrechten Gleichklang herzustellen: Die Idee der Menschenrechte, wird postuliert, habe zunächst im Fremdenrecht seine historische Ausformung erhalten. Dieses surrogiert dann den menschenrechtlichen Individualschutz außerhalb des Zugriffsbereichs des Heimatstaats, also im souveränen Ausland. Diese These (die dem Aufnahmestaat eine Art Platzhalterrolle für den Heimatstaat zuweist) genießt den Vorzug, den Widerspruch zwischen Emanzipation des fremden Investors und fremdenrechtlicher Tradition auflösen zu können; nur generiert sie neue Widersprüche. Nach der menschenrechtlich-universalistischen Deutungsvariante müsste der Inländer beim Eigentumsschutz dem Fremden gleichstehen; tatsächlich aber spricht ihm das

Völkergewohnheitsrecht nicht einmal gegen entschädigungslose Enteignungen Schutz zu. Der dennoch verbreiteten Praxis, auch den Inländer zu entschädigen, korrespondiert bis jetzt keine universelle opinio iuris. Das menschenrechtlich bestimmte Grundeigentum führt ein Schattendasein. Aus menschenrechtlicher Sicht müsste überdies auch dem Fremden selbstverständlich das Recht zustehen, Eigentum (als Existenzgrundlage) innezuhaben. Schutz genießt jedoch nur die tatsächlich erworbene Eigentümerstellung. Einen Anspruch auf Zulassung von Investitionen räumen dem Fremden bislang nur wenige Konventionen ein; korrespondierendes Gewohnheitsrecht besteht nicht. Wenngleich die übergreifende menschenrechtliche Deutung des allgemeinen völkerrechtlichen Enteignungsschutzes insoweit bislang nicht überzeugt, finden sich im regionalen Völkervertragsrecht doch menschenrechtliche Schutzansätze als potenzielle Kristalli-sationskerne künftiger universeller Gewährleistungen. Nur ein einziges universelles Menschenrechtsdokument, die Allgemeine Erklärung von 1948, nennt das Recht auf Eigentum. Art. 17 I verfügt: „Jeder Mensch hat allein oder in der Gemeinschaft mit anderen Recht auf Eigentum", und Abs. 2 ergänzt, dass niemand „willkürlich seines Eigentums beraubt werden" dürfe. Selbst wenn man unterstellt, dass die (für sich genommen nicht bindende) Aussage in Völkergewohnheitsrecht erstarkt ist, bleibt ihr normativer Wert doch eng begrenzt: Von Entschädigung für Eigentumsentziehung ist keine Rede. Auf regionaler Ebene am weitesten entwickelt ist der menschenrechtliche Eigentumsschutz in der Europäischen und der Amerikanischen Menschenrechtskonvention. Während die verwaschene Formulierung in Art. 1 I des Ersten Zusatzprotokolls zur EMRK keine Aussage zur Höhe der Entschädigung trifft und mit seiner Verweisung auf die „allgemeinen Grundsätze des Völkerrechts" in der Anfangszeit gar fremdenrechtlich gedeutet wurde – erst der EGMR füllte die Norm nach und nach mit menschenrechtlichem Gehalt –, ist Art. 21 II der AMRK für ihre 34 Vertragsparteien mustergültig klar formuliert. Hier heißt es: „No one shall be deprived of his property except upon payment of just compensation, for reasons of public utility or social interest, and in the cases and according to the forms established by law."

3. Eigentumsschutz im humanitären Völkerrecht

Nur eine komplementäre Funktion besitzt der Schutz des Eigentums im humanitären Völkerrecht, da er die spezifische Ausnahmesituation des internationalen bewaffneten Konflikts voraussetzt. Der Schutz des Eigentums erfolgt hier um der „Hegung" des Kriegsgeschehens willen. Betrifft das Fremdenrecht Handlungen eines Staates gegenüber fremden Staatsangehörigen auf eigenem Gebiet, kommt Art. 46 II HLKO gegenüber Handlungen des Feindstaates auf fremdem, besetztem Staatsgebiet zum Tragen. Die occupatio bellica begründet besondere, der Staatsangehörigkeit wesensverwandte Rechtsbeziehungen zwischen der Zivilbevölkerung des besetzten Gebietes und der Besatzungsmacht, die an Stelle des handlungsunfähigen territorialen Souveräns für die Wohlfahrt der Gebietsbewohner einstweilen die Verantwortung trägt. Das von Art. 46 II HLKO verfügte Gebot, Privateigentum (unter Einschluss kommunalen und gemeinnützig verwendeten staatlichen Eigentums, Art. 56 HLKO) zu achten, und das Verbot, es einzuziehen, sind Ausdruck dieser besonderen Schutzpflicht sowie des transitorischen Charakters der sie begründenden Herrschaft: Das Recht zur Gestaltung der Eigentumsordnung steht der Besatzungsmacht, die ein auf Faktizität fußendes Regime von unhinterfragter Legalität etabliert hat, nicht zu. Befriedigung kriegsbedingter Ansprüche gegen den Feindstaat aus dem Privateigentum seiner Bewohner wäre verbotene Eigenmacht. Zulässig hingegen sind nach Maßgabe des Art. 53 HLKO Beschlagnahmen, die mit dem Ende des Besatzungsregimes aber wieder aufzuheben sind, außerdem die Erhebung von Steuern durch die Besatzungsmacht, wenn auch nur zum Zweck der Deckung von Kosten der (interimistischen) Administration (Art. 48 HLKO). Obschon seit der Zeit des Zweiten Weltkrieges vielfach missachtet, darf Art. 46 HLKO als Ausdruck universellen Gewohnheitsrechts gewertet werden.

4. Eigentumsschutz und Welthandelsrecht

Alle jüngeren Versuche, den völkerrechtlichen Eigentumsschutz multilateral zu kodifizieren, verorten ihn nicht menschenrechtlich, sondern im Kontext des Welthandelsrechts. Dies ist ökonomisch sinnvoll, da transnationale Unternehmen erst bei Aufhebung von Hemmnissen für Direktinvestitionen die Vorteile der Handelsliberalisierung voll auszukosten vermögen. Fremdenrechtliche Wurzeln, wie sie z.B. selbst bei den EG-Grundfreiheiten noch erkennbar sind, werden nicht gekappt, doch von einem anderen Ordnungsziel überwölbt: der Liberalisierung der internationalen Handelsbeziehungen. Damit freilich nähert sich das Recht des Investitionsschutzes nur einem normativen Zustand an, den es bereits vor fünfzig Jahren erreichen wollte: Die Havanna-Charta versuchte, wenn auch nur im Ansatz, den Schutz ausländischer Direktinvestitionen in das Welthandelsrecht zu inkorporieren. Das Scheitern der Charta und damit auch der ITO (International Trade Organization) warf das Welthandelsrecht bis 1994 auf den bloßen Abbau von Handelshemmnissen zurück. Das WTO-Regime hat die Herausforderung, dem Schutz der Handelsaktivitäten eine adäquate Sicherung der dinglich-materiellen Grundlagen zur Seite zu stellen, nur teilweise aufgenommen, etwa beim geistigen Eigentum (TRIPS). Eine universale Investitionsschutzkonvention fehlt jedoch bis zum heutigen Tag. Der in der zweiten Hälfte der neunziger Jahre unternommene Versuch der OECD, die offene Flanke mit einem Multilateralen Investitionsschutzabkommen (MAI) zu schließen, war überambitioniert und teilweise unausgereift und scheiterte im zweiten Halbjahr 1998 – ebenso wie ein Vorgängertext drei Jahrzehnte früher – noch im Entwurfsstadium.

Der Anwendungsbereich des MAI war breiter konzipiert als der aller bestehenden Investitionsschutzvereinbarungen: Nicht nur Auslands-Direktinvestitionen, sondern alle Arten von Aktiva sollten geschützt sein – auch Portfolioinvestitionen, Forderungen und sogar geistige Eigentumsrechte –, wobei Schutz allen Aspekten und Phasen der Investition zuteil werden sollte. Handelshemmende Leistungsanforderungen („performance requirements"), besonders in Entwicklungsländern gängige Praxis, sollten unterbunden werden. Trotz Ausnahmeklauseln („top-down approach") zugunsten der Entwicklungsländer konnte das MAI diesen nicht schmackhaft gemacht werden; das kritisierte „roll back"-Prinzip, das die Mitgliedstaaten zum steten Abbau MAI-fremder Maßnahmen verpflichtet hätte, wurde zu spät aus dem Vertragsentwurf entfernt. Doch auch die Mitgliedstaaten der OECD vermochten in wesentlichen Punkten – darunter Rücksichten auf die Kulturgüterindustrie und die Berücksichtigung staatlicher Wirtschaftssanktionen – keine Einigkeit zu erzielen. Das Europäische Parlament rügte insbesondere die soziale Unausgewogenheit des MAI-Entwurfs und Kollisionen mit dem Gemeinschaftsrecht. Inwieweit der (funktional berufeneren) WTO der erstrebte Lückenschluss gelingen kann, muss angesichts des Umstandes, dass deren geringe Fortschritte bei der Entwicklung einer Eigentumsschutzordnung erst den Ausschlag für die OECD-Initiative gaben, mit Skepsis betrachtet werden. Seit der WTO-Tagung in Singapur 1996 steht das Verhältnis zwischen Welthandel und Investitionsschutz auf der Agenda einer Arbeitsgruppe. Im Rahmen der laufenden „Doha-Runde" ist für 2005 eine neue Regelungsinitiative in Aussicht gestellt worden.

II. Die Begriffe des Eigentums und der Investition im Völkerrecht

Legaldefinitionen des Eigentums kennt das Völkervertragsrecht nicht. Der Terminus ist weitgehend auf die genuin menschenrechtlichen Schutzinstrumente beschränkt, sieht man von den Vereinbarungen zum Schutz des geistigen Eigentums ab, die den Begriff jedoch in der Regel nur für die Zwecke des jeweiligen Vertrages enumerativ aufschlüsseln. Die zahlreichen bi- und oligolateralen Investitionsschutzverträge verwenden den Begriff des Eigentums nicht einmal. Der statt dessen maßgebliche Begriff der (ausländischen Direkt-)Investition wird in vielen dieser Verträge detailliert bestimmt, wobei in Abhängigkeit vom jeweiligen Vertragszweck eine erhebliche Variationsbreite besteht. Wo es an Definitionen fehlt, gestattet ein weiter Enteignungsbegriff zumindest Rückschlüsse auf ein ebenso weites Verständnis des Schutzgegenstandes. In Abhängigkeit von der Spannbreite der Definition können drei Typen von Schutzmechanismen definiert werden: Der vermögensbezogene Ansatz ist in der Regel ausgesprochen weit und umfasst auch Investivkapital, Ansprüche, geistiges Eigentum, Genehmigungen etc., womit die in einen fremden Staat verbrachten oder dort geschaffenen Güter und Werte gemeint sind. Der unternehmensbezogene Ansatz wiederum schützt in erster Linie den im Gastgeberland errichteten Betrieb. Dem freien Kapitalverkehr und damit dem Investitionsakt wird nur flankierender oder mittelbarer Schutz zuteil. Nicht so beim transaktionsbezogenen Ansatz, der sich um den Schutz der zur Vermögensbildung führenden und dem Vermögenstransfer dienenden Kapitalströme bemüht.

Da das „Investitions"-Verständnis der bilateralen Abkommen in hohem Maße an den Vertragszweck gebunden und daher teils enger, teils weiter gefasst ist, bietet es dem Gewohnheitsrecht keine Basis. Neuere Entwicklungen weisen in Richtung eines weiten, selbst Forderungen umschließenden Investitionsverständnisses. An seiner Sachgerechtigkeit sind vor dem Ziel, das Risiko gerade des im Empfängerland tätigen Investors zu minimieren, Zweifel erlaubt. Wo der Begriff des Eigentums Verwendung findet, mangelt ihm ebenfalls ein fester Rahmen. Anders als Leben, Gesundheit oder Wohnung ist Eigentum nicht vorrechtlich vorgegeben, sondern versteht sich als Sammelbegriff für dingliche Rechte, die sich in Art und Wesensmerkmalen von Staat zu Staat unterscheiden. Solange es an einer Harmonisierung der dinglichen (aber auch schuldrechtlichen) Ordnungen fehlt, ist deren Ausgestaltung und damit der Verzicht auf die Einführung bestimmter Rechte jedem Staat im Prinzip freigestellt. Das an sich zutreffende Verständnis des völkerrechtlichen Eigentumsbegriffs als eines derivativen, der in den nationalen Eigentumsbegriffen wurzele, darf nicht zu dem Fehlschluss verleiten, Staaten dürften den Schutz ausländischer Direktinvestitionen durch Abschaffung dinglicher Rechte einfach aushebeln. Die Formel, Eigentum im Völkerrecht sei grundsätzlich weit auszulegen, ist schon deshalb wenig hilfreich, weil keine Abgrenzung zu anderen Rechten vorgenommen wird. So bleibt der Rekurs auf die dogmatisch wenig befriedigende, in der pragmatischen Rechtspraxis aber völlig ausreichende Formel, dass unter Eigentum alle Formen vermögenswerter Rechte unabhängig von ihrem schuld- oder sachenrechtlichen Status fallen. Macht der Ausländer den rechtlichen oder tatsächlichen Entzug einer Rechtsposition geltend und möchte ihren Gegenwert liquidieren, begründet dies eine Vermutung für ihren Eigentumscharakter. Die mit Enteignungen befassten Schiedsgerichte huldigten dem schon angesprochenen Pragmatismus, indem sie die Eigentumseigenschaft des entzogenen Gutes kaum jemals hinterfragten und sich vornehmlich der Höhe der auszukehrenden Entschädigung widmeten.

III. Rechtsquellen des Eigentums- bzw. Investitionsschutzes

1. Völkerrechtliche Verträge zwischen Staaten

a) Multilaterale Vereinbarungen

Wie bereits erwähnt, fehlen universelle Vereinbarungen zum Schutz des Eigentums im Allgemeinen und ausländischer Direktinvestitionen im Besonderen. Funktional beschränkten Eigentumsschutz gewährleisten jedoch – in unterschiedlichem Maße – mehrere Abkommen des WTO-Vertragspakets von 1994. Kaum Erwähnung verdient dabei das Multilaterale Übereinkommen über handelsbezogene Investitionsmaßnahmen (TRIMS), das sich bei Investitionen, die sich auf den Handelsverkehr negativ auswirken, in einer im Grunde deklaratorischen Verweisung auf die Regeln des GATT erschöpft, ohne selbst auf Investitionsschutz fokussiert zu sein. Auf einer soliden vertragsrechtlichen Basis ruht hingegen der völkerrechtliche Schutz des geistigen Eigentums. Entsprechende Übereinkommen gehen teils bis auf die achtziger Jahre des 19. Jahrhunderts zurück und standen seit 1967 unter der Ägide einer Internationalen Organisation – der Weltorganisation für geistiges Eigentum (WIPO). Auf diesem Fundament baut das Übereinkommen über handelsbezogene Aspekte des geistigen Eigentums, kurz TRIPS, auf, sucht dabei jedoch dem Bedürfnis nach besserer Verkettung des Schutzes einzelner Rechte mit den Erfordernissen des Welthandels zu entsprechen und die bejahrten existenten Garantien überdies auf den Stand des Computerzeitalters zu heben. Über diesem Quantensprung darf jedoch nicht übersehen werden, dass der Schutz des geistigen Eigentums durch TRIPS, da auf den Welthandel bezogen, funktional begrenzt ist. Daher fällt die Funktion der zentralen Instanz für Fragen des geistigen Eigentums als solche auf völkerrechtlicher Ebene nicht der WTO, sondern nach wie vor WIPO zu. Diese Organisation ist für Rechtsfortbildung und Rechtsschutz – anders als im WTO-Kontext auch zugunsten Privater – zuständig, sie leistet überdies Entwicklungshilfe beim Aufbau von Systemen geistigen Eigentumsschutzes und Unterstützung bei der Umsetzung der TRIPS-Standards (vgl. Art. 4 WIPO-Übereinkommen).

Die dem TRIPS-Übereinkommen zugrunde liegenden Mechanismen werden gern als „Bern-plus"- bzw. „Paris-plus"-Ansatz apostrophiert, wobei die Städtenamen stellvertretend für die Revidierte Berner Übereinkunft zum Schutz von Werken der Literatur und Kunst von 1888/1971 und die Pariser Verbandsübereinkunft zum Schutz des gewerblichen Eigentums von 1883/1967 stehen. TRIPS inkorporiert im Verweisungswege die Vorschriften dieser Übereinkommen, die zu den ältesten Harmonisierungsvorschriften des Völkerrechts überhaupt gehören (Art. 1-21 der Berner Übereinkunft gemäß Art. 9 I TRIPS, Art. 1-12 und 19 VRÜ gemäß Art. 2 TRIPS). Auf diese Weise wird die Zahl der materiell daran gebundenen Staaten erhöht und zugleich eine partielle Vereinheitlichung des Eigentumsverständnisses erzielt. Das „Plus" bezieht sich auf den Umstand, dass TRIPS das Schutzniveau der von den in Bezug genommenen Übereinkommen erfassten Rechte einerseits verstärkt und andererseits neue Schutzgüter erfasst. Mit dem Grundsatz der Inländerbehandlung (Art. 3 TRIPS) wird gleichwohl an ein überkommenes fremdenrechtliches Element angeknüpft.

Zu den neu in Bezug genommenen Schutzgütern zählen Computerprogramme (Art. 10 II 1 TRIPS), Vermietrechte an diesen und an Filmen (Art. 11) und Layout-Designs integrierter Schaltkreise (also die Gestaltung von Halbleiterelementen wie z.B. Computerchips; Art. 35). Sie werden mit sonstigen, bereits völkerrechtlich geschützten und im TRIPS-Übereinkommen jeweils für sich behandelten Schutzrechten wie Marken, Patenten, gewerblichen Mustern und Modellen unter dem Terminus „geistiges Eigentum" zusammengefasst – freilich nur, wie Art. 1 II TRIPS anfügt, für die Zwecke des Vertrages. Als Quelle eines allgemeinen gewohnheitsrechtlichen Verständnisses des geistigen Eigentums taugt TRIPS daher nicht. Das breite Spektrum der in Bezug genommenen Rechte erweist jedoch, dass sich die Eigentumsidee von traditionellen Bezügen löst, womit sie aber auch an Konturen verliert. Plastisch zeigt dies der Schutz geographischer Herkunftsangaben (Art. 22), der im Wettbewerbsrecht nicht minder beheimatet ist.

b) Regionale und plurilaterale Vereinbarungen

Nur eine geringe Zahl regionaler Menschenrechtskonventionen nimmt sich des Eigentumsschutzes an; kaum größer ist die Zahl regionaler Übereinkommen, die unter ursprünglich fremdenrechtlichem Vorzeichen Investitionsschutz gewährleisten. Angesichts des aufgezeigten Nexus zwischen Schutz ausländischer Direktinvestitionen und Freihandel mag dies zunächst überraschen. Andererseits kommt wirtschaftsvölkerrechtlicher Regionalismus vor allem in der Ausbildung von Freihandelszonen und Zollunionen zum Ausdruck, die vornehmlich zwischen wirtschaftlich entwickelten Staaten geschaffen werden. In diesem Kreis besteht jedoch, wie dargelegt, meist kein ausgeprägtes Bedürfnis nach völkerrechtlicher Absicherung ausländischer Investitionen. Spezifisch dem Eigentumsschutz gewidmete regionale Übereinkommen existieren kaum – ein Beispiel ist das ASEAN-Investitionsschutzabkommen vom 15.12.1987 –, doch enthalten mehrere handelspolitische Instrumente auch (z.T. detaillierte) Vorschriften über den Schutz ausländischer Direktinvestitionen. Erwähnung verdienen in diesem Zusammenhang insbesondere das 11. Kapitel des NAFTA-Vertrages, Kapitel XVII des im Entstehen begriffenen Übereinkommens über die Gesamtamerikanische Freihandelszone (FTAA) und die allerdings auf den Energiebereich beschränkten Art. 13 ff. des Energiecharta-Vertrages vom 17.12.1994.

c) Bilaterale Vereinbarungen

Bilaterale Abkommen zwischen souveränen Staaten prägen heute mehr denn je das Bild des völkerrechtlichen Investitionsschutzes. Typischerweise gesellt sich in solchen Verträgen ein Industriestaat zu einem Entwicklungsland; ein kleinerer Teil der bilateralen Investitionsschutzverträge wird zwischen Entwicklungsländern geschlossen, während Industriestaaten untereinander nur selten zu bilateralen Investitionsschutzverträgen greifen. Ihre Dominanz ist in gleicher Weise Ursache und Folge der Ungewissheit über universelle völkerrechtliche Schutzstandards. Das kurzzeitige Aufbegehren der Drittweltstaaten gegen die Bindung an ein bestimmtes Ausgleichsniveau in den 1970er Jahren verunsicherte die Investorstaaten nachhaltig, mit der Folge, dass diese verstärkt auf die Festschreibung des gewünschten Schutzstandards in bilateralen Übereinkommen rekurrierten, was wiederum zu sinkendem Kodifikationsdruck führte. Zum Jahresende 2002 bestanden weltweit 2.181 solcher Verträge, zu denen sich noch einmal 2.256 Doppelbesteuerungsabkommen gesellten. (Nicht eingerechnet sind allgemeine bilaterale Freundschafts- oder Kooperationsverträge, die neben anderen Gegenständen den Investitionsschutz regeln.) Weltweit ist die Zahl der Investitionsschutzvereinbarungen innerhalb der letzten fünf Jahren um etwa die Hälfte angewachsen. Deutschland ist heute an rund 120 Investitionsschutzverträge gebunden. Üblicherweise enthalten bilaterale Abkommen Schiedsklauseln, durch die Streitigkeiten zwischen Investor und Empfängerstaat einer obligatorischen neutralen Schiedsinstanz unterworfen werden. Typisch für bilaterale Investitionsschutzverträge ist ihre Anlehnung an Vertragsmuster, die vom Investorstaat vorformuliert worden sind. Solche „völkerrechtlichen Allgemeinen Geschäftsbedingungen“, die einen einheitlichen Schutzstandard für Direktinvestitionen deutscher Unternehmen begründen, verwendet Deutschland seit Anfang der sechziger Jahre.

Im Verhältnis zwischen Industriestaaten tritt an die Stelle bilateraler Investitionsschutzverträge das durch Codes of Conduct bestärkte Vertrauen auf einen Ausgleich nach Maßgabe verfassungsrechtlicher Standards und gemeinsamer völkerrechtlicher Überzeugungen. Ereignisse wie die vermutlich nicht dem völkergewohnheitsrechtlichen Comment entsprechenden Enteignungen unter der französischen Regierung Mauroy erscheinen allerdings geeignet, die These von der Entbehrlichkeit vertraglicher Schutzvereinbarungen unter Industrieländern zu erschüttern.

2. „State Contracts": Verträge zwischen Staaten und Investorunternehmen

Bei zahlreichen Investitionsschutzvereinbarungen ist der Vertragspartner des Entwicklungslandes nicht der Investorstaat, sondern ein nichtstaatliches Investorunternehmen. Üblich in solchen „State Contracts" ist die Vereinbarung von Stabilisierungs- oder Kontinuitätsklauseln, welche die Investitionsvereinbarung gegen die Wirkungen späterer Rechtsänderungen „immunisieren". Hierbei wird entweder die Rechtslage zum Zeitpunkt des Vertragsschlusses für verbindlich erklärt („Versteinerungsklausel") oder die Nichtanwendung nachträglicher Rechtsänderungen vereinbart („Nichtanwendungsklauseln"). Die gleiche Wirkung zeitigen „Unberührbarkeitsklauseln", kraft derer der Empfängerstaat auf die Ausübung seines Rechts zu hoheitlicher Intervention – also Enteignung – verzichtet. Nicht zuletzt die hiermit verbundene Loslösung des Vertrags von der nationalen Rechtsordnung des Empfängerstaates bedurfte der rechtsdogmatischen Erklärung, doch hat sich der dogmatische Nebel um die Begründung der Völkerrechtsgeltung bislang nur wenig gelichtet. Das Modell der „unechten Internationalisierung" versteht die Anwendung völkerrechtlicher Regeln als Ergebnis einer Rechtswahlvereinbarung bzw. einer kollisionsrechtlichen Verweisung (und sucht damit ihren Geltungsgrund im nationalen Recht), während die Befürworter einer „echten Internationalisierung" den Vertrag ganz vom nationalen Recht gelöst wissen wollen. Insoweit wird vertreten, der Vertrag schaffe „seine eigene Ordnung" mit überstaatlichem Geltungsgrund jenseits von nationalem und Völkerrecht. Hiergegen ist einzuwenden, dass der private Vertragspartner seinerseits der personalen Souveränität eines anderen Staates unterliegt und die vertragliche Begründung absoluter Rechtsordnungen dieses Rechtsverhältnis insofern nicht beeinträchtigen darf. Zwar können Private zu partikulären Völkerrechtssubjekten erhoben werden, doch bedarf es dazu einer Vereinbarung geborener Völkerrechtssubjekte, die auch nur für und gegen diese Wirkungen zeitigt; Verträge zwischen Staat und Unternehmen können diese Völkerrechtssubjektivität dagegen nicht generieren. Daraus folgt nicht nur, dass State Contracts mit Wirkung für oder gegen dritte Staaten keine „absoluten" Rechtsordnungen zu begründen vermögen, sondern auch, dass im Innenverhältnis zwischen Investor und Empfängerstaat die – dann notwendigerweise nur entsprechende – Geltung völkerrechtlicher Maßstäbe ihren Rechtsgrund letztlich aus der souveränen Entscheidung des Staates, sich an diese Regeln binden zu wollen, resultiert.

Enteignet der Empfängerstaat den Investor ungeachtet einer zuvor vereinbarten „Unberührbarkeitsklausel", ist fraglich, ob ihm, solange er angemessen entschädigt, eine Verletzung des Völkerrechts zur Last gelegt werden kann. Nach der hier vertretenen Ansicht ist die Natur des Vertrages keine völkerrechtliche, weshalb er das souveräne Recht zur Enteignung nicht zu derogieren vermag. Mit einer Ausnahme ergreifen die Entscheidungen der Schiedsgerichte im Erdölstreit mit Libyen, das sich in den 1970er Jahren hierauf berufen hatte, nicht erkennbar für eine bestimmte dogmatische Linie Partei. Die Zuerkennung von „Entschädigungen" ist interpretationsoffen; mehrere Gerichte scheinen vom Abschluss eines privatrechtlichen Vertrages unter Anknüpfung an eine nationale Rechtsordnung auszugehen.

Der Stern der klassischen „State Contracts" verblasst in dem Maße, wie die Bereitschaft der selbstbewusster (und vielfach auch demokratischer) gewordenen Entwicklungsländer sinkt, einzelnen Konzessionären unter Abweichung vom allgemeinen Gesetz Sonderkonditionen einzuräumen. Dies gilt um so mehr, als das immer dichtere Netz bilateraler staatlicher Investitionsschutzabkommen Unternehmen ein ausreichendes Maß an Schutz vermittelt, zumal Investoren hier grundsätzlich Klagebefugnis vor internationalen Schiedsgerichten und insoweit in prozeduraler Hinsicht partielle Völkerrechtspersönlichkeit eingeräumt wird. Nichtsdestoweniger werden „State Contracts" noch auf absehbare Zeit zum Kerninstrumentarium des Investitionsschutzes zählen. Auch neuere, im Vergleich mit den überkommenen Stabilisierungsklauseln „souveränitätsschonende" Praktiken wie Flexibilisierungs- und Dynamisierungsklauseln, die bei Eintritt eines sog. „trigger event" zur Nach- bzw. Neuverhandlung verpflichten (und damit die Lehre von der Geschäftsgrundlage zum Ausdruck bringen), können ihre juristische Ambiguität nicht völlig verschleiern.

IV. Insbesondere die Enteignungsmaßstäbe

1. Enteignung

a) Das souveräne Recht zur Enteignung

Der völkerrechtliche Eigentumsschutz ist in wesentlichen Zügen kein Schutz vor Enteignung, sondern wird erst – gleichsam als sekundärer – durch Enteignung aktiviert. Das souveräne Recht des Empfängerstaates, seine Eigentumsordnung frei zu gestalten, wird durch zwischenstaatliche Investitionsschutzverträge nicht zur Disposition gestellt. Ob der Staat völkervertraglich auch auf seine Enteignungshoheit verzichten darf, ist umstritten: Die Freiheit zur jederzeitigen Gestaltung der Eigentumsordnung, wandten vor allem in den siebziger Jahren manche ein, sei unentbehrlicher Bestandteil staatlicher Souveränität und damit gar zum ius cogens (Art. 53 WVRK) zu rechnen. Warum aber soll der Staat seine Souveränität nicht in solcher Weise vertraglich binden können, wenn er selbst in den Verlust der Souveränität (Begründung einer Protektoratsbeziehung) oder den eigenen Untergang wirksam einzuwilligen vermag? Der Respekt vor der Enteignungshoheit bedingt, dass dem Investor nicht das Eigentumsobjekt, sondern nur der darin verkörperte Wert sicher ist. Auf Entwicklungsländer wirken die in bilateralen Investitionsschutzverträgen vereinbarten und zumindest in den Grundzügen auch gewohnheitsrechtlich geltenden Entschädigungsstandards ohnedies oft faktisch wie Enteignungsverbote und vermitteln dem Investor damit ein ausreichendes Maß an Sicherheit vor Eigentumsentziehung.

b) Enteignungsvarianten

Unter Enteignung wird im allgemeinen die Entziehung des Wertes oder der Substanz des Eigentums oder der Verfügungsbefugnis des Inhabers verstanden. Der fremdenrechtliche Ausgangspunkt und das fehlende Kontinuum einer übergreifenden institutionalisierten Gerichtsautorität hemmten die Ausformung einer verfeinerten Eigentumsdogmatik. So sind die Grenzen zwischen ausgleichsfreier Sozialbindung bzw. Inhaltsbestimmung – eine Kategorie, deren Existenz im Grundsatz unbestritten ist – und der entschädigungspflichtigen Enteignung, insbesondere der sog. „creeping expropriation“, d.h. der schrittweise vorgenommenen Beschneidung der Handlungsspielräume des Investors, kaum herausgearbeitet worden. Aus diesem Grunde – und im Hinblick auf die verblassende Bedeutung des Rechtmäßigkeitskriteriums – ist noch offen, inwieweit das Völkerrecht auch den entschädigungspflichtigen enteignungsgleichen Eingriff als selbständige Kategorie anerkennt.

2. Entschädigung

a) Umfang des Ausgleichs nach Vertrags- und Gewohnheitsrecht

Zwar hat das sich stetig verdichtende Netz bilateraler zwischenstaatlicher wie quasi-völkerrechtlicher Investitionsschutzabkommen der Frage nach dem Maßstab des universellen Gewohnheitsrechts für die Höhe der gebotenen Entschädigung für staatliche Enteignungsakte viel von ihrer Brisanz genommen. Doch weist dieses Netz noch immer weite Lücken auf, ja noch immer sind mehrere Dutzend Staaten überhaupt nicht Parteien solcher Übereinkommen, weswegen für die insoweit vorgenommenen Enteignungsakte der allgemeine gewohnheitsrechtliche Standard weiter maßgeblich bleibt. Hinzu kommt, dass für die erwünschte Kodifizierung der Investitionsschutzstandards zunächst einmal Gewissheit über den gewohnheitsrechtlichen Status quo bestehen müsste.

Nicht umstritten ist, dass für Enteignungen überhaupt Entschädigung geleistet werden muss. Die in Südamerika einst verbreitete Calvo-Doktrin, wonach einem ausländischen Rechtsträger nicht mehr als Inländerbehandlung zusteht – er also dann keinen Anspruch auf Entschädigung hat, wenn ein solcher auch den Staatsangehörigen des Enteignerstaates nicht zustehen würde –, vermochte sich nicht weltweit durchzusetzen. Durch Art. 21 II AMRK ist sie mittlerweile zumindest im interamerikanischen Rechtsverkehr obsolet geworden. Weniger klar ist, ob die Entschädigung dem vollen Wert des Eigentumsobjektes zu entsprechen hat. Zwar ist die Debatte der siebziger Jahre um eine Neue Weltwirtschaftsordnung abgeflaut, in der die Entwicklungsländer den Gedanken souveräner Eigentumsgestaltung mit der Idee der Inländerbehandlung koppelten – mit der Folge, dass in einer der diesbezüglichen Resolutionen der UN-Generalversammlung die Zahlung einer Entschädigung nur noch als „möglich" bezeichnet wurde. Diese Extremposition wurde ein Jahr später (in Art. 2 II lit. c der Charta der wirtschaftlichen Rechte und Pflichten der Staaten vom 12.12.1974) wieder aufgegeben, die Verunsicherung über den geforderten Entschädigungsstandard jedoch blieb. Bis in die sechziger Jahre hinein galt die sog. Hull-Formel als Maß der Dinge, wonach die Entschädigung „prompt, adequate and effective" zu sein hatte. Angelpunkt ist das Attribut „adequate", das zumeist als Postulat vollen Schadensersatzes interpretiert wurde und wird. Teile von Judikatur und Lehre propagieren – insbesondere seit der Proklamation des Art. 2 I lit. c der Charta der UN-Generalversammlung vom 12.12.1974 – „appropriate compensation" als geltenden gewohnheitsrechtlichen Standard. Uneinigkeit besteht darüber, ob und inwieweit die neue, in hohem Maße auslegungsoffene Formel den Hull-Standard derogiert. So wird vertreten, dass „appropriate" den Weg zur Bemessung des Ausgleichs unter Abwägung mit dem öffentlichen Interesse – mit der Folge eines Abschlags vom vollen Wertersatz – ebnet. Nach anderer Ansicht soll ein „Wertabzug" nur bei außergewöhnlichen Umständen zulässig sein. Wieder andere deuten „appropriate" als Synonym von „adequate" und halten somit an der Hull-Formel fest.

Nicht nur die zaghaften regionalen Kodifikationsansätze scheinen die Fortgeltung des Hull-Standards zu untermauern. Sowohl das NAFTA-Übereinkommen (Art. 1110) als auch der Energiecharta-Vertrag (Art. 13) greifen auf die Hull-Formel zurück; die Formel „just compensation" der Amerikanischen Menschenrechtskonvention ist ihr zumindest eng verschwistert. Noch klarer ist das von den bilateralen Investitionsschutzverträgen vermittelte Bild, die sich so gut wie einhellig an „Hull" ausrichten. Als Beleg für einen bestimmten völkergewohnheitsrechtlichen Standard lassen sich diese Verträge, deren Existenz just der Unsicherheit über den Inhalt dieses Standards zu verdanken ist, jedoch gerade nicht anführen. Ihr Inhalt wird meist einseitig vorgegeben und lässt der Durchsetzung gegensätzlicher Rechtsmeinungen des Vertragspartners wenig Raum. Von höherer Aussagekraft, wiewohl nach Art. 38 I lit. d IGH-Statut nur „Hilfsquelle" der Völkerrechtserkenntnis, sind Schiedssprüche. Die Schiedskörper des Iran-US Claims Tribunal sind fast einhellig zum Schluss gelangt, dass weiterhin, zumindest bei Einzelenteignungen, voller Schadensersatz das Maß aller Dinge sei, und deuten in diesem Sinne mitunter auch das Attribut „appropriate". Allerdings wird nicht nur die Repräsentativität seiner aus drei Richtern bestehenden Spruchkörper, die den Vertretern der Industriestaaten stets eine Stimmenmehrheit garantierte, in Zweifel gezogen, sondern auch diejenige der relativ wenigen Staaten, deren Enteignungen bisher Anlass zu Schiedsverfahren gegeben haben. Die Erkenntnis des anzulegenden Maßstabs (voller oder teilweiser Ausgleich) wird zusätzlich dadurch erschwert, dass in der Praxis nicht scharf zwischen ausgleichsfähigem Wertanteil und Grundlage der Wertberechnung geschieden werden kann: Wer z.B. die Rechtsauffassung vertritt, dass entgangene Gewinne nicht ausgeglichen werden müssten, kann entweder ihre wertbestimmende Funktion leugnen (dann ist der Ausgleich im Rechtssinne ein voller) oder nur die Ausgleichsnotwendigkeit (dann ist der Ausgleich unvollständig). Im Ergebnis liegt der „richtige" Umfang der Entschädigung in einer völkerrechtlichen Grauzone. Letzte Gewissheit über eine der überwiegenden Praxis vollen Ausgleichs korrespondierenden opinio iuris kann nicht erlangt werden.

Als weitere Kriterien der rechtmäßigen Enteignung gelten, dass die Maßnahme dem öffentlichen Wohl dienen solle – ein angesichts der staatlichen Einschätzungsprärogative bedeutungsarmer Vorbehalt – und dass sie nicht diskriminierend wirken dürfe. Auch dieses (an sich unumstrittene) Kriterium ist mangels eines einheitlichen Begriffshorizonts der Diskriminierung blass, seine Auslegung umstritten geblieben. Nach der jüngeren ICSID-Rechtsprechung ist gewohnheitsrechtlich weder die Gleichbehandlung aller Ausländer noch ihre Gleichstellung mit Inländern gefordert, sondern nur die willkürliche Benachteiligung des Ausländers mit der Intention seiner Schädigung untersagt. Auf vertraglicher, insbesondere bilateraler Ebene wird die Behandlung des Ausländers in Investitionsangelegenheiten allerdings vielfach bereits an den welthandelsrechtlichen Grundsätzen der Meistbegünstigung und der Inländerbehandlung (die übrigens selbst keine gewohnheitsrechtliche Wirkung entfalten) gemessen – Anzeichen für eine sachgerechte Konvergenz der Maßstäbe. Ebenso auslegungsoffen wie „nichtdiskriminierend" ist das nächste in der „Hull-Formel" genannte Kriterium, wonach der Ausgleich „prompt" zu erfolgen hat. Die Praxis verfährt relativ großzügig: Weder wurden etwa gegen Entschädigungen in Form von Staatsobligationen oder Ratenzahlungen durchgreifende Bedenken laut, noch problematisierten Schiedsgerichte die Rechtmäßigkeit von Enteignungen aus dem Grunde, dass eine Entschädigung in angemessener Höhe zum Zeitpunkt der Gerichtsentscheidung noch nicht gewährt worden war. „Wirkungsvoll", das letzte Attribut, bedeutet vor allem, dass die Entschädigung in konvertibler Währung oder einem gleichwertigen Surrogat gezahlt wird und damit einen „Gegen-Wert" darstellt.

Ob Art. 14 III 3 GG, eine für In- und Ausländer unterschiedslos geltende Bestimmung, wonach der Ausgleich unter dem Vorbehalt einer Abwägung mit dem öffentlichen Interesse steht, dem Hull-Standard entspricht, erscheint fraglich. Insoweit muss eine völkerrechtskonforme Auslegung des Inhalts vorgenommen werden, dass der in den Enteignungsgesetzen meist vorgeschriebene Ersatz des Verkehrswertes als Ergebnis des Abwägungsprozesses gedeutet wird, im öffentlichen Interesse m.a.W. nicht mehr als der Preis angesetzt wird, den das Eigentumsobjekt beim Verkauf im Rechtsverkehr tatsächlich erzielen könnte. Ein öffentliches Interesse besteht zudem auch an der Vermeidung von Völkerrechtsverletzungen durch Deutschland, so dass Abwägung und voller Marktwertersatz im Ergebnis gleichläufig sind. Unter den westeuropäischen Mitgliedstaaten des

Europarates, deren Staatsangehörige nach Inländern Hauptbetroffene von Enteignungsmaßnahmen sind, bestehen weithin übereinstimmende Ausgleichsstandards. Hier deutet sich ein „gemeineuropäischer Rechtsstandard" an, der über der Angleichung der nationalen, meist mit einem Abwägungsvorbehalt versehenen nationalen Rechtsvorschriften Unterschiede zwischen eigenen und fremden Staatsbürgern immer weiter einebnet.

b) Berechnungsmethode und Relevanz der Rechtmäßigkeit

Für die Bestimmung der anzusetzenden Ausgleichssumme fehlt es an einer einheitlichen Methode. Angesichts der Situationsgebundenheit der Enteignungen und der Unterschiedlichkeit der vermögenswerten Rechte überrascht dies nicht. Für die Bestimmung des Wertes enteigneter Unternehmen ist – vor allem seitens des Iran-US Claims Tribunal – eine Palette von Bewertungsansätzen entwickelt worden, deren Auswahl faktisch der Opportunität des mit dem Fall befassten Schiedsgerichts obliegt. Angesichts der Komplexität der zugrunde liegenden betriebswirtschaftlichen Berechnungsmethoden soll die Betrachtung hier auf die Frage verengt werden, ob neben dem Substanzwert des Unternehmens auch entgangene Gewinne ersetzt werden müssen. In aller Regel wird der „fair market value" zum Ausgangspunkt genommen, der Preis also, den ein normaler Käufer unter normalen Bedingungen dafür zahlen würde. Umstritten ist, ob im Falle des Vorliegens eines „going concern", also eines eingerichteten und ausgeübten Gewerbebetriebs, über den Buchwert hinaus auch Elemente wie Kundenstamm und entgangener Gewinn (lucrum cessans) entgolten werden müssen. Mehrere Schiedsurteile des Iran-US Claims Tribunal haben dem enteigneten Rechtsträger auch dies zugesprochen, wenn teils mit einem Abschlag für künftige Kosten und wirtschaftliche Risiken. Dies illustriert, dass der Begriff der „vollen Entschädigung" durch die angewandte Bemessungsmethode in hohem Maße relativiert wird. Zur Demonstration einer völkerrechtlichen opinio iuris und Rechtspraxis sind die Schiedsurteile allzu disparat.

Angesichts der tatsächlichen Tendenz zur Gewährung vollen Schadensersatzes unter Einbeziehung des Ausgleichs künftiger Erwerbsaussichten erscheint die Frage berechtigt, welcher Stellenwert der Rechtmäßigkeit der Enteignungsmaßnahme überhaupt noch zukommt. In der „Chorzów"-Entscheidung (1922) über die Enteignung deutscher Betriebe im abgetretenen Teil Oberschlesiens bemühte sich der StIGH noch um säuberliche Trennung: hier die entschädigungspflichtige Enteignung, dort der Völkerrechtsverstoß, der nach allgemeinen Regeln zum Ersatz des entstandenen Schadens – im Falle der Eigentumsentziehung durch Restitution und nur bei ihrer Unmöglichkeit durch Geldersatz – verpflichtet. Dieser Schadensersatz schließt entgangene Gewinne notwendigerweise ein. In der Schiedspraxis fällt die Zuordnung zu den Kategorien „rechtmäßig" und „rechtswidrig" oft schwer: Ist die Enteignung bereits durchgeführt und hält das Schiedsgericht einen höheren als den gewährten Ausgleich für geboten, lässt dies logisch darauf schließen, dass die Maßnahme rechtswidrig gewesen sein muss; sehen die Parteien des Schiedsvertrages dagegen vor, bei Uneinigkeit über die Höhe der Entschädigung diese von einem Schiedsgericht festsetzen zu lassen, muss die Maßnahme – bei im Grunde gleicher Ausgangslage – als rechtmäßig gelten. Im Falle der iranischen Enteignungen amerikanischer Unternehmen hat kein einziges Schiedsgericht dezidiert an die Rechtswidrigkeit der Maßnahmen angeknüpft. Soweit eine Zuordnung hier überhaupt noch erfolgt, werden Unterschiede durch die „going concern"-Methode mitunter eingeebnet. So räumt das Schiedsgericht im Fall Phillips Petroleum Co. freimütig ein, für die Frage der Entschädigung sei die Rechtmäßigkeit der Maßnahme ohne Belang. Bedeutung entfalte der Unterschied nur, wenn Rückgabe des Eigentums gefordert werde, sowie für die Berücksichtigung des Wertzuwachses zwischen Entzugszeitpunkt und Gerichtsentscheidung. Insofern tendieren die Schiedsgerichte dazu, unter Aufgabe der überkommenen Regeln, denen zufolge nach völkerrechtlichen Unrechtshandlungen die Wiederherstellung des status quo ante (restitutio in integrum) grds. geboten ist, dem Geschädigten praktisch ein Wahlrecht zwischen Restitution und Geldausgleich einzuräumen, das stark an die modifizierte BGH-Rechtsprechung zum enteignungsgleichen Eingriff nach der Nassauskiesungs-Entscheidung des Bundesverfassungsgerichts gemahnt. Unbedenklich ist diese Assimilation der Maßstäbe nicht: Wird sich der Empfängerstaat bewusst, dass Rechtstreue nicht privilegiert wird, könnte er geneigt sein, dem enteigneten Unternehmen eine (volle) Entschädigung zunächst vorzuenthalten – hat er doch selten mehr zu befürchten, als später einmal zur Einhaltung der Enteignungsstandards verurteilt zu werden.

3. Versicherung

Hat sich das Enteignungsrisiko realisiert, ohne dass der Investor hinreichenden Ausgleich erwirken kann, stellt das Völkervertragsrecht ein System „tertiären Enteignungsschutzes" in Gestalt des Versicherungssystems der Multilateralen Investitions-Garantie-Agentur (MIGA) bereit. Die zur Weltbank-Gruppe zählende Einrichtung verfügt heute über 163 Mitgliedstaaten, die in die Gruppen der Investor- und der Empfängerstaaten gegliedert sind. Aufgrund der weltbanktypischen Stimmengewichtung in Relation zur Einlage (Art. 39 MIGA-Übk.) kommt die Agentur einem internen Ausgleichsmechanismus zwischen den Industriestaaten materialiter relativ nahe. Über MIGA werden nicht nur das Enteignungsrisiko und das Vertragsbruchrisiko durch den Empfängerstaat abgedeckt, sondern auch das Transferrisiko (Art. 11 lit. a). Der Schutz durch die Agentur setzt vor allem dort an, wo angemessener privater Versicherungsschutz nicht mehr erlangt werden kann (Art. 21). Nicht versichert ist der Schutzgegenstand gegen allgemeine Regulierungsmaßnahmen nichtdiskriminierenden Charakters (Art. 11 lit. a (ii) Hs. 2), Einschränkungen also, die gemäß nationaler Dogmatik mangels Sonderopfers als bloße Inhaltsbestimmung des Eigentums gelten würden.

MIGA-Garantien – bis dato rund 650 für Projekte in 85 Ländern mit einem Investitionsgesamtvolumen von 12 Mrd. US-$ – werden für einzelne Investitionsakte und bestimmte Investoren durch Garantievertrag erteilt (Art. 12 ff.). Sie werden den betroffenen Investoren erteilt, die aufgrund dessen Inhaber des garantievertraglichen Anspruchs sind. Voraussetzung ist, dass sie erstens die Staatszugehörigkeit eines Vertragsstaates haben und zweitens ihr Hauptverwaltungssitz in einem anderen Vertragsstaat als dem Empfängerstaat liegt oder Staatsangehörige dieses Vertragsstaates zumindest die Kapitalmehrheit am Unternehmen innehaben (Art. 13 MIGA). Die Ausstattung von Investoren mit eigenen, nicht in einer nationalen Rechtsordnung wurzelnden Garantieansprüchen, die ohne weiteres Zutun des Heimatstaats begründet werden, unterstreicht den bereits angedeuteten Befund einer Aufwertung privater Wirtschaftssubjekte zu partiellen, partikulären Völkerrechtssubjekten.

V. Gerichtliche Durchsetzung völkerrechtlich begründeter Entschädigungsansprüche

Beim Verfahrensrecht des internationalen Enteignungsschutzes zeigt sich wie kaum sonst der Verfall des klassischen Souveränitätsgedankens: Anstelle der üblicherweise zuständigen innerstaatlichen Gerichte, vor denen sich der Einzelne um Rechtsschutz zu bemühen hätte (local remedies), bevor der Heimatstaat (ohne hierzu verpflichtet zu sein) einen mit dem potenziellen Individualrecht keineswegs identischen völkerrechtlichen Anspruch geltend machen könnte, wird die Zuständigkeit für die Entscheidung über die Rechtsstreitigkeiten – dies sehen auch die meisten bilateralen Vereinbarungen so vor – „neutralen" internationalen Instanzen in Gestalt von Schiedsgerichten übertragen. Nicht der Heimatstaat ist hier aktivlegitimiert, sondern das rechtlich „immediatisierte" Investorunternehmen. Damit wird institutionellen Schwächen innerstaatlicher Streitbeilegung (Ineffizienz, Parteilichkeit, Korruption) Rechnung getragen; das Völkerrecht zollt jedoch auch der Realität der Globalisierung Tribut. Darunter soll hier der Machtzuwachs nichtstaatlicher international agierender Einzelner verstanden werden, deren Einfluss und wirtschaftliche Potenz sich in vielen Fällen mit denen der Empfängerstaaten messen können und deren Staatszugehörigkeit, wie eingangs dargestellt, volatil geworden ist. Das MAI, wäre es in Kraft getreten, hätte mit seinen weit reichenden Unternehmensrechten und dem ausgeklügelten Streitbeilegungsmechanismus diesem Trend zur Immediatisierung das Sahnehäubchen aufgesetzt – ein vor allem transnationalen Unternehmen zugute kommendes Privileg, das die Kluft zum vergleichsweise wenig entwickelten völkerrechtlichen Menschenrechtsschutz freilich noch erweitert hätte. Nicht unerwähnt sollte bleiben, dass den materiell weiter fortgeschrittenen Regeln zum Schutz des geistigen Eigentums keine dementsprechende Emanzipation des Individuums entspricht. Teil III des TRIPS-Übereinkommens verpflichtet die Mitgliedstaaten lediglich dazu, innerstaatlich die erforderlichen Rechtsbehelfe zur Verfügung zu stellen. Auf internationaler Ebene stehen lediglich zwischenstaatliche Streitbeilegungsmechanismen bereit; ein eigenes Klagerecht vor WTO-Instanzen steht dem ausländischen Rechtsinhaber nicht zu.

Das 1965 unter Weltbank-Ägide eingerichtete International Centre for the Settlement of Investment Disputes (ICSID) ist das bedeutsamste multilaterale Forum für die Beilegung von Streitigkeiten betreffend Auslandsinvestitionen; an ihm partizipieren mittlerweile 140 Mitgliedstaaten. Gründete sich die Ordnungsfunktion dieses Schiedsgerichtssystems lange mehr auf dessen bloße Existenz denn auf die Zahl der Schiedssprüche, ist in der jüngsten Zeit ein deutlicher Anstieg der Zahl anhängig gemachter Fälle zu verzeichnen: 2002 waren es 18, 2003 bereits 29. Die Zuständigkeit des ICSID ratione personae ist gegeben, wenn an einer Streitigkeit auf der einen Seite ein Vertragsstaat und auf der anderen ein privater Investor aus einem anderen Vertragsstaat beteiligt sind. Art. 11 II des deutschen Musterabkommens verweist für den Streitfall auf das ICSID-Schiedsverfahren, wenn der Empfängerstaat – was meist der Fall ist – Vertragspartei ist. Wie die meisten mit Investitionsschutzfragen befassten Schiedsgerichte entscheiden ISCID-Spruchkörper nicht nach Billigkeitskriterien, sondern nach Recht. Gemäß Art. 42 ICSID-Statut handelt es sich hierbei um das Recht des Empfängerstaates einschließlich seines IPR zuzüglich der „einschlägigen Regeln des Völkerrechts" („those rules of international law as may be applicable") Im Konfliktfall wurde in der Spruchpraxis des ICSID dem allgemeinen Völkerrecht, wenn auch mit Unterschieden im Ansatz, grundsätzlich Vorrang gegenüber nationalen Normen zuerkannt, womit die Rechtsstreitigkeiten nicht nur in verfahrensrechtlicher, sondern auch in materiellrechtlicher Hinsicht eine Internationalisierung erfahren. Den Zuspruch, dessen sich ICSID erfreut, verdankt es neben dem schon angesprochenen Verfahrenspragmatismus den Sicherungsmechanismen für die Unparteilichkeit der Entscheidung; so muss z.B. die Mehrzahl der Richter aus Drittstaaten stammen (Art. 39). Nicht nur die Souveränität des Empfängerstaates, dessen Gesetze in ihrer Wirkungskraft gehemmt sind, wird angetastet, sondern auch die des Herkunftsstaates: Zwar behält er seinen völkerrechtlichen Anspruch aus Schädigung eines staatszugehörigen Unternehmens, doch darf er diesen nur geltend machen, wenn der im Verfahren unterlegene Empfängerstaat den Schiedsspruch nicht befolgt (Art. 27). Nicht nur in verfahrensrechtlicher Hinsicht wird der Private damit zum partiellen Völkerrechtssubjekt erhoben, sondern er macht auch einen Anspruch geltend, der – jedenfalls zum Teil – völkerrechtlicher Natur ist.

Ob das ICSID aktiv werden kann, liegt dennoch auch in der Hand des Empfängerstaats: Zusätzlich zu seiner Ratifikation des ICSID-Vertrages bedarf es gemäß Art. 25 der schriftlichen Einwilligung der Parteien, ihre Streitigkeiten dem Zentrum zu unterbreiten (was der Investor dem Empfängerstaat freilich bereits zur Bedingung für die Investition machen kann). Diese Zustimmung, die durch schriftliche Erklärungen, Gesetz, Investor- oder Investitionsschutzvertrag oder eine Klausel in einem multilateralen Vertrag erteilt werden kann, darf nicht mehr einseitig zurückgenommen werden (Art. 25 I 2), und weil sie grundsätzlich als Verzicht auf jeden anderen Rechtsbehelf gilt (Art. 26 S. 1), begründet sie die ausschließliche Zuständigkeit des ISCID. Dessen Schiedssprüche sind nach Art. 53 lit. f wie rechtskräftige Urteile staatlicher Gerichte zu behandeln; einer speziellen Anerkennung oder Vollstreckbarkeitserklärung bedarf es daher nicht. Von der den Mitgliedstaaten durch Art. 26 S. 2 des Vertrages eröffneten Möglichkeit, die Erschöpfung nationaler administrativer oder judikativer Rechtsbehelfe zur Voraussetzung für die Zustimmung nach Art. 25 zu erklären, wird meist nur in bilateralen Investitionsschutzverträgen und dort in sehr unterschiedlichem Maße Gebrauch gemacht. Die Grundregel des Art. 26 S. 1 verdeutlicht jedenfalls, dass auch ICSID gleichsam eine „Versicherungsfunktion" zukommt: Seine funktionsfähigen Spruchkörper treten in Aktion, soweit (und weil) der Empfängerstaat über solche nicht verfügt und der Herkunftsstaat zur Gewährung diplomatischen Schutzes möglicherweise nicht gewillt ist – das Risiko der Unterwerfung unter das Verfahrensrecht des Empfängerstaates wird mithin abgefangen; und es rekurriert auf das allgemeine Völkerrecht als Auffangordnung, wo nationale Rechtsnormen keinen ausreichenden Schutz bieten.

VI. Ergebnis

Der völkerrechtliche Eigentumsschutz entbehrt eines homogenen Schutzansatzes. Es liegt ein zerfasertes Kompositum vorwiegend völkervertraglicher Regelungen vor, die in Telos, in persönlichem und sachlichem Anwendungsbereich divergieren. Normative Defizite im multilateralen Bereich haben zu einer weit reichenden Bilateralisierung des Investitionsschutzes geführt, welche die erwogene Integration in das WTO-Instrumentarium erschweren dürfte. Sinnvoll wäre diese angesichts der Interdependenz von Auslandsinvestitionen und Auslandshandel allemal. Das Nebeneinander des investitionsrechtlichen „Flickenteppichs" und des nahezu monolithischen WTO-Blocks erschwert bislang die erwünschte Konkordanz von Regelungszielen. Auch schmerzliche Lücken, wie bei der Abwehr von Transferrisiken, könnten durch Kodifikation geschlossen, dogmatische Unschärfen – etwa betreffend das Verhältnis von Nichtdiskriminierung des Ausländers und Inländerbehandlung – bereinigt werden. Das Scheitern des MAI muss jedoch als Mahnung verstanden werden, über allem handelsbezogenen Pragmatismus die strategische Ordnungskonzeption des Völkerrechts nicht gering zu achten. Nur zu einer ephemeren Wirtschaftsblüte führt der Zustrom ausländischen Kapitals, wo die Liberalisierung im Investitionsbereich allein der Gewinnoptimierung transnationaler Unternehmen dienlich ist. Eine übergreifende „Sozialbindung" beim Kapitaleinsatz für Investitionszwecke wird, soweit ersichtlich, jedoch nicht erwogen, und auch die Chancen auf effizienten Schutz der Menschenrechte Dritter gegen Einwirkungen solcher formell privaten Akteure stehen nicht allzu gut. So könnte das erstrebte „GATT für Investitionen", vor allem wenn es sich zu eng an die bilateralen Investitionsschutzverträge anlehnt, eine von vielen als rechtspolitisch unerwünscht angesehene Privilegierung transnationaler Unternehmen gegenüber anderen Privatrechtssubjekten nach sich ziehen und der ohnehin unterentwickelte menschenrechtliche Schutz des Eigentums noch weiter als bisher hinter den Investitionsschutz zurückfallen. Die Staatengemeinschaft wird sich zugleich fragen müssen, bis zu welchem Punkt sie die Rechtsstellung privater „global players" in materiell- wie verfahrensrechtlicher Hinsicht derjenigen von Staaten weiter annähern (internationale Privatisierung) und insoweit die überkommene Souveränitätsidee weiter demontieren will – oder angesichts der wirtschaftlich-politischen Realität gar muss. Nur sollte die Entscheidung über Modus und Tragweite völkerrechtlichen Eigentumsschutzes nicht allein den Welthandelsinstitutionen überlassen bleiben; denn sie rührt unmittelbar an das Verhältnis zwischen staatlicher und privater Macht und damit an eine der Grundlagen der Völkerrechtsordnung.

Die universelle Bestimmung der Güter Zur Eigentumsethik der Christlichen Gesellschaftslehre

Manfred Spieker

I. Zwei Pfeiler der Eigentumsethik der Christlichen Gesellschaftslehre

In ihrer Eigentumsethik versucht die Christliche Gesellschaftslehre zwei Aussagen miteinander zu verbinden, die auf den ersten Blick nicht leicht miteinander in Einklang zu bringen sind. Die eine Aussage unterstreicht die Bedeutung des Privateigentums für die Freiheit und die personale Entfaltung des Menschen und erklärt das Recht auf persönliches Eigentum zum Naturrecht. Die andere Aussage ruft in Erinnerung, dass Gott die Güter dieser Erde zum Nutzen aller Menschen und Völker bestimmt hat und dass sie deshalb auch allen zugute kommen müssen. Wird die eine Aussage von der jeweils anderen getrennt, entstehen leicht Missverständnisse, Kontroversen oder gar Ideologien. Dies gilt für die katholische Soziallehre ebenso wie für die evangelische Sozialethik. Auch wenn die meisten der folgenden Zitate den Sozialenzykliken und anderen Dokumenten der katholischen Kirche entnommen sind, so gelten alle grundlegenden Aussagen auch für die evangelische Sozialethik in der Tradition Martin Luthers. Auf Besonderheiten Calvins sowie der Russisch-Orthodoxen Kirche ist eigens hinzuweisen.

Die erste Aussage der Eigentumsethik der Christlichen Gesellschaftslehre, die Betonung des Rechts auf persönliches Eigentum, von Leo XIII. 1891 in der Enzyklika Rerum Novarum (RN 4) dem Sozialismus entgegengehalten, der mit Karl Marx im Privateigentum die Quelle aller menschlicher Entfremdung und allen gesellschaftlichen Elends sah und sich – zumindest bis 1989 – von dessen Beseitigung das Paradies auf Erden erhoffte, kann, wird sie isoliert, zu dem Missverständnis führen, die Christliche Gesellschaftslehre wolle die bestehende Eigentumsordnung in den westlichen Industriestaaten legitimieren. Die zweite Aussage, ebenfalls schon von Leo XIII. in Rerum Novarum (RN 7) und dann von Pius XI. noch ausführlicher 1931 in Quadragesimo Anno (QA 45 ff.) entfaltet, kann zu dem gegenteiligen Irrtum führen, die Christliche Gesellschaftslehre schwäche die Bedeutung des Privateigentums ab und halte alternative Eigentumsformen bis hin zum Gemeineigentum für nicht weniger legitim. Pius XI. warnte in Quadragesimo Anno selbst schon vor den „zwei gefährlichen Einseitigkeiten", die sich aus der Leugnung oder Abschwächung der Sozialfunktion des Eigentums einerseits und der Individualfunktion andererseits ergäben und entweder zum Individualismus oder zum Kollektivismus führten (QA 46). Doch auch dann, wenn diese Einseitigkeiten vermieden und beide Aussagen zusammen im Auge behalten werden, ist es nicht leicht, ihr rechtes Verhältnis zu bestimmen. Dies spiegelt sich bereits in der Geschichte der Christenheit.

II. Eigentum – in der Geschichte der Christenheit

Im ersten Jahrtausend der Christenheit spielt die sozialethische Frage nach dem Eigentum als Ordnungsidee noch keine Rolle. Im Zentrum der Betrachtungen steht die individualethische Frage nach dem richtigen Gebrauch des Eigentums, die ihre Antwort zum einen in den Zehn Geboten und zum anderen im 1. Johannesbrief findet. Das siebte Gebot gebietet „Du sollst nicht stehlen" und das zehnte „Du sollst nicht begehren Deines Nächsten Hab und Gut" und der 1. Johannesbrief mahnt, mit Besitz und Reichtum nicht zu prahlen (1 Joh 2,16). Der Christ soll besitzen, als besäße er nicht. Wenn er etwas erwirbt, soll er sich so verhalten, „als würde er nicht Eigentümer" (1 Kor 7,30). Der „Kommunismus" der Urgemeinde, die in der Apostelgeschichte (4,32-34) beschriebene Gütergemeinschaft der ersten Christen in Jerusalem, hat sich als Lebensordnung der Christenheit jedoch nicht durchgesetzt. Es gab immer Privateigentum. Auch für die Kirchenväter, deren Urteile über das Privateigentum oft sehr kritisch sind, war eine Gütergemeinschaft unter den Bedingungen des Sündenfalls nur in Familien oder klösterlichen Gemeinschaften möglich. Als gesellschaftliche Lebensform musste sie verhängnisvolle Wirkungen haben, weil sie das Verantwortungsbewusstsein und die Leistungsbereitschaft lähmt und den Wohlstand mindert.

Erst im 13. Jahrhundert stoßen wir bei Thomas von Aquin (1225-1274) auf sozialethische Überlegungen über das Eigentum als Ordnungsidee. Die Frage, ob es erlaubt sei, eine Sache als Eigentum zu besitzen, wird von ihm bejaht, weil erstens „ein jeder mehr Sorge darauf verwendet, etwas zu beschaffen, was ihm allein gehört, als etwas, was allen oder vielen gehört", zweitens „die menschlichen Angelegenheiten besser verwaltet werden, wenn jeder Einzelne seine eigenen Sorgen hat in der Beschaffung irgendwelcher Dinge", und drittens „die friedliche Verfassung der Menschen besser gewahrt bleibt." Je mehr etwas allen oder vielen gehört, desto häufiger gäbe es Streit. Thomas greift hier Argumente auf, mit denen Aristoteles (384-322 v.Chr.) Platons Plädoyer für eine Gütergemeinschaft kritisierte. Er legitimiert das individuelle Eigentum aus pragmatischen Gründen als Ordnungsidee, weniger als subjektives Recht und er unterscheidet zwischen dem Erwerb und dem Gebrauch des Eigentums. Der Mensch habe zwar das Recht zum Erwerb von Eigentum. Aber wie die Kirchenväter mahnte er, die äußeren Dinge nicht als Eigentum, sondern „als Gemeinbesitz" zu gebrauchen, sie also in den Dienst der Mitmenschen zu stellen. Der absolute Eigentümer aller Dinge bleibe Gott. Von Arbeit als Legitimationsgrund des individuellen Eigentums ist bei Thomas noch nicht die Rede.

Der Klassiker, der das individuelle Recht auf Eigentum mit der menschlichen Arbeit begründet, ist John Locke (1632-1704). In seinem Second Treatise of Government schreibt er 1689, dass die Erde und alle niederen Lebewesen zwar allen Menschen gemeinsam gehören, dass aber „doch jeder Mensch ein Eigentum an seiner eigenen Person" habe. Deshalb seien auch „die Arbeit seines Körpers und das Werk seiner Hände... im eigentlichen Sinne sein". Was immer der Mensch deshalb dem Naturzustand entrückt und mit seiner Arbeit gemischt hat, hat er „folglich zu seinem Eigentum gemacht". John Locke ist zwar weder Kirchenvater noch Kirchenlehrer, aber seine Begründung des Privateigentums spielte im 19. Jahrhundert, in dem die Christliche Gesellschaftslehre entstand, eine erhebliche Rolle.

Während sich Wilhelm Emmanuel von Ketteler (1811-1877) 1848, zwei Jahre vor seiner Ernennung zum Bischof von Mainz, in seinen berühmten Adventspredigten im Mainzer Dom, in denen er die katholische Lehre vom Eigentum gegen den Liberalismus einerseits und den Kommunismus andererseits abgrenzte, noch ganz an Thomas von Aquin orientierte, greifen Luigi Taparelli, Matteo Liberatore und Tommaso Zigliara, die für Papst Leo XIII. die Sozialenzyklika Rerum Novarum vorbereiten, auch auf John Lockes Eigentumslehre zurück. Zwei Aspekte haben auf diese erste und grundlegende Enzyklika erheblichen Einfluss: Lockes Individualismus und die Arbeit als Legitimitätskriterium für das Recht auf Privateigentum.

In verschiedenen Untersuchungen zur Entwicklung der Eigentumsethik der Christlichen Gesellschaftslehre, die Anfang der 70er Jahre erschienen, wurde der Eigentumslehre von Rerum Novarum vorgehalten, dass sie zu individualistisch begründet werde, der universellen Bestimmung der Güter nicht den ihr angemessenen Platz lasse und den Sozialbezug des Eigentums nur über die Religion bzw. die Pflicht zum Almosengeben wieder einführe. Auf Grund der Auseinandersetzung mit der marxistischen Ablehnung des Privateigentums ist das individuelle Recht auf Eigentum gewiss stark akzentuiert worden. Aber dieses individuelle Recht auf Privateigentum ist auch eine Konsequenz der personalen Anthropologie der Christlichen Gesellschaftslehre und ihres Subsidiaritätsprinzips. Deshalb bleibt es ein Pfeiler der Eigentumsethik der Christlichen Gesellschaftslehre, auch wenn es im Laufe des 20. Jahrhunderts durch die Betonung des anderen Pfeilers von der universellen Bestimmung der Güter relativiert wurde.

III. Die Begründung des Privateigentums

Die Eigentumsethik der Christlichen Gesellschaftslehre geht davon aus, dass Gott „die Erde mit allem, was sie enthält, zum Nutzen aller Menschen und Völker bestimmt" hat und dass deshalb „diese geschaffenen Güter in einem billigen Verhältnis allen zustatten kommen" müssen (GS 69). Die Eigentumsethik wurzelt also in der Schöpfungslehre und bereits die Schöpfungslehre führt zum Recht auf Privateigentum. Weil der Mensch von Gott nicht nur als Geist-, sondern auch als Leibwesen erschaffen wurde, ist er auf die äußeren Güter angewiesen. Weil er die Pflicht zur Selbsterhaltung hat, hat er auch das Recht auf die dafür notwendigen Güter, und weil ihm als Gottes Ebenbild die Herrschaft über die Erde aufgetragen wurde, ist er befugt, diese Güter in seinen Dienst zu stellen. Diese Indienststellung erfolgt in der Regel durch Arbeit. Sie führt zum Erwerb von Eigentum und damit von Verfügungsmacht über äußere Güter (LE 12; CA 31). Das Privateigentum vermittelt so „den unbedingt nötigen Raum für eigenverantwortliche Gestaltung des persönlichen Lebens jedes einzelnen und seiner Familie" und muss „als eine Art Verlängerung der menschlichen Freiheit betrachtet werden". Es spornt an „zur Übernahme von Aufgaben und Verantwortung" und zählt damit „zu den Voraussetzungen staatsbürgerlicher Freiheit" (GS 71).

Diese positive Begründung des Privateigentums, die vor allem von Johannes XXIII. 1961 in der Enzyklika Mater et Magistra entfaltet wird (MM 108-121), wird ergänzt durch eine Argumentation via negationis: das Fehlen des Privateigentums führe zu Trägheit, Unordnung, Bürokratie und Machtkonzentration, sozialem Unfrieden und einer Bedrohung der Freiheit und damit der Würde des Menschen (MM 109). So ist das Recht auf Privateigentum - auch an Produktionsmitteln - ein dem Menschen auf Grund seiner Natur zukommendes Recht (MM 108-112; PT 21). Die Begründung des Privateigentums im Calvinismus geht über die pragmatische Begründung in der katholischen wie in der lutherischen Tradition hinaus. Für Calvin (1509-1564) ist das Eigentum an irdischen Gütern auch ein Beweis der Erwählung durch Gott, den eigentlichen Eigentümer aller Güter. Im irdischen Besitz darf der Gläubige die Freundlichkeit und den Segen Gottes erkennen. Auch wenn Calvin ausdrücklich betont, dass der Mensch die Gewissheit seiner Erwählung nicht aus sich selbst, sondern nur in Christus finden könne, hat der auf seinem Werk gründende Calvinismus die Ansicht vertreten, der Christ könne im äußeren Erfolg und das heißt in der Vermehrung seines Eigentums die Gewissheit seiner Erwählung finden.

Eine wiederum andere Position nimmt die Russisch-Orthodoxe Kirche ein. Sie hat sich in ihrem im August 2000 verabschiedeten Sozialwort „Grundlagen der Sozialdoktrin der Russisch-Orthodoxen Kirche" zur Frage des Eigentums geäußert. Dabei sind ihre Schwierigkeiten, sich von den sowjetischen Traditionen zu lösen, unübersehbar. Sie kann sich zu keiner eindeutigen Bejahung des Privateigentums durchringen. „Die Kirche erkennt die Existenz zahlreicher Eigentumsformen an. Die staatliche, öffentliche, körperschaftliche, private und gemischte Eigentumsform sind in den einzelnen Ländern auf unterschiedliche Art und Weise im Verlauf der historischen Entwicklung verankert worden. Aus Sicht der Kirche ist keine dieser Formen zu bevorzugen."

IV. Die Unterordnung des Privateigentums unter die universelle Bestimmung der Güter

Das Naturrecht auf persönliches Eigentum bleibt für die Christliche Gesellschaftslehre immer der universellen Bestimmung der Güter untergeordnet. Die christliche Tradition habe, so Johannes Paul II., „dieses Recht nie als absolut und unantastbar betrachtet. Ganz im Gegenteil, sie hat es immer im umfassenden Rahmen des gemeinsamen Rechtes aller auf Nutzung der Güter der Schöpfung insgesamt gesehen; m.a.W., das private Eigentumsrecht ist dem Recht auf die gemeine Nutzung, der Bestimmung der Güter für alle untergeordnet" (LE 14; Pius XII., La Solennità, Botschaft zur Fünfzigjahrfeier des Rundschreibens Rerum Novarum vom 1.6.1941, in: Utz-Groner 506; PP 23; LC 87; SRS 42; CL 43; Leitlinien 42; CA 30; KKK 2402-2404).

In zahlreichen Begriffspaaren haben die Vertreter der Christlichen Gesellschaftslehre versucht, die Beziehung zwischen den beiden Pfeilern der Eigentumsethik zu kennzeichnen. Die universelle Bestimmung der Güter wurde als „absolutes" oder „primäres" Naturrecht, das Recht auf Privateigentum als „relatives" oder „sekundäres" Naturrecht, erstere auch als „Gotteswerk" oder „Grundgesetz" und letzteres als „Menschenwerk" oder „Ausführungsbestimmung" bezeichnet. Schon Thomas von Aquin hatte die universelle Bestimmung der Güter auf das Naturrecht, d. h. auf die Schöpfungsordnung zurückgeführt und das Recht auf Privateigentum auf das positive Recht, das der menschlichen Vernunft entstammt und dem Naturrecht nicht entgegensteht. In dieser Debatte wurde die auch von Paul VI. in Populorum Progressio (PP 49) unterstrichene Geltung des Prinzips von der universellen Bestimmung der Güter „auch für die Völkergemeinschaft" in Erinnerung gerufen und nicht zuletzt im Hinblick auf Gaudium et Spes gemahnt, die Eigentumsethik nicht auf eine Verteilungsethik zu beschränken, sondern auch nach der Bedeutung der Produktion und der Güterverwendung für die Realisierung des Prinzips von der universellen Bestimmung der Güter zu fragen.

V. Die sozial- und kulturstaatliche Ausweitung des Privateigentums

Das Naturrecht auf Privateigentum gilt somit als am besten geeignetes Instrument zur Verwirklichung der universellen Bestimmung der Güter. Nicht Genossenschafts- oder Gemeineigentum sind unter Berücksichtigung der conditio humana das optimale Mittel zur Realisierung dieses Prinzips, sondern das persönliche Eigentum, das in jeder Gesellschaft der Sicherung durch eine geeignete Rechts- und Verfassungsordnung bedarf. Sowohl die Sozialenzykliken als auch das II. Vatikanische Konzil haben auf die Geschichtlichkeit und damit auf die Wandelbarkeit der Institution des Privateigentums und seiner rechtlichen Regelungen hingewiesen (RN 7; QA 49; Pius XII., La Solennità, in: Utz-Groner 506; GS 69). Sie haben die sozial- und kulturstaatliche Ausweitung des Eigentumsbegriffs rezipiert. In dieser Perspektive zählen zum Eigentum nicht nur Grund und Boden sowie veräußerbare Güter, die Konsum- oder Produktionzwecken dienen können, sondern auch Rechtsansprüche auf Leistungen staatlicher oder genossenschaftlicher Systeme der Daseinsvorsorge (GS 71; LE 19). Auch eine Berufsausbildung und bestimmte handwerkliche, technische oder künstlerische Fähigkeiten, Urheberrechte, Talente oder Patente zählen als immaterielles Eigentum zum Privateigentum, das rechtlichen Schutz genießt und dem Grundsatz der universellen Bestimmung der Güter untergeordnet bleiben muss (CA 32). Der Eigentumsschutz erfordert deshalb eine „dauerhafte und verlässliche Qualifikationspolitik“ für ein lebenslanges Lernen.

Die Relativität des Eigentums und die staatliche Interventionsbefugnis im Hinblick auf die Eigentumsordnung bedeuten aber nicht, dass der Staat das persönliche Eigentum aufheben, durch überhöhte Besteuerung aushöhlen oder durch Gemeineigentum ersetzen darf. Das Recht auf persönliches Eigentum sowie das Erbrecht müssen in ihrer Substanz „immer unberührt und unverletzt bleiben“ (QA 49). Das Recht auf Privateigentum bleibt „in sich gültig und notwendig“, auch wenn es „innerhalb der Grenzen seiner sozialen Funktion umschrieben werden muß“ (Leitlinien der Kongregation für das Katholische Bildungswesen 42; CA 30). Es muss „das Recht des Menschen auf Freiheit schützen und zugleich einen unentbehrlichen Beitrag leisten zum Aufbau der rechten gesellschaftlichen Ordnung“ (MM 111).

VI. Die Menschenwürde als Grenze des Privateigentums

Eigentumsansprüche können sich auf Güter und Dienstleistungen, auf Rentenanwartschaften, Urheberrechte, Patente und ähnliches, niemals aber auf Menschen richten. Einen Eigentumsanspruch auf einen Menschen zu erheben, heißt ihn zu versklaven. „Ein Freiheitsrecht gibt niemals Herrschaft über andere.“ Das Recht auf freie Entfaltung der Persönlichkeit – zum Beispiel des Forschers – hat seine Grenze an den Rechten anderer (Art. 2,1 GG). „Grundrechtliche Freiheit bedeutet Selbstbestimmung, nicht aber Bestimmung über andere. Sie endet vor der grundrechtlichen Freiheit des anderen und gibt kein Recht über dessen Person“. Dennoch war die Sklaverei viele Jahrhunderte lang gesellschaftlich akzeptiert – auch in Völkern mit christlicher Kultur, obwohl bereits der Apostel Paulus die Axt an ihre Wurzel gelegt hatte, als er im Jahr 55 n.Chr. den Sklavenhalter Philemon bat, den Sklaven Onesimus, der Philemon entlaufen, Christ geworden und von Paulus zu ihm zurückgeschickt worden war, nicht als sein Eigentum, sondern als Bruder zu behandeln (Phlm 16). Heute scheint die Sklaverei zumindest im christlichen Kulturkreis überwunden zu sein. Wenn es um Fragen des Eigentums geht, ist jedenfalls von Sklaven nicht mehr die Rede.

Die Problematik des Eigentums an Menschen erhält aber über die Debatte um die Forschung an embryonalen Stammzellen eine neue Aktualität. Die Forderung, die sogenannten „verwaisten“ oder „überzähligen“ Embryonen für die Stammzellforschung benutzen zu können, impliziert, sie als Rohstoffressource für die Entwicklung neuer Therapien für bisher unheilbare Krankheiten zu verwenden. Sie bedeutet mithin, die Embryonen nicht als Personen und damit als Rechtssubjekte, sondern als Sachen und damit als Rechtsobjekte zu betrachten. Um die Legitimität dieses Anspruchs zu begründen, wird eine Reihe von Unterscheidungen eingeführt, die den Nachweis erbringen sollen, dass der Embryo in vitro bzw. der kryokonservierte Embryo noch keine Person sei und von der Menschenwürdegarantie des Art. 1,1 GG nicht erfasst werde. Zu diesen Unterscheidungen zählen jene zwischen Menschen bzw. werdenden Menschen einerseits und menschlichem Leben andererseits, zwischen dem Embryo in vitro und dem Embryo in utero, zwischen dem Präembryo und dem Embryo, der abstrakten und der konkreten Möglichkeit der Menschwerdung oder zwischen Embryonen, die in kommunikativen Verhältnissen leben, Interessen besitzen und Empfindungen haben, und Embryonen, denen alle diese Merkmale abgehen. Diese Unterscheidungen dienen dem Zweck, Embryonen im jeweils minderen Status das Personsein und den Würdeschutz absprechen und Eigentumsansprüche der Gesellschaft für Forschungs- und Therapieprojekte begründen zu können. Sie erinnern an die Versuche, die Legitimität der Sklaverei dadurch zu begründen, dass die Menschen in zwei Typen eingeteilt wurden, in solche, die Leitungsfunktionen wahrnehmen können, und in solche, die nur ausführende Funktionen wahrzunehmen in der Lage seien. Dieser Begründungsversuch ist vor dem Hintergrund des christlichen Menschenbildes so wenig überzeugend wie jenes Urteil des Supreme Court von North Carolina, der 1829 die Klage gegen einen Sklavenbesitzer wegen schwerer Körperverletzung seiner Sklavin – er hatte sie während eines Fluchtversuchs niedergeschossen – mit der Begründung zurückwies, die Sklavin sei sein Eigentum. Da sie damit seiner vollen Verfügungsgewalt unterstehe, könne die Tat nicht als Körperverletzung gewertet werden.

Angesichts der Verfügungsansprüche der Wissenschaft und der Medizin über die sogenannten verwaisten oder die für Forschungs- und Therapiezwecke eigens erzeugten Embryonen stellt sich die Frage, ob die Gesellschaft nicht dabei ist, diese Embryonen zu den Sklaven des 21. Jahrhunderts zu machen. Dabei hatten es die Sklaven des römischen Reiches, zumindest im 2. Jahrhundert, noch besser. Sie waren zwar Eigentum, Handelsware, Produktionsmittel und Kapitalanlage, aber die Verfügungsbefugnis der Sklavenherren war insoweit begrenzt, als ihnen das Recht über das Leben der Sklaven nicht zustand. Embryonen in vitro dagegen sind noch rechtloser als Sklaven. Sie werden unter den Verfügungsansprüchen der embryonalen Stammzellforschung auf den Status einer Handelsware und eines Produktionsmittels reduziert. Das Embryonenschutzgesetz vom 13. Dezember 1990 stellt zwar in § 2 die „mißbräuchliche Verwendung menschlicher Embryonen“ unter Strafe. Indem es sie dem Handel ebenso entzieht wie der Forschung oder der therapeutischen Nutzung, gibt es zu verstehen, dass sie eben nicht als Sache zu betrachten sind. Ihre Erzeugung ist allein zum Zweck der Herbeiführung einer Schwangerschaft zulässig. Aber die Geschütze zur Schleifung dieser Bastion des Lebensschutzes werden von der Bundesregierung mit Hilfe der DFG und einiger Kommentatoren des Art. 1 GG seit geraumer Zeit in Stellung gebracht. Eine Diskussion über das Eigentum als Ordnungsidee kann deshalb die Stammzelldebatte nicht ignorieren. Sie muss zeigen, dass es ein Eigentum an Embryonen nicht geben kann, auch nicht an Embryonen in vitro, da sie sich nicht erst zum Menschen, sondern als Menschen entwickeln.

Dafür hat schon Immanuel Kant (1724-1804) in seiner Metaphysik der Sitten 1798 ein entscheidendes Argument geliefert. Aus dem Akt der Zeugung gehe eine Person hervor, nicht eine Sache. Eltern könnten deshalb „ihr Kind nicht gleichsam als ihr Gemächsel und als ihr Eigentum zerstören oder es auch nur dem Zufall überlassen, weil an ihm nicht bloß ein Weltwesen, sondern auch ein Weltbürger in einen Zustand herüber zogen, der ihnen nun auch nach Rechtsbegriffen nicht gleichgültig sein kann". Dies gilt auch für den Nasciturus und den Embryo in vitro. Auch sie sind nie Sachen, auf die Besitzansprüche erhoben werden könnten, sondern Personen mit dem Anspruch auf unbedingte Anerkennung. Aus Sachen können nie Personen werden. Deshalb besteht auch zwischen einer künstlichen Befruchtung und der Implantation eines künstlich erzeugten Embryos in die Gebärmutter ein „strenges Konnexitätsverhältnis", das der italienische Gesetzgeber gerade dabei ist gesetzlich zu regeln. Die Alternative Verwerten oder Verwerfen ist somit eine unangemessene Alternative, weil sie den verwaisten Embryo auf eine Sache reduziert, ihn mithin einer Fremdherrschaft unterwirft. Wenn dem Embryo in vitro mit dem Uterus eine existentielle Bedingung seiner weiteren Entwicklung vorenthalten wird, bedeutet dies noch nicht, dass er in das Eigentum eines Laborchefs oder der Gesellschaft übergeht und wie eine Sache Forschungs-, Therapie- oder sonstigen Verwertungsinteressen untergeordnet werden darf. Eigentumsansprüche haben an der Menschenwürde und dem Lebensrecht eines jeden Menschen ihre unantastbare Grenze. Auch der nutzlose Tod eines kryokonservierten Embryos begründet noch keine Stammzellforschungspflichtigkeit. Im Übrigen ist ein nutzloser Tod noch kein sinnloser Tod.

VII. Privateigentum und Gemeinwohl

Den Beitrag zur rechten gesellschaftlichen Ordnung leistet das Privateigentum dann, wenn es sich der universellen Bestimmung der Güter unterordnet. Es hat zum Gemeinwohl beizutragen. Das Recht auf Privateigentum könne, erklärte die Glaubenskongregation, "nicht ohne die Verpflichtung für das Gemeinwohl verstanden werden (LC 87). Diese Verpflichtung bedeutet nicht, dass der Eigentümer seine Verfügungsbefugnis über das Eigentum an den Staat abzutreten hätte, wohl aber, dass das Privateigentum weit gestreut sein, und, in welcher Form auch immer, möglichst vielen Menschen zugute kommen muss. Der Eigentümer muss sich der sozialen Hypothek des Privateigentums bewusst bleiben und den Vorrang der Arbeit gegenüber dem Kapital anerkennen. Der Gesetzgeber hat dementsprechend die Pflicht, dies bei der Regelung des Eigentums-, des Steuer-, des Sozial- und des Betriebsverfassungsrechts zu beachten (MM 115; SRS 42; Johannes Paul II., Ansprache auf der 3. Generalversammlung der lateinamerikanischen Bischöfe in Puebla am 28.1.1979, in: AAS Bd. 71, S. 187-205; LC 84).

Problematisch erscheint dagegen die These, die Funktion des Privateigentums bestehe darin, der Verwirklichung des Gemeinwohls zu dienen. Gewiss ist die gegenteilige These, das Gemeinwohl sei nur Mittel zur Sicherung des Privateigentums falsch. Doch folgt aus dieser falschen These noch nicht, dass das Gemeinwohl „Grund, Finalität und Regulativ des Eigentumsrechts ist". Diese einseitige Indienststellung des Privateigentums für den Zweck des Gemeinwohls tendiert dazu, die anthropozentrische Orientierung des Gemeinwohls in der Christlichen Gesellschaftslehre zu übersehen. Wenn das Gemeinwohl die Gesamtheit der politischen, sozialen, ökonomischen und rechtlichen Möglichkeitsbedingungen personaler Entfaltung des Menschen ist (MM 65; GS 26 und 74; CL 42), dann ist die personale Entfaltung bzw. das Gelingen des menschlichen Lebens Grund, Ziel und Grenze des Gemeinwohls und damit auch der universellen Bestimmung der Güter und des Rechts auf Privateigentum. Die katholische Eigentumsethik stellt deshalb nicht nur das Privateigentum in den Dienst des Gemeinwohls, sondern auch das Gemeinwohl in den Dienst der Person, zu deren Freiheits- und Entfaltungsbedingungen das Recht auf Privateigentum gehört. „Was für die Person getan wird, ist Dienst an der Gesellschaft, und was für die Gesellschaft getan wird, kommt der Person zugute" (CL 40).

VIII. Das Problem der Enteignung und der Restitution enteigneten Vermögens

Eine Enteignung von Grundbesitz oder Produktionsmitteln und ihre Überführung in Gemeineigentum sind in dieser Perspektive nie ausgeschlossen worden. Der Eigentümer kann die soziale Hypothek seines Eigentums vergessen. Er kann mit seinem privaten Eigentum gegen die universelle Bestimmung der Güter verstoßen und die Not der Menschen vergrößern, statt sie zu vermindern. So kann das Gemeinwohl eine Enteignung gebieten (GS 71; PP 24; LE 14). Aber jede Enteignung muss nicht nur den Grundsatz der Entschädigung, sondern auch das Subsidiaritätsprinzip beachten (MM 117). Dies bedeutet, dass sich die enteignende staatliche Autorität ihrer subsidiären Rolle bewusst bleiben muss. Sie darf die Bereitschaft und die Fähigkeit der Bürger, Initiativen zu ergreifen, Anstrengungen auf sich zu nehmen und Leistungen zu erbringen, nicht mindern. Sie muss sie vielmehr stärken. Sie muss den „Subjektcharakter der Gesellschaft" gewährleisten (LE 14) und vermeiden, „das Privateigentum übermäßig zu beschränken oder, was noch schlimmer wäre, ganz zu verdrängen" (MM 117).

Enteignungen seitens totalitärer Regime haben mit derartigen rechtsstaatlichen Enteignungen so viel gemein wie kommunistische „Volksdemokratien" mit den

Demokratien westlicher Verfassungsstaaten. In sozialistischen Systemen dienten Enteignungen nicht dem Gemeinwohl, sondern dem Klassenkampf. Die Avantgarde des Proletariats wollte mit ihren Konfiskationen den Klassenfeind vernichten und die Diktatur des Proletariats festigen. Wenn sich in der Geschichte deshalb, wie 1989/90, glückliche Momente bieten, solche Unrechtsakte zu korrigieren, ist es ein Gebot der Gerechtigkeit, solche Korrekturen vorzunehmen und den Opfern des sozialistischen Klassenkampfes – soweit noch möglich – Wiedergutmachung zuteil werden zu lassen. Die Regelung der Eigentumsfragen, Restitutionsansprüche und Entschädigungsleistungen war deshalb ein zentrales Problem aller postkommunistischen Transformationsprozesse – auch in Ostdeutschland. Dass die Bundesregierung und die DDR-Regierung in ihrer Gemeinsamen Erklärung zur Regelung offener Vermögensfragen vom 15. Juni 1990 die Opfer der sogenannten Bodenreform, d.h. der zwischen dem Kriegsende am 8. Mai 1945 und der Inkraftsetzung der DDR-Verfassung am 7. Oktober 1949 Enteigneten, von allen Restitutionsansprüchen ausschlossen, ist eine schwere Wunde im Prozess der deutschen Wiedervereinigung. Der dafür vorgebrachte Grund, andernfalls sei die Zustimmung der Sowjetunion zur Wiedervereinigung nicht zu erhalten gewesen, hat sich mittlerweile als falsch erwiesen. Der Sowjetunion ging es um die Anerkennung der Legitimität ihrer besatzungsrechtlichen bzw. besatzungshoheitlichen Maßnahmen, mithin um ihre Indemnität. Es ging ihr nicht um eine Festschreibung der Ergebnisse dieser Maßnahmen. Diese Festschreibung lag allein im Interesse der damaligen DDR-Regierung. Indem sich die Regierung Kohl in jener Gemeinsamen Erklärung, in Art. 41, Abs. 1 des Einigungsvertrages und in Art. 143, Abs. 3 des revidierten Grundgesetzes auf diese Festschreibung eingelassen hat, hat sie – wie bei der Übernahme der Fristenregelung im Abtreibungsstrafrecht – dem Rechtsstaat nicht unerheblichen Schaden zugefügt, und indem sie den von jeder Restitution ausgeschlossenen Grund und Boden zum Verkauf angeboten hat, hat sie sich auch noch zum Hehler gemacht. Politik, Rechtswissenschaft und Rechtsprechung haben zur Rechtfertigung dieser Restitutionsverweigerung eine Reihe von Gründen vorgebracht, die wenig überzeugend sind, viele Fragen aufwerfen und eigentlich nur eines zeigen: den Willen, die Opfer der Konfiskationen von 1945 bis 1949 dauerhaft aus dem Kreis der Restitutionsberechtigten auszuschließen.

1. Die Enteignungen der sogenannten Bodenreform seien, so das Bundesverfassungsgericht in seinem Urteil vom 23. April 1991, zum einen vor Inkrafttreten des Grundgesetzes und zum anderen außerhalb seines Geltungsbereiches vorgenommen worden. Aber ist das Recht auf Privateigentum nicht ein vorstaatliches Menschenrecht, das durch die „Bodenreform" massiv verletzt wurde? Bekennt sich das Grundgesetz nicht in Art. 1,2 zu solchen vorstaatlichen „unverletzlichen und unveräußerlichen Menschenrechten als Grundlage jeder menschlichen Gemeinschaft, des Friedens und der Gerechtigkeit in der Welt" und erklärte es nicht in seiner alten Präambel, dass das deutsche Volk mit der Verabschiedung des Grundgesetzes auch für jene Deutschen gehandelt habe, „denen mitzuwirken versagt war"?

2. Die Geschädigten der „Bodenreform" hätten mit der Wiedervereinigung und der Möglichkeit einer Restitution jahrzehntelang gar nicht rechnen können. Außerdem hätten sie zu bedenken, dass sie nicht die einzigen Opfer des sozialistischen Unrechtsregimes seien und auch die aus politischen Gründen Inhaftierten, aus beruflichen Positionen Entlassenen oder vom Studium Ausgeschlossenen zu entschädigen seien. Aber ändert die historische Unwahrscheinlichkeit der Wiedergutmachung eines Unrechts etwas an diesem Unrecht und der Pflicht zur Wiedergutmachung, sobald und soweit sie möglich wird? Kann das Unrecht, das anderen Opfern des Regimes widerfahren ist, dadurch wiedergutgemacht werden, dass eine Gruppe von Opfern von der Wiedergutmachung ausgeschlossen wird?
3. Das Rad der Geschichte könne nicht um ein halbes Jahrhundert zurückgedreht werden. Das Argument hätte auch das Politbüro der SED gegen die Wiedervereinigung selbst vorbringen können.
4. Von den 14 Verfassungsbeschwerdeführern vor dem Bundesverfassungsgericht seien nur vier ehemalige Eigentümer und zehn Erben und Erbeserben gewesen. Die Erben sollen aus dem Kreis der Entschädigungsberechtigten ausgeschlossen „und auf spätere Termine verwiesen werden". Aber ist nicht das Erbrecht Teil des Menschenrechts auf Privateigentum und Gegenstand der Gewährleistung des Art. 14, 1 GG? Wenn die Erben zwecks Entschädigung auf einen späteren Termin verwiesen werden sollen, können sie nicht gleichzeitig aus dem Kreis der Anspruchsberechtigten ausgegrenzt werden.
5. Das Restitutionsinteresse sei vor allem von der FDP und den in Westdeutschland lebenden Alteigentümern artikuliert worden. Dieser Hinweis ist kein rechtserhebliches Argument. Als ob die Gesinnung oder die politische Heimat des Klägers schon etwas über die Berechtigung der Klage aussagen. Der Einwand grenzt an eine Diskriminierung der FDP.
6. Ansprüche auf Entschädigungen oder Ausgleichsleistungen könnten nur mit dem Rechts- und Sozialstaatsprinzip und dem Diskriminierungsverbot des Art. 3 GG, nicht aber mit der Eigentumsgarantie in Art. 14 GG begründet werden. Aber resultiert aus der Verletzung eines Grundrechts nicht eine stärkere Verpflichtung zur Entschädigung als aus dem Staatsziel der Rechts- und Sozialstaatlichkeit? Bedeutet die Verschiebung der Begründung möglicher Entschädigungspflichten auf das Sozialstaatsprinzip nicht ihre Auflösung?
7. Es könne „nicht zweifelhaft sein, dass der Restitutionsgrundsatz dann zur Disposition gestellt werden kann, wenn es nach Auffassung des Gesetzgebers zur Bewältigung der ihm gestellten Aufgabe aus dringenden Gründen geboten ist". Legt dieses Argument nicht die Axt an die Wurzel des Rechtsstaates, da ein Parlament sich auf Grund der Macht, seine Aufgaben und die dringenden Gründe für Ausnahmetatbestände jederzeit selbst zu definieren, damit auch jederzeit über die Grundrechte stellen kann?

Wenn es ein Gebot der Gerechtigkeit ist, den Opfern des sozialistischen Klassenkampfes – soweit wie möglich – Wiedergutmachung zuteil werden zu lassen, dann gilt dies gewiss für alle Opfer, nicht nur für jene der diversen Enteignungswellen. Aber es widerspricht diesem Gebot, eine Gruppe von Opfern unter Hinweis auf die anderen Gruppen von dieser Wiedergutmachung ganz auszuschließen, mit deren doppelt konfisziertem Vermögen den Bundeshaushalt aufzubessern und so die Entschädigung der anderen Gruppen zu zahlen. Die Eigentumsethik der Christlichen Gesellschaftslehre legt für die Regelung der Restitutionsansprüche und Entschädigungsleistungen in den postkommunistischen Transformationsprozessen zwei Schlussfolgerungen nahe:

1. Wenn das Recht auf Privateigentum ein Menschenrecht ist, das mit der Freiheit und der Verantwortung des Menschen untrennbar verbunden ist, dann ist die Restitution bzw. die Entschädigung aller Enteigneten eine staatliche Pflicht, ja mehr noch eine Legitimitätsbedingung des freiheitlichen Rechtsstaates. Der Grundsatz „Rückgabe vor Entschädigung“ ist zwingend. Er entspricht nicht konservativer Eigentumsideologie, sondern der Verfassungsordnung des Grundgesetzes. Wenn eine Rückgabe aber nicht mehr möglich ist oder gegen wohlverstandene Interessen von Nutzungsberechtigten verstoßen würde, sind deshalb schnelle und möglichst gerechte Entschädigungs- bzw. Ausgleichsleistungen vorzunehmen.
2. Wenn das Recht auf Privateigentum kein absolutes Recht, sondern der universellen Bestimmung der Güter untergeordnet, bzw. dem Wohl der Allgemeinheit verpflichtet ist (Art. 14,2 GG), dann ist auch der Grundsatz „Investitionen vor Rückgabe“ legitim, wenn diese Vorfahrtsregelung für Arbeitsplätze schaffende Investitionen mit gerechten Entschädigungsregelungen Hand in Hand geht und nicht dazu führt, die Arbeitsplätze an anderer Stelle wieder einzusparen. Auch Entschädigungs- bzw. Ausgleichsleistungen, die dem Eigentümer nicht den vollen Verkehrswert erstatten, sowie Lastenausgleichsabgaben von begünstigten Alteigentümern, die ihren Besitz mit erheblicher Wertsteigerung zurückerhalten, sind sittlich vertretbar. Es ist die Kunst der Politik und damit des Gesetzgebers, hilfsweise der Gerichte, Regelungen zu finden, die verhindern, dass eine Gruppe von Alteigentümern wesentlich besser gestellt wird als die andere oder dass Alteigentümer, Nutzungsberechtigte oder Investoren ihre Interessen jeweils auf Kosten der anderen durchsetzen können. Es sind Regelungen notwendig, die die berechtigten Ansprüche aller Gruppen möglichst weitgehend „zu einem gerechten Ausgleich bringen“. Ein gerechter Ausgleich darf nicht deshalb verhindert werden, weil die, denen Ansprüche auf Restitution bzw. Entschädigungsleistungen zustehen, „ohnehin mehr haben, als die, denen es genommen wird“. Diese an sozialistischer Gleichheit orientierte Sicht erstaunt nicht in einer PDS-nahen Zeitung, wohl aber im Handbuch des deutschen Staatsrechts.

IX. Verteilung und Produktion

Reflexionen über den Grundsatz von der universellen Bestimmung der Güter erwecken gelegentlich den Eindruck, der Eigentumsethik der Christlichen Gesellschaftslehre ginge es nur um die Verteilung der Güter, weniger dagegen um ihre Produktion. Ein Blick in die Pastoralkonstitution Gaudium et Spes und in die Sozialenzykliken, insbesondere in Centesimus Annus, aber zeigt, dass dieser Eindruck nicht begründet ist. Gewiss ist es nicht Aufgabe des kirchlichen Lehramtes, wirtschaftswissenschaftliche Empfehlungen zur Produktion von Gütern und Dienstleistungen zu geben. Dies ist die Aufgabe der Christen, die sich dazu die entsprechende Sachkompetenz und Erfahrung anzueignen und die legitime Autonomie der irdischen Wirklichkeiten zu respektieren haben (PT 147-150; GS 72; CL 43). Aber das Konzil und die Päpste deuten auch an, dass es bei der Verwirklichung des Grundsatzes von der universellen Bestimmung der Güter um mehr geht als um Verteilungsfragen.

Es geht zunächst um Fragen der Produktion und um die vom Staat zu regelnden Produktionsbedingungen. Wenn die Güter dieser Erde allen zugute kommen sollen, dann müssen alle Zugang zum Markt haben. Investitionen sind notwendig (OA 18; CA 32). Jeder muss sich an der Herstellung und am Erwerb von Gütern und Dienstleistungen, d.h. am Wirtschaftsleben beteiligen können. Jeder muss sein Einkommen produktiv verwenden, Kapital bilden und Eigentum auch an Produktionsmitteln erwerben können (RN 4). In einer dynamischen Wirtschaft führt dies zur Schaffung von Arbeitsplätzen und damit von Einkommenschancen. Der gerechte Lohn für die geleistete Arbeit ist deshalb „der konkrete Weg, auf dem die meisten Menschen zu jenen Gütern gelangen, die zur gemeinsamen Nutzung bestimmt sind“ (LE 19). Die Bestimmung des gerechten Lohnes mag im Einzelfall sehr schwierig sein und aus einer ökonomischen Perspektive zu anderen Resultaten führen als aus einer sozialen Perspektive. Die Entwicklung in den ostdeutschen Bundesländern nach der Wiedervereinigung kann dies augenfällig demonstrieren. Wenn aber Gewerkschaften, Arbeitgeberverbände und der die Rahmenbedingungen der Tarifpolitik setzende Staat am Grundsatz von der universellen Bestimmung der Güter orientiert bleiben, dann werden sie in sozialer Partnerschaft und unter Berücksichtigung der spezifischen Lage des jeweiligen Landes den monetären Lohn ergänzen um Institutionen der Vermögensbildung, der Ertragsbeteiligung und der betrieblichen Alterssicherung (LE 14). Schon Pius XI. empfahl „eine gewisse Annäherung des Lohnarbeitsverhältnisses an ein Gesellschaftsverhältnis“ in der Hoffnung, dass „Arbeiter und Angestellte... auf diese Weise zu Mitbesitz oder Mitverwaltung oder zu irgendeiner Art Gewinnbeteiligung“ gelangten (QA 65. Vgl. auch GS 68). Aus der Christlichen Gesellschaftslehre ergeben sich zwar keine konkreten Formen der Gewinnbeteiligung. Aber Johannes Paul II. fordert die Tarifpartner auf, mit Phantasie und Sachkompetenz nach Wegen zu suchen, die die Beteiligung aller an der Herstellung und Verteilung der Güter sichern und die weite Streuung des Eigentums begünstigen (LE 14).

X. Die Humanisierung der Arbeitswelt

Darüber hinaus tragen die Mitbestimmung der Arbeitnehmer im Betrieb und der weite Bereich des Arbeitsrechts dazu bei, die Subjektstellung des Arbeitnehmers zu festigen und sein Interesse am Wirtschaftsleben zu fördern. Wenn er „Mitverantwortlicher und Mitgestalter" an seinem Arbeitsplatz ist (LE 15; CA 43), wenn er bei betrieblichen Entscheidungen Informations-, Anhörungs- und Mitbestimmungsrechte hat, wenn sein Arbeitsvertrag, seine Arbeitszeit, sein Urlaub, seine Lohnansprüche – selbst im Falle des Konkurses seines Betriebs – rechtlich geschützt sind, wenn er im Falle des Konflikts unabhängige Arbeitsgerichte anrufen kann, dann trägt dies zur Humanisierung der Arbeitswelt bei. Es erleichtert seine Integration in die Gesellschaft und seine Partizipation am ökonomischen Fortschritt. (Paul VI, Ansprache vor der Internationalen Arbeitsorganisation in Genf am 10.6.1969, 21; OA 41). So dienen Mitbestimmung und Arbeitsrecht auch dem Grundsatz von der universellen Bestimmung der Güter (LE 15, 17, 19).

XI. Das sozialstaatliche Leistungssystem

Schließlich stellt in wirtschaftlich entwickelten Staaten auch das gesamte gesetzlich geregelte Sozialleistungssystem, das dem einzelnen Bürger und den Familien Rechtsansprüche auf Leistungen im Falle von Krankheit, Invalidität, Alter, Arbeitslosigkeit und Not gewährleistet, einen zentralen Beitrag zur Verwirklichung des Grundsatzes von der universellen Bestimmung der Güter dar (GS 69; LE 19). Vor allem der Altersrente kommt hier ein eigentumsähnlicher – nach der Rechtsprechung des Bundesverfassungsgerichts sogar eigentumsgleicher – Charakter zu. Dies gilt auch für den Familienleistungsausgleich, d.h. das Kinder- und Erziehungsgeld sowie die Arbeitslosenversicherung. Letztere entspricht in besonderer Weise „dem Prinzip der gemeinsamen Nutzung der Güter, oder, anders und einfacher ausgedrückt, dem Recht auf Leben und Unterhalt" (LE 18).

Problematisch wird die Bewertung der Rentenanwartschaften als Eigentum allerdings durch das Umlageverfahren der Alterssicherung, das, soll es funktionieren, eine ausgeglichene demographische Entwicklung voraussetzt. Da die demographische Entwicklung aber seit 1972, also seit mehr als einer Generation, defizitär ist und der Alterslastquotient auf mittlere Sicht erheblich steigen wird, unterliegt das Eigentum der Rentenanwartschaften einer geradezu inflationären Entwertung. Auch hier gebietet die Eigentumsethik der Christlichen Gesellschaftslehre, die Ansprüche aller Generationen zu einem möglichst gerechten Ausgleich zu bringen, die zukunftssichernden Leistungen der Familien endlich angemessen zu würdigen und ihre Leistungsfähigkeit und ihre Leistungsbereitschaft zu stärken.

XII. Die globale Dimension der Eigentumsethik

In einer dynamischen und weltweit miteinander verflochtenen Wirtschaft kommt dem Prinzip der universellen Bestimmung der Güter eine globale Dimension zu. Wenn es auch richtig sei, so Paul VI. in Populorum Progressio, „daß jedes Volk die Gaben, die ihm die Vorsehung als Frucht seiner Arbeit geschenkt hat, an erster

Stelle genießen darf, so kann trotzdem kein Volk seinen Reichtum für sich allein beanspruchen“ (PP 48). Johannes Paul II. unterstreicht in Sollicitudo Rei Socialis diese globale Dimension nicht weniger als zehn Mal (SRS 7, 9, 10, 21, 22 – zwei Mal –, 28, 39, 42, 49). Es sei unerlässlich, „jedem Volk das gleiche Recht zuzugestehen, 'mit am Tisch des gemeinsamen Males zu sitzen', statt wie Lazarus draußen vor der Tür zu liegen“ (SRS 33; PP 47). Deshalb seien eine Überprüfung der internationalen Handelsbeziehungen, die unter dem Protektionismus leiden, aber auch eine Stärkung internationaler Institutionen und eine internationale Sozialpolitik notwendig (SRS 43; LC 90; LE 18).

XIII. Eigentumsethik und politische Ethik

Wenn die universelle Bestimmung der Güter neu und vertieft reflektiert und realisiert werden soll, dann müssen auch die verfassungsrechtlichen und politischen Rahmenbedingungen berücksichtigt werden, dann „erweist sich der Schritt von der Wirtschaft zur Politik als unerlässlich“ (OA 46). Es ist zu gewährleisten, dass die innere Ordnung der Staaten das „Recht auf freie wirtschaftliche Initiative“ schützt (SRS 42). Der Subjektcharakter der Gesellschaft bedarf einer möglichst engen Verbindung von Arbeit und Kapital und einer großen Vielfalt von corps intermédiaires, von Verbänden, Genossenschaften und „Körperschaften mit echter Autonomie gegenüber den öffentlichen Behörden“ (LE 14; CA 49). Schließlich ist in vielen Entwicklungsländern die Ersetzung korrupter, diktatorischer und autoritärer Regime durch demokratische Ordnungen eine zentrale Entwicklungsbedingung (SRS 44; CA 20 und 48).

Die Christliche Gesellschaftslehre verknüpft deshalb Reflexionen zur Eigentumsethik zunehmend mit solchen zur politischen Ethik. Die Realisierung des Prinzips von der universellen Bestimmung der Güter bedarf politischer Institutionen, die die Würde der menschlichen Person und den Primat der Eigeninitiative respektieren, die dem Bürger das Recht ökonomischer und politischer Partizipation gewährleisten, mithin demokratisch und marktwirtschaftlich verfasst sind, und die schließlich auf internationaler Ebene gleichzeitig das Selbstbestimmungsrecht der Nationen und das globale Gemeinwohl schützen (CA 15 und 48). In der am 21. November 1990 in Paris unterzeichneten „Charta für ein neues Europa“ anerkannten alle 34 Staaten der damaligen KSZE, also auch der Heilige Stuhl, den engen Zusammenhang von Demokratie und Marktwirtschaft auf der Grundlage unveräußerlicher Menschenrechte und sozialer Gerechtigkeit. In kaum einem Dokument der internationalen Politik im 20. Jahrhundert, die Menschenrechtserklärung der Vereinten Nationen von 1948 eingeschlossen, sind die Prinzipien und Normen der Christlichen Gesellschaftslehre so sehr zum Tragen gekommen wie in dieser im annus mirabilis des vergangenen Jahrhunderts unterzeichneten Charta. Ihre Leitbilder – unveräußerliche Menschenrechte, rechts- und sozialstaatliche Demokratie und soziale Marktwirtschaft – sind die bleibenden Voraussetzungen für die Realisierung des Grundsatzes von der universellen Bestimmung der Güter.

XIV. Zusammenfassung

Die beiden Aussagen der Eigentumsethik der Christlichen Gesellschaftslehre – die universelle Bestimmung der Güter und das Naturrecht auf Privateigentum als Verlängerung der menschlichen Freiheit – sind über die menschliche Arbeit miteinander zu vermitteln, die zugleich der Anknüpfungspunkt der sozial- und kulturstaatlichen Ausweitung des Eigentumsbegriffes ist. So sehr die Entwicklung im 20. Jahrhundert auch den Eigentumsbegriff ausgeweitet hat, Eigentumsansprüche können sich nie auf Personen, auch nicht auf Embryonen in vitro erstrecken.

Das Recht auf Privateigentum bleibt der universellen Bestimmung der Güter untergeordnet. Aber die Funktion des Privateigentums besteht nicht allein darin, dem Gemeinwohl zu dienen. Es dient zuallererst der freien Entfaltung der Person, die auch der Zweck des Gemeinwohls ist. Enteignungen können im Ausnahmefall vom Gemeinwohl geboten sein, aber nie sind Konfiskationen zu rechtfertigen. Konfiskationen totalitärer Herrschaftssysteme nach deren Zusammenbruch von Restitutionsregelungen auszunehmen, stellt deshalb Menschenrechte ebenso in Frage wie rechtsstaatliche Legitimitätsbedingungen.

Die Zehn Gebote und der erste Johannesbrief gelten auch im 3. Jahrtausend. Die Eigentumsethik der Christlichen Gesellschaftslehre beschränkt sich aber nicht auf das Gebot „Du sollst nicht stehlen“ und die Mahnung, zu besitzen als besäße man nicht. Sie schließt auch Jesu Gleichnis von den Talenten ein. Die Aufforderung, die anvertrauten Talente im Maße des eigenen Könnens zu vermehren, bezieht sich zwar auf die gesamte Person, nicht nur auf ihren Besitz. Aber letzterer ist auch nicht ausgeschlossen. Das Eigentum ist produktiv einzusetzen und zu vermehren. Und je mehr es vermehrt wird, desto mehr soll der Eigentümer geben – vor allem dann, wenn Kirchhofs Vorschläge für die Steuerreform realisiert werden. Aber auch unter heutigen Abgabebedingungen kann und soll er viel tun – eingedenk des Mottos eines amerikanischen Industriellen und Stifters (Carnegie) „Wer reich stirbt, stirbt in Schande“.

Die Kirchen in der ganzen Welt feierten in dieser Woche das Fest der Erscheinung des Herrn, in den orthodoxen Kirchen das eigentliche Weihnachtsfest. Dieses Fest gibt uns ganz beiläufig auch einen Hinweis über den Umgang mit dem Eigentum. Die drei Könige bzw. Weisen, die das Kind suchten und nach einigen Schwierigkeiten in Jerusalem auch fanden, schenkten ihm kostbare Gaben: Gold, Weihrauch und Myrrhe. Der armselige Stall in Bethlehem, in dem sie niederfielen und ihre Kostbarkeiten überreichten, hielt sie nicht davon ab. Sie wussten, dass sie in dem kleinen Knaben den Herrn der Welt gefunden hatten. Ihm die kostbarsten Dinge zu schenken, war für sie die Bedingung ihres Glückes.

Autorenverzeichnis

Prof. Dr. Otto Depenheuer
Universität zu Köln

Staatssekretär a.D. Prof. Dr. Johann Eekhoff
Institut für Wirtschaftspolitik, Köln

Staatssekretär Dr. Hansjörg Geiger
Bundesministerium der Justiz, Berlin

Prof. Dr. Jörn Axel Kämmerer
Bucerius Law School, Hamburg

Prof. Dr. Wolfgang Kersting
Christian-Albrechts-Universität zu Kiel

Bundesverfassungsrichter a.D. Prof. Dr. Paul Kirchhof
Ruprecht-Karls-Universität Heidelberg

Dr. Renate Köcher
Institut für Demoskopie Allensbach

Prof. Dr. Doris König
Bucerius Law School, Hamburg

Bischof Prof. Dr. Reinhard Marx
Bischof von Trier

Präsident des Bundesverfassungsgerichts
Prof. Dr. Dr. h.c. Hans-Jürgen Papier
Karlsruhe/München

Prof. Dr. (em.) Gerd Roellecke
Universität Mannheim

Bundesminister a.D. Prof. Dr. Edzard Schmidt-Jortzig
Christian-Albrechts-Universität zu Kiel

Prof. Dr. Manfred Spieker
Forschungsstelle „Kirche und Gesellschaft", Universität Osnabrück

Druck und Bindung: Strauss GmbH, Mörlenbach

Kolibri 360 GmbH
Ferdinand-Jühlke-Straße 7
99095 Erfurt, Deutschland
produktsicherheit@kolibri360.de